老成謀國

中國近代史學會 編

紀念沈昌煥先生
逝世20周年研討會實錄

感恩的話

沈大川

　　這本書的問世，首先要感恩陳立文教授、中國近代史學會以及中國文化大學史學系，願意在一年前先父沈昌煥逝世二十週年時，出來籌辦紀念研討會。

　　整個研討會的計劃，源自於2017年7月30日，在忠孝東路雅苑與陳三井教授、劉維開教授、陳立文教授、蔡盛琦協修、干文隆博士以及汪浩先生餐敘。飯席間討論先父逝世將滿二十週年，是否可以辦一個紀念會或研討會？當時只是有一個粗略的想法，並沒有十足把握能夠舉辦這樣的活動。但是聚會中，陳立文教授提及若有這樣一個研討會，她願意去把梳先總統蔣公的日記，寫一篇探討關於先總統日記中提及先父的文章。回想起來，那是一個關鍵，因為那時候我有了信心以及動力——這個會一定要辦。

　　事隔半年，2018年3月5日同在雅苑，呂芳上教授夫婦、陳三井教授、林桶法教授、劉維開教授，陳立文教授以及石之瑜教授出席。在席中決定該年7月1日，星期日舉辦紀念先父的研討會。最初計劃是在7月2日先父逝世的那天舉辦，但因為考量到7月2日是星期一，出席人數可能會比較少，討論後便決定提前一天，由中國近代史學會來主辦，陳立文教授是學會理事長，慨允負責。這次餐會可以說是研討會的真正起點。

　　籌備期間聯絡方面，第一位要感激的是甯紀坤大使。甯大使協助聯絡許多外交界的先進，提供地址、電子郵箱等等以便聯絡。研討會方面，感謝陳立文教授以及餐會見面的諸位教授的協助與規劃，安排有一場新書發表會、一場故舊座談會、兩場八篇的論文發表會以及一場綜合座談會，不管是專書論著、故舊回憶、學術討論，使得整場研討會變得豐富而擁有多面向。

　　「老成謀國──紀念沈昌煥先生逝世20周年研討會」順利在民國107年（2018）7月1日於中國文化大學城區部大新館舉辦。會議當天感謝陳立文教授率領中國文化大學的同學，特別盤惠秦同學、連俊杰同學以及史學系所的同學全力支持與幫助，加上個人的友人巴台坤、張強生，兩位過去擔任過總統府要職、對父親許多照顧的老友，此次請他們來協助接待。此外，攝影方面請了華僑協會總會《僑協雜誌》的主編張國裕先生來攝影，替此次會議留下許多動人的照片。

　　當天上午的故舊座談會，被譽為多年未見的外交界耆老盛會，請到了五位與我父親早年往來關係較深的前輩做引言人，他們願意在那天來參加讓我相當感動。依照長幼順序，分別為邱進益大使，張麟徵教授、吳東明將軍、胡為真大使、和王家驊教授。

　　故舊座談會的引言人分享，主持人、與會人的發表，讓做為兒子的我對於先父，有更新的認識，非常感動、非常感恩。故舊座談會後的兩場共八篇的學術會議，從不同的、更專業的面向切入，以學術的角度來回顧先父在外交與政治上的貢獻，亦是收穫甚多，十分感恩。

　　研討會能夠成功，除了感謝那天寫論文的發表人、與談人以及主持人，還有就是蕭明禮教授。蕭教授願意將他從前記錄我父親1949年日記的論文，再進一步研討、增加資料，集結出版《1946：南共北、正分裂：由《沈昌煥日記》看馬歇爾調處國共衝突之成敗關鍵》。書中使用先父的日記為材料，從先父的視角側觀馬歇爾來華調停的過程、離開以後帶來的影響。同時也感謝石之瑜教授從旁的督促，完成此書，使出版能夠趕上研討會。

　　當天與會有許多是退休的大使，政界知名人士，在此沒有一一介紹，僅介紹幾位年事已高的先生，如王紹堉先生、丁懋時先生、陳勉修夫人，他們都已經94歲，也來參與。

　　另外比較特別的是兩位醫生，是我們家的恩人。一位是吳進安醫師，另外一位是陳啟明醫師，他們照顧我父親、母親的健康，包括我自己直到今天仍是受他們照顧。他們能夠參與我雙親的晚年，甚至逝世後的研討會，令我感動萬分。

　　我對這次開會能夠與呂芳上、陳三井、劉維開幾位教授合作，諸位教授能夠與會，我相當的開心。這次最感謝的仍是陳立文教授，陳教授非常低調、謙虛，在整個會中她是幕後的英雄，帶領與統籌一切。

　　我的父親走了20年，年輕的一代很多人可能不記得沈昌煥是何許人物，也不知沈昌煥在中國近代史上擔任的角色，更不會知道自從1949年播遷來臺之後，我父親在中華民國政府裡面，得到先總統蔣公以及經國先生的賞識，讓他能夠為國家做事，在這舞台上貢獻一己之力。這一切的一切，做為小輩、做為兒子，要感激的人很多，我與我的子孫輩都抱持著感激，特別是今天，感謝秀威出版社蔡登山先生和他的同仁的協助，使這本**《老成謀國──紀念沈昌煥先生逝世20周年研討會實錄》**順利出版，能夠讓更多的人看到，在經國先生在世的最後十年，先父對中華民國安全和尊嚴的維護，有些許貢獻，希望以後的學者，可以藉著這些受到啟發而繼續深入研究。

　　一時半刻講不盡，笨口拙舌不足表達我心中的萬分之一感謝，所有的心意都包含於此書中。

　　最後，謹此以此書，紀念先父。

目次

研討會照片集

沈昌煥先生逝世20周年研討會海報牆。

資深外交官歐鴻鍊先生與會報到。

新書發表會前合影，左起沈大川、蕭明禮、石之瑜、陳三井。

沈大川與研討會籌辦人陳立文合影。

接待貴賓，左起張強生、巴台坤、沈大川。

沈大川與小學同學林文，後者為錢嘉陵。

沈大川為研討會致開場白，第二排左起王紹堉、陳錫蕃、吳進安醫師大妻，前排為吳東明。

第二排中坐者胡為真夫婦。

新書發表會主持人石之瑜。

新書發表會發表人蕭明禮。

研討會與會盛況。

華僑協會總會同仁合照。

沈大川與大華科技大學教授王慧君。

茶敘時間與會人交流盛況，照片中前二位張麟徵（左）與蕭行易（右）。

故舊座談會主持人與引言人，左起陳三井、吳東明、張麟徵、邱進益、王家驊、胡為真。

故舊座談會引言人邱進益。

故舊座談會引言人張麟徵。

故舊座談會引言人吳東明。

故舊座談會引言人胡為真。

故舊座談會引言人王家驊。

前排左起胡為真夫人、丁懋時大使夫婦，後排左二陳鵬仁、王震南。

故舊座談會討論錢復大使發言。

故舊座談會討論陳錫蕃大使發言。

沈大川為上午活動作一總結。

介紹沈昌煥家庭醫師陳啟明（中站立者）。

沈大川與丁懋時大使夫婦握手寒暄。

6人合影，左起胡為真夫人、丁懋時夫人、丁懋時、沈大川、張麟徵、胡為真。

第一場主持人呂芳上。

第一場論文發表人陳立文。

第一場論文發表人楊善堯。

第一場與談人呂芳上。

第一場論文發表人陳世局。

第一場論文發表人許峰源。

第一場與談人許文堂。

第二場主持人劉維開。

第二場論文發表人洪紹洋。

第二場與談人黃紹恆。

第二場論文發表人任天豪。

第二場論文發表人王文隆。

第二場與談人劉維開。

第二場討論戴瑞明發言，第二排左起沈呂巡、黃傳禮、錢嘉陵（中研院院士）、陳秦舜英。

第二場討論黃傳禮發言。

第二場討論陳三井發言。

餐會時間沈大川舉杯敬酒。

餐會時間沈大川與學者交談。

研討會論文

1946：南共北、正分裂：由《沈昌煥日記》看馬歇爾調處國共衝突之成敗關鍵

蕭明禮[1]

一、一本日記展開的歷史

　　有「外交教父」美譽的故總統府資政沈昌煥（1913-1998）先生，不僅在中華民國政府遷台數十年的外交決策上發具有重要的影響地位，更是親身經歷第二次世界大戰與國共內戰期間國民政府（1947年行憲後改稱中華民國政府，在此為求行文簡便，以下簡稱國府）重大決策的見證者。特別是決定了中國近代史走向的四年國共內戰，其轉折的關鍵一般認為是在1946至1947年美國特使馬歇爾（Gen. George C. Marshall）上將來華調處期間。儘管關於各國學界對於馬歇爾調處的研究可說是汗牛充棟，而近年來包括《蔣中正日記》在內當時決策高層私人史料的公開，理論上應該更能還原馬氏調處過程中的轉折。然而，即便有了這些親身經歷者的紀錄、回憶，許多調處過程中的關鍵環節仍存在著不盡完整的缺憾。特別是因為蔣、馬會談時連蔣氏所屬之侍衛官亦無法任意進入會場，這更增添了研究者利用蔣氏日記以外其他一手中文史料作為旁證的困難性。

　　所幸當時擔任蔣中正英文秘書的沈昌煥，為我們留下了一份珍貴的記錄，可以補充現有史料的缺憾。筆者於2012年底蒙國立台灣大學政治學系教授石之瑜先生之邀，有幸運用當時尚未出版之《沈昌煥日記》進行研究，並取得由沈資政哲嗣沈大川先生提供之民國三十五年（1946）《沈昌煥日記》原件影本。當年，擔任蔣中正英文秘書的沈

---

[1]　東京大學總合文化研究科外籍客座研究員、東京都立產業技術高等專門學校非常勤講師。

昌煥，因為藉由負責蔣氏與馬歇爾之間翻譯的機會，得以親眼目睹雙方商談經過，見證了中國近代史上最重要的轉折時刻。而他於日記中留下關於美國調處的第一手文字記錄，更對研究馬歇爾調處具有彌足珍貴的價值。其間，筆者曾與石之瑜教授聯名，以〈《沈昌煥日記》所載之馬歇爾調處始末〉為題，於2013年10月國史館舉辦之「《沈昌煥日記──戰後第一年1946》新書發表會暨沈昌煥先生百年誕辰紀念會」上發表專題演講，可說是筆者利用沈氏日記的初步研究成果。

不過，而後將近五年的時間裡，由於個人因素，筆者遲遲未能進一步就沈昌煥在馬歇爾調處期間扮演的角色，以及《沈昌煥日記》中所披露的馬歇爾、司徒雷登與蔣中正等國府高層對解決國共衝突、召開制憲國民大會、落實民主憲政等問題上的態度與作為深入探究。直到2017年夏天，再次蒙石教授知會本年（2018）將召開紀念沈昌煥先生逝世二十週年紀念研討會，才以此為契機，重新翻開那遺忘於書櫃一隅的日記，並重新參考、追加《蔣中正日記》、《事略稿本》、《王世杰日記》等國府方面史料，對照馬歇爾於1947年呈送給美國國務院的報告、司徒雷登報告等其他美方相關檔案文獻；最後整合既有研究成果，在2013年初稿的基礎上加以修正擴充，得以趕在沈資政逝世二十週年的前夕，完成《1946南共北、正分裂由《沈昌煥日記》看馬歇爾調處國共衝突之成敗關鍵》這本篇幅雖短，主題卻極為深重的小書。

閱讀《沈昌煥日記》，可強烈感受到沈氏記載天下軍國大事的字裡行間所流露的個人家國情懷。而日記中滿載了國共內戰初期國府高層決策的真相、美方介入調處的始末、外交使節的往來，以及他對於時局人心的詳實記載與觀察，足堪作為中國近代史領域進一步發掘、研究的新史料。據此，本書將從《沈昌煥日記》為出發點，帶領讀者透過文本的逐字爬梳，以及其他中英文史料的對照，重新回到那動盪的戰後第一年時空，使後世能夠撥開鬱積一甲子以上的複雜謎團，看清發生於1946年的諸多事件始末，以瞭解此一關鍵轉折年份的歷史真正意義。

二、全書章節安排與內容簡述

　　《1946：南共北、正分裂》一書，含前言及結論在內共六章，以下分別概述各章之內容：

（一）第一章　前言

　　本章分為三部份，分別簡述其問題意識之源起以及《沈昌煥日記》對研究馬歇爾來華調處的價值、近年海內外學界對於馬歇爾調處相關研究成果的回顧、本書運用之其他史料及研究方法等。

（二）第二章　馬歇爾來華調處

　　本章透過《沈昌煥日記》及其他史料文獻、相關研究的比對，重建1946年初馬歇爾來華主持調處，至當年6月底東北停戰結束為止，美方與國府、中共之間就調處問題的往來互動。內容共分為四節：

　　第一節　戰後初期的中國。從戰爭的經濟、社會、政治與軍事層面，分別概述1945年8月二次大戰結束後，中國的百廢待舉，以及國共衝突方興未艾的嚴酷局勢。文中，除了徵引《沈昌煥日記》之外，並旁引時人日記、文集，鋪陳1946年新年到來時，中國面臨的種種困境，帶領讀者重返歷史現場，體會時代的氛圍。

　　第二節　美國特使馬歇爾來華。1945年11月27日，協調戰後國共衝突的美國駐華大使赫爾利（P. J. Hurley）突然宣布辭去大使一職，美國政府在火速之間任命剛卸下參謀首長聯席會議（JCS）主席的五星上將馬歇爾擔任特使。馬氏臨危受命，於12月21日飛抵上海，展開他在中國調處的工作。本節為概述馬歇爾來華後，參與調處工作，並促成國府召開政治協商會議以及國共雙方停火等成果的經過。

　　第三節　《沈昌煥日記》中的沈氏與馬歇爾的第一次接觸。儘管

馬氏來華調停未及月餘，即已取得成立軍事三人小組會議、召開政治協商會議、發佈停戰令等初步成就，但在《沈昌煥日記》的紀錄中，卻留下「美國人對中國實況究屬隔膜。觀此稿而益信」這樣一句話（1月24日條）。與此同時，從《蔣中正日記》之中，也可發現類似的觀感。如蔣氏曾在其日記中稱「彼（馬歇爾）對我國內情形及「共黨」陰謀並無瞭解」及「可知客卿對他國政治之隔閡」等字句（1月22日條），似可察知自馬氏來華調停之初，以蔣中正為首的國府決策階層，就已產生了馬帥不甚瞭解中國現況的負面印象。

第四節　東北停戰問題的交涉失敗與戰火再起。時序進入3月之後，由於之前調處的各項問題暫告一段落，使馬歇爾調處的重心轉向東北方面。其中，派遣調處執行總部視察團（執行小組）前往東北的問題，成為了三方爭論的核心，最後更成為馬氏調處失敗的開始。

另一方面，在《沈昌煥日記》中也忠實記錄了馬歇爾對蔣中正為首的國府高層剛愎自用、不能察納雅言的弊端。如3月10號的日記中，以相當長的篇幅記錄了馬氏看似諷刺已故的老長官羅斯福總統不易察納雅言，復遭小人包圍愚弄，但實則暗批蔣中正主席剛愎自用，只聽佞臣之語，以及國府在處理艾德加‧思諾（Edgar‧Snow）外籍異議分了上搬石頭砸自己、自作自受的種種發言。總之，從3月到6月間，馬歇爾與國府高層間就東北停戰問題的交涉，在《沈昌煥日記》中佔了相當的篇幅。然而，國府最終在馬氏於5月底兩度致函蔣氏暗示將辭去調處使節相要脅之下，自6月6日宣布東北停戰。停戰令的發佈，不僅讓已被逐往松花江以北的共軍主力獲得喘息之機，成為日後東北戰局逆轉的遠因，馬氏介入東北停戰的強硬態度，也讓馬歇爾與蔣中正的關係迅速惡化。而6月30日停戰令期滿，國共東北戰事復起，關內亦多處烽火彌漫。

（三）第三章　司徒雷登的登場

本章著重於談討1946年7至9月間，新上任之美國駐華大使司徒雷

登參與調處的經過，並從《沈昌煥日記》中解開沈氏在此期間扮演的重要角色，可說是本書最為重要的一章。其章節內容如下：

　　第一節　內戰擴大與新任駐華大使的上任。在馬歇爾的推薦之下，1946年7月10日，司徒雷登獲美國總統提名出任駐華大使。14日，蔣中正前往江西廬山避暑。從7月18日起至9月15日間，馬歇爾總共八次登上廬山與蔣中正商談調處問題。在這段馬歇爾調處成敗至關緊要的時刻，《沈昌煥日記》中關於美方調停的記載較前半年增加不少，但著墨的重心不在蔣馬二人的會談經過與內容大要，反而在司徒雷登與蔣中正的互動方面有著相當深微的紀錄。

　　第二節　嶄露頭角——沈昌煥與司徒雷登在廬山。在本節中，我們將多次看到沈昌煥與司徒雷登的密切互動，這對他日後參贊國府外交具有深遠影響。事實上，在《沈昌煥日記》中就曾記載司徒雷登在牯嶺行館向蔣中正呈遞國書後，由於沈昌煥曾就讀燕京大學研究所的因緣，剛卸下燕京校長一職轉任大使的司徒雷登還特別向馬歇爾介紹曰：「this is one of my boys」（7月19日條）；而且當到任儀式結束後，司徒雷登還利用沈氏奉命護送大使返回寓所的機會，特邀沈昌煥再深談一小時，並「囑將其意見轉陳於主席」，因而開啟了沈昌煥在調處過程中扮演真正核心角色的契機。為何沈昌煥能在這風雲際會中擔負起中美高層之間「第二管道」的重任，我們可從司徒傳回國務院的報告中對沈昌煥的高度評價略知一二。儘管司徒並未在報告裡直稱沈氏其名，只稱這位曾經當過他的學生、現為蔣氏私人秘書的年輕人具有「絕對的忠貞」（the full measure of loyalty），而司徒更進一步直指他與沈昌煥的師生關係在中國社會是「永遠相存的」（即一日為師、終生為父）。深諳中國社會人際倫理的司徒，利用這層關係多次透過沈氏將他的觀點間接傳達給蔣中正。而沈昌煥因其燕京出身的背景，使其有幸成為蔣中正與司徒雷登的傳話人，並獲得進一步參與國府重大政策決斷的機會，從此平步青雲，躋身中華民國外交決策的核心階層。

　　第三節　委以重任——周旋於各國使節之間。8月間，馬歇爾調

處持續陷入僵局。此時國府希望藉由7月29日共軍偷襲美國海軍陸戰隊的的安平事件促成美方全力支持其剿共政策。然而，國府輕判了美方不願捲入中國內戰的態度，以及要求國共雙力停止衝突的警訊。自8月中旬起，[2] 馬歇爾決定加大對國府的施壓力度。在這層背景下，沈昌煥於8月17日與加拿大駐華大使歐德倫（Victor W. Odlum）上演了一齣代理人隔空喊話的戲碼。依照《沈昌煥日記》中所載，歐德倫一面恭維蔣主席領導對日戰爭的功績，卻又話鋒一轉，稱其「在表現「力量」一方面業已登峰造極」，現在應「以和平民生之方式奠憲政之基」。察覺到加使話中有話的沈昌煥，隨即告以歐使應認識中共之真面目，且和戰於否並非完全操諸國府，因「武裝政黨隔江對峙，威脅首都，政府豈無恐懼感」。此外，從《沈昌煥日記》也可看出他迅速洞悉美方調處策略的灼見。例如他對8月23日歐美各報刊登載加拿大駐華大使參與調處國共衝突新聞背後動機的分析，直指媒體刊載之消息「似為馬帥方面授意為之」、「蓋外交運用上加拿大常為英美之前鋒或緩衝也」。要之，沈昌煥與歐德倫的交鋒具有兩層意義：其一、他根據自己在7月間多次為司徒雷登傳話的經驗，判斷歐德倫看似誠懇的關心，不過是忠實執行美方的指令，一切只是馬氏為了迫使國府就範的迂迴戰術也。再者、沈昌煥藉著17日答覆歐使的機會，展現了優秀的臨場應變能力，反也應了他的能力已受到蔣氏肯定，得以獲其充分授權或信任，擔當會見外國使節的重任。由此觀之，沈昌煥在1946年夏天間獨當一面，縱橫於美、加駐華使節間的經歷，對他日後參贊台灣重要外交決策有重要而深遠的影響。

　　第四節　徒勞無功─馬氏八上廬山的結束。在美方的壓力之下，蔣、馬雙方於8月底之後又針對停戰問題晤談數次，但此議很快就因為中共反對蔣中正提出的五項附帶軍事條件而陷入膠著。9月16日，當馬氏尚在廬山說服蔣同意中共新提出的停戰條件時，周恩來突然宣

---

[2]　梁敬錞譯註，《馬歇爾使華報告書箋註》中央研究院近代史研究所史料叢刊（22），頁326、關中，《中國命運關鍵十年──美國與國共談判真相（1937-1947）》，頁375-376。

布離開南京前往上海，臨行前並發表三份備忘錄，為處於困境中的
調處投下極大的震撼彈，迫使馬帥收到通知後於9月17日急忙離開廬
山返回南京。四天後，蔣中正與沈昌煥在內的侍從及幕僚人員離開廬
山，搭機前往南昌，準備轉赴南京。

（四）第四章　制憲國民大會的召開

　　時序進入1946年下半，制憲國民大會的召開與否，成為此一階段
馬歇爾調處以及國共政治攻防的重心，也成了《沈昌煥日記》中另一處
留下豐富紀錄的重點，其重要性與第三章援引的日記內容等量齊觀：

　　第一節　張家口作戰與召開制憲國大。1946年9月底，隨著戰局
的演變，各界關注的焦點也集中在國軍在張家口周邊的軍事行動，
是否會影響到國大順利召開的問題。10月9日，蔣中正正式宣布將於
11月12日召開制憲國民大會，但中共卻以國府召開國大及國軍進佔張
家口實乃「推翻政協決議，實行全面破裂」為由，拒絕參加國大。因
此，如何解決與張家口停戰問題掛鉤的國大開會爭議，就成為馬氏此
時的主要調處目標。這段期間，除了9月23日到10月中旬之外，《沈
昌煥日記》詳盡紀錄了他從10月中旬到次月15號國大開幕為止，襄贊
蔣中正諸多重大決策，以及與馬歇爾、司徒雷登等人親自折衝、交涉
的實情，甚具參考價值。

　　第二節　爭取第三方面的加入。10月中旬期間，蔣中正與馬歇
爾、司徒雷登展開多次晤談，表達願意主動停戰與召開國大的相關
問題。在《沈昌煥日記》遺留的部分蛛絲馬跡中，披露了蔣中正在
此國共和戰關頭的真實想法。首先，在13號日記所附的「本星期預定
工作目標」條之中，記載了司徒雷登在前一天會見民盟要人梁漱溟之
後，透過司徒的私人秘書傅涇波，向國府傳達民盟有條件參與國大的
傾向。雖然從馬歇爾日後在使華報告書中的描述來看，此時蔣氏在調
停態度上頗有反覆之嫌，而且還是在馬氏的壓力之下才發佈由美方經
手修正的「關於處理目前時局之聲明」。然而，如果將沈昌煥日記與

其他史料互加比對，卻可發現蔣其實是以一副欲距還迎的姿態，準備等中共主動找馬歇爾與司徒雷登求情，使國府取得政治正當性的制高點。箇中秘密，就在沈氏10月13號的日記中的最後一句話：「現在政府宣布停止，不啻向中共投降」。另外，從《沈昌煥日記》中自述上述聲明發表前後，國府高層與美方折衝，以及修改、翻譯聲明內容的來龍去脈，不僅彌補了已知史料的不足之處，更讓我們驚覺到他參與馬歇爾調處的地位遠比過去所想像得更為深入。以蔣中正八點建議發佈的過程為例，或可推測他不單單只是一個聽從國府主席命令逐字逐句翻譯的英文秘書，更是忠實扮演了蔣中正意志傳達者，甚至可能在文稿修改的過程中，將自己的意見反饋給蔣中正、陳布雷等人，成為影響彼等之最終決策的決策建言者角色。在這層意義上，沈昌煥絕對可列入國府方面參與馬歇爾對華調處的最高決策階層之列。

　　第三節　第三方面態度的軟化。10月21至27日，蔣中正赴台視察，此時在第三方面的積極斡旋下，國共調處的情勢也傾向對國府有利。然而，在蔣氏返回南京次日的10月28日，周恩來拒絕第三方面提出的和平方案。一時之間，調處又有陷入僵局之虞。不過，蔣中正在10月30號還是向第三方面有所妥協，不僅承認共軍在長春以北的優勢，甚至等於是宣告國軍願意只維持在中長鐵路南段沿線既有據點的控制權。11月5、6、7日連續三天，蔣中正接見馬歇爾與司徒雷登商談停戰問題，雙方同意發佈停戰令的時機成熟。11月8日傍晚國府頒佈第三次停戰令。再一次，《沈昌煥日記》提供了國府版停戰聲明制定而成的詳盡細節。其中，在8號當天的沈氏日記中有一值得注意之處：當擬妥的正式聲明稿交予馬歇爾核閱時，沈氏用「彼等無異議」一詞描述馬、司徒兩人的反應。儘管馬歇爾後來在使華報告中默認當天沒有明確表達反對立場，但他仍辯解說當時未表示任何意見的原因是「因余對（國民）政府之態度，本持反對也」。藉著雙方文本的比對，除了呈現出國府與美方在調處關鍵時刻的立場衝突之外，更真實重現了當時雙方面對重要問題的曖昧態度。亦即：在面對重要的和談條件相持不下時，中美各自採取有利的部分加以解讀，以製造彈性的

模糊地帶使調處得以繼續推動，或建立自身在調處立場上的正當性。

　　第四節　開啟憲政之門——制憲國民大會的召開。第三次停戰令在國共雙方極度缺乏互信的情勢下頒佈之後，中共方面依然強烈要求停開國大。在此僵局之中，第三方面代表於11月10日晚間決議，如國大延至12月1日，則將提出國大名單。經司徒雷登與第三方面的斡旋，以及沈昌煥再度擔負傳話人穿梭於蔣氏與司徒之間的努力下，蔣中正終於向美方重大讓步，他明白告訴司徒「如第三方明日提出名單，則開會後可考慮延會一星期」（11月10日條）。在第二天日記中，沈昌煥又生動了描寫了國府妥協之後所帶來的戲劇性轉折。當天上午總理紀念週結束後，王世杰「匆匆入告各小黨已表示願意提出名單，匆匆而出」。寥寥數語，卻帶來了一種剎那間希望乍現的強烈印象。下午，蔣中正又命沈昌煥告知司徒雷登，「政府表示如各小黨能於三日內提出名單，則可考慮延至十五日開會」。

　　國大開會延期三天的結果，使得第三方面為了是否參加國大陷入分裂。但就國府立場，爭取到部分第三黨派與社會賢達參加國大，已可算是初步回應了外界對於國大是否為國民黨一黨獨大的質疑。從11月14日的《沈昌煥日記》中，更隱約流露出當天國府高層的興奮情緒。蔣中正對司徒稱「政協會共有五方面，現國民黨外，賢達、青年黨均參加，已佔3/5，如民盟有一部分參加，則更多矣。」從沈氏日記的這段對話充分顯示出蔣中正當時內心的真實想法：只要民盟能派員參加國大，即使只有部分代表參加，也能增強國府召開國大的政治正當性。保留中共名額的策略與其繼續杯葛國大的行徑相對比，更能鞏固此一正當性。

　　11月15日，延宕多時的制憲國民大會終於在幾經波折之後正式召開。對沈昌煥來說，經歷數十年漫長政治紛爭與戰亂相襲的中華民國，終於得以藉由制憲國民大會的召開走向憲政。因此，縱然國大自籌備以來歷經各種風風雨雨，甚至到開幕之後仍然有著許多不盡滿意的問題，但他仍然欣慰的在當天日記中寫下：「中國尚在試驗及學習民主之時期，有此成績可謂差強人意矣。」

（五）第五章　馬帥調處的結束

　　儘管國民大會在驚濤駭浪中終於召開，但馬歇爾的調處卻已接近尾聲，本章將透過《沈昌煥日記》重現國府高層與美國特使為解決國共衝突的最後努力：

　　第一節　國共全面決裂與馬歇爾的最後嘗試。國大開幕次日，周恩來發表激烈聲明，宣布不承認國民代表大會，並決定返回長年盤踞的老巢延安。但周恩來也令部分中共人員續留京滬，以為「未來重啟談判之時」預作準備，這些跡象讓美方感到中共方面尚未完全否定重啟談判的可能。只不過周恩來埋下一條伏筆，就是如國府攻擊延安，則中共將悉數撤離在京滬等地的代表。如此，如何阻止國府將此一計劃付諸實行，成為力保最後一絲調處成功可能性的馬帥所盡的終極努力。美方的努力，從《沈昌煥日記》可窺見一二，例如11月22日條中，記載了晉謁蔣中正的司徒雷登傳達了中共對於國府進攻延安的強烈恐懼與不安。但蔣中正的答覆卻不甚領情，他要求如中共再次請求調解時，美方一定要促使共方「提具體辦法，勿使再行拖延」。但到了11月28日，蔣中正對於發動延安攻略作戰的態度卻有了一百八十度的轉變。當晚，蔣氏與馬歇爾再次進行晤談，這也是沈氏日記中最後一次有關蔣、馬二人直接會談的記錄。當馬帥問及國府是否有意攻打延安時，蔣氏答以「現榆林已增防，並無攻延之意」，當面向馬歇爾保證國府並無進攻延安的意圖。蔣中正擱置對延安用兵計劃的理由，很可能還是遷就於美方的壓力。因此，即便蔣中正明知這是中共的拖延戰術，但在避免承擔破壞和談的政治責任之下，亦只能選擇入其彀中也。

　　第二節　調處的終點。美方透過對國府的不斷施壓，成功迫使蔣中正暫時打消攻打延安的念頭。看起來現在只要延安方面態度稍有軟化，國共調處的成立就還有些許的可能。但很快的美方就將發現，國共和談其實已走到近乎無以為繼的邊緣。12月5日，周恩來終於正式

回覆馬歇爾11月16日所提，是否願意馬氏繼續擔任調處的詢問。中共並未明確答覆該問題，卻提出立即解散國大與恢復1月13日停火令的要求，亦即拒絕進一步談判。次日上午，司徒雷登與傅涇波前往國府晉謁蔣中正。此次會談不見於司徒雷登傳至美國國務院的報告紀錄，也不見於《蔣中正日記》的記載之中。但是在當天的《沈昌煥日記》中，卻留下了這段極為重要的談話內容。司徒坦承「馬可謂已盡一切之力，將回國報告」，而蔣中正則告訴司徒：「明年乃對中國最重要之一年，中國如不能於明年統一，後年即無法統一矣」。蔣氏以非常強烈的語氣強調：「無論用政治或軍事，明年內中國必須統一，我對中國、對世界均有責任（底線為筆者所加），無論美國贊成與否，我決定要在明年內統一中國」，並再次強調「我對國家負責，倘此事對國家有危險，豈能貿易從事？」。最後，蔣氏又以國共衝突是「有國際（按：即蘇聯）背景之武裝叛亂」，而「美國為世界盟主，對此亦有責任也」，呼籲美國切勿放棄支持國府，但司徒以美國政府在傳統上不能幫助他國內戰為由，婉拒了蔣氏的要求。

　　第三節　何為「負責」？調處失敗關頭的蔣中正內心世界。至此，馬歇爾的調處絕無絲毫成功之機會矣。我們大可輕易地批判蔣中正只為黨國一己之私的冥頑不靈，或責怪他不願以大局為重，但彼時其心境的掙扎可能遠比外人想像的沈重。反覆細讀《沈昌煥日記》裡蔣中正對司徒一再重申他要「負責」的字句，以重新逼近沈昌煥親歷此一重大決策的歷史現場時的認知感覺，將會感受到受蔣氏這段自白與其說是為了逃避發動內戰罪名的遁詞，倒不如說更接近他長年以來將個人生命與中國近代命運相聯結的強烈使命感。近年研究蔣中正日記的相關學者之中，亦有注意到蔣氏自早年投身革命以來，一直有著將自己視為「革命的化身」的強烈自我意識。事實上，從處於蔣氏權力側近的沈昌煥日記裡，也可看到他對蔣氏個人特質極為欽佩的流露，因此12月6日條所載的這段話，可說極為真實地記錄了蔣中正下達如此重大決定時的激動心境。如果說馬歇爾為了在不違背美國政府最高的政策原則的同時，找出一條讓國共雙方都能滿意的妥協之道而

煩惱不已的話，對蔣氏來說同樣必須考量在滿足美方壓力之餘，他也要面對自己長年以來所信仰的國民革命意識形態，以及國民黨內各派系對他是否背叛革命、質疑其政治領導正當性的追究。要從這樣的面向切入思考，才能理解蔣氏屢屢強調的「責任」真意，也才能明白為什麼沈氏要不厭其煩的記下這段對話。甚至在遠隔半世紀之後，沈資政將他深藏多年的日記悉數銷毀之際，卻願甘冒大不韙獨獨留下這本日記的最深層理由也源起於此。

蔣中正在12月6日會見司徒雷登後，儘管又與馬帥、司徒會談數次，然國共和談破裂、馬氏離華之勢已成定局。12月28日，馬歇爾打電報要求美國總統杜魯門召其返國，黯然結束他在中國的調處任務。

（六）第六章　結論

透過《沈昌煥日記》所記載的第一手資料，釐清了許多馬歇爾調處過程中不為人知，但對日後局勢具有關鍵影響的決策細節。而對照沈氏日記與其他史料的內容，吾人可認為《沈昌煥日記》對研究馬歇爾調處的價值及其重要性大致可歸納如下：

（一）在日記中，我們也可以清楚的看到沈氏在馬歇爾調處過程
　　　中所扮演的重要角色。

（二）藉由《沈昌煥日記》，也使我們對於馬歇爾調處失敗的原
　　　因有了更多的認識。

（三）由上可知，馬歇爾本人的調處方式也必須為國共內戰的結
　　　局自負其責。

親身目睹了國共和戰最後決斷經過的沈昌煥，他的日記為後世見證了海峽分治格局的形成。「起望故國神州路、夜半狂歌悲風起」，或許正是沈氏在整整半個世紀之後決心留下這份珍貴文字記錄時的內心寫照。

蔣中正日記中的沈昌煥

陳立文[1]

一、前言

　　沈昌煥早年參與抗戰，以少將參議身分任中國遠征軍司令長官部昆明辦事處副處長，並常川印度新德里遠征軍專員公署，抗戰勝利後任國民政府主席辦公室簡任秘書、國民政府委員長侍從室簡任秘書、行政院新聞局局長，來台後任中國國民黨中央宣傳部副部長，中國國民黨改造委員會委員兼第四組主任。其後轉任外交砧壇，兩度出任外交部長，中間並出任駐西班牙、教廷與駐泰國大使，後任國家安全會議秘書長、總統府秘書長。

　　在沈昌煥的經歷中，從民國34年任國民政府主席辦公室簡任秘書開始，到民國61年第二任外交部長以前，都是近身追隨蔣中正，將近30年的歲月中，蔣中正這位長官如何看待沈昌煥？如何評價沈昌煥？本文希望透過蔣中正日記，爬梳出蔣中正與沈昌煥的交集，探討這些交集後的歷史意義。

　　由於個人手邊的日記並不那麼完整，透過概略的整理，摘錄出蔣日記中提到沈昌煥總共有208次，在時間分布上看，1948在大陸期間僅5次，1949至1950年間18次，1951到1960年間35次，其中1958、1959兩年完全沒有提及過；1961到1964年間最多，分別為1961年35次，1962年16次，1963年39次，1964年35次；1965年後次數遞減，1965年12次，1966年以後一直到蔣1972年不能再寫日記為止僅13次。在稱呼上通常以「昌煥」稱之，少數時候僅以「沈」稱之，只有一兩

---

[1]　中國文化大學史學系教授，中國近代史學會理事長。

次以「沈昌煥部長」稱之,不過在稱呼上並沒有辦法分辨有甚麼特別意義。在內容上大致可以分為一般談話、有關工作分配與經費撥付、有關工作指示、聽取工作報告、商討特定事務、徵詢意見或接受要求、感嘆人才不足、對沈昌煥不滿幾個不同的方面,但是中間很多還是有重疊之處,無法做太清楚的區分,在本文中將以日常談話與指示、特殊事件的討論、心有不滿三段來敘述。

　　值得一提的是,有些個人覺得是沈昌煥一生中頗重要的時間點或職位上,在蔣的日記中卻並未提及,像1942蔣訪印時,沈在新德里,但未見蔣日記中提及;1949年蔣往菲律賓參加碧瑤會議,沈昌煥隨行,但蔣日記中未見紀錄;1950年7月31日麥克阿瑟旋風式訪台,沈昌煥全程參與,但蔣日記中亦未見。還有一件小事,蔣日記中首次提到沈昌煥是1945年8月27日所寫:「預定:一、沈昌煥、張齡、高蔭槐之工作。」最後一筆是蔣日記最後一年(1972年)雜記:「行政院人事擬案:外交部長沈昌煥或薛毓麒(原任周書楷擬請調國策顧問)。」雖然純屬意外的巧合,但一始一終之間似乎都在安排沈昌煥的人事,不過事實上在蔣208次紀錄中真正談到沈昌煥人事的並不多,不會超過10次。

二、日常談話、聽取工作報告或給予工作指示

　　蔣日記中常常會概略的記上一句:「召見某某某。」或是「與某人談話」的簡單記錄,對沈昌煥的紀錄中也有許多是這一類的簡易行筆,不容易看出所談究竟為何事。不過有一些的記載比較詳細一點,或是「與昌煥談某事」,或是「召見沈昌煥報告」等;從1949年任職政府發言人辦公室,到1950年改造委員會時期(當時沈昌煥為16位改造委員之一,並兼第四組主任),沈昌煥在蔣日記中出現的頻率都不高,所談也拉拉雜雜,如「報告臺灣兵工各廠皆有進步為慰」[2]、「香港美員對偽人民銀行之策反工作」[3]而且這段期間蔣似乎將沈昌

---

[2]　蔣中正日記,1949年11月11日。
[3]　蔣中正日記,1952年6月18日。

煥視為政治方面的智囊[4]，並未以其為外交長才視之。經常與沈昌煥一起出現的人包括蔣經國、陳誠、張群、陶希聖、黃少谷等。從1954年以後，出現的頻率漸漸增加，所談內容也開始進入外交主題，如「美館新聞工作之組織與改正」[5]、「商討對等方針」[6]、或是明確給予指示：「晚昌煥面報美使藍卿來談經過，乃知美接我斥責其背約之後，已有重發其聲明之意，……乃命其電葉乘機速促美國會通過中美協定以對抗俄案也。」[7]或是聽取報告：「晚聽取昌煥對史丁文生承認匪共之談話，向美提出抗議之經過，并談其他外交問題約一小時。」[8]主要的原因應當是1953年12月起沈昌煥擔任外交部政務次長，等到1960年5月20日沈擔任外交部長後，接觸自然更多，在此次外交部長任內（1960/5/20-1966/5/27），除了對一些重大事件有多次記載的情況另在下節中討論外，蔣日記中出現「與昌煥談外交」、「聽取其外交報告」、或談外交單一情況的記載不下40次，經常的談話時間都在一個小時上下，由於內容頗為多元，不易一一贅述，僅整理如表一：

表一　沈昌煥第一次外交部長任內蔣中正召談外交事務紀錄整理

1961/03/08	晡見昌煥與乃建。
1961/05/10	本（十）日上午入府會客，與昌煥談外交後，批閱公文。
1961/09/08	下午召見昌煥與孟緝，分別指示其外交與軍事工作
1961/11/12	下午與昌煥談話，甚感美國政府中自由分子史丁文生等排華助共，「兩個中國」陰魂始終作祟，決不放棄其此一卑劣政策，殊為美憂也。
1961/12/30	與昌煥談外交情形，接甘乃迪復電。
1962/03/16	對昌煥詳告其昨與哈里曼談話之經過實情。

[4] 蔣中正日記，1949年4月2日上星期反省錄：智囊團人選：俞大維（經），俞鴻鈞（財），王世杰（外），經國、陶希聖（宣），吳國楨（外），陳立夫（黨），吳忠信（政），昌煥，張群（政），朱家驊（教），翁文灝（經），洪蘭友（黨、社），顧光、魏道明（外），黃少谷（宣），劉健群（社），閻伯川（政、經），谷正綱（黨、社），谷正鼎（黨），鄭彥棻（黨），張道藩（黨）。
[5] 蔣中正日記，1954年10月25日。
[6] 蔣中正日記，1954年11月11日。
[7] 蔣中正日記，1955年2月1日。
[8] 蔣中正日記，1961年1月28日。

1962/03/29	晚與昌煥談外交三刻時。
1962/06/07	下午約昌煥、季陸來談。
1962/07/16	下午五時見辭、岳、昌煥等，聽取其外交報告
1962/10/01	上午十時入府，召見岳軍與昌煥，聽取最近外交報告與雙十節招待外賓計畫
1962/12/05	晡聽取楊紹廉赴約旦考察報告與昌煥外交報告。
1963/01/05	召見昌煥。
1963/01/13	上午召見昌煥與伯泉
1963/01/15	昨（十四）日上午舉行烏拉圭大使呈遞國書之儀式後，會客，與昌煥、大維談談。
1963/01/23	下午召見伯泉、孟堅後，又見昌煥、大維、孟緝，商對對美外交，以余前日對中、美聯合作業計畫之第六點，原以我獨立國家收復領土主權而與外國一語，美乃提其異議。
1963/02/19	下午審閱戰時經濟動員計畫，與昌煥談外交，與辭修談政治與金融機構。
1963/03/25	午召見昌煥，始悉美國調換大使之報告
1963/05/31	上午舉行士髻其與薩爾瓦多二國新大使呈遞國書儀式後，與柏園、孟緝、昌煥分別談話。
1963/09/26	午睡後與昌煥電話，乃知美已對俄不認我簽訂禁核協定為代表中國事已作駁覆，但尚未明文發表，何耶。
1963/10/12	晡召見昌煥談義大利國慶無賀電為疑，但其大水災余仍去電慰問也。
1963/11/13	上午主持大會，由辭修作政治報告約 小時半，其報告精神遠不如此之健康為慮，繼由昌煥作外交報告約一小時完後，即與大會各代表在餐廳聚餐，代表情緒奮發為慰。
1963/11/23	本晨五時接甘乃迪被刺身亡之報，不勝驚異，第一感覺以為黑人關係居多，以其被次地點為南方德克塞斯州也，乃即起床，接昌煥部長電話稱兇手被捕，是為主張對古巴公道委員會主席後，又電稱此兇手為前曾自稱為共產黨者，此則非為黑白種族關係矣。
1963/12/20	晡召見昌煥與陳質平，聽取外交報告前後約一小時餘
1964/03/07	約見彥棻、昌煥、胡璉等
1964/03/08	召見昌煥與冠生等
1964/03/09	五時半見昌煥，約談一小時半。
1964/03/16	晡與昌煥談外交約一小時餘。
1964/04/20	與昌煥略談越、寮問題
1964/05/23	下午召見昌煥、劉鍇與靜波
1964/06/03	下午續記去年總反省錄之總論部分未完，召見昌煥。
1964/06/15	上午召見岳軍、昌煥，討論外交與反攻問題之方針約一小時，彼等亦已感覺如長此困守孤島，必將為國際所宰割，十年以後之情勢必將無法幸存之理的覺悟為慰。

1964/07/31	與昌煥談菲律賓外長會議之反應如何催其答復。
1964/08/25	十一時與靜波、君怡、昌煥商討史敦普對民航公司所陳述之意見,並無與法律牴觸之事均酌量處理。
1964/04/16	上午在府與岳軍、昌煥談話要旨與方式
1964/10/03	晡召見昌煥談外交問題
1964/10/19	昨(十八)日詳研各國對共匪試爆與黑魯下野情勢,十時召見辭修、岳軍、靜波、昌煥、鳳翔等研討時局,聽取其各人意見
1964/11/01	研討外交情勢,約岳軍與昌煥。
1964/11/02	上午召見玉璽後,又見岳軍、昌煥,商談外交問題,美國對華政策正在矛盾之中,其對越南東南亞亦在進退維谷之中,可痛。
1965/11/27	下午召見君怡、昌煥以及馬拉衛班達、陳東海與金容培等,晚經兒來聚餐及談軍事與外交形勢。
1966/05/27	下午召見昌煥、大維與鳳翔,告其人事與昨日召開臨時常會問題。

　　沈昌煥做滿了蔣中正第三任總統任內6年的外交部長,轉任行政院政務委員,1966年6月21日蔣日記中記:「日本與泰國之大使人選:彭孟緝、沈昌煥、沈覲鼎。」但是最後卻在9月派沈昌煥為駐教廷全權特派大使,1967年2月6日蔣日記記:「沈昌煥任義大利大使。」但事實上也沒有調任,沈在教廷待了兩年半,1968年12月23日蔣記:「調昌煥為日本大使。」最後卻在1969年3月調任為駐泰國大使,關於此部分,沈大川先生手中有蔣經國給沈昌煥的手書,足可進一步的說明,有關沈昌煥在泰國任內的事蹟有許峰源教授的專文討論,也不需要在此處贅述。但從蔣日記的記載中,可以看到沈昌煥在外交部長任內曾出訪羅馬參加教宗就職[9],也曾經訪問泰國[10],或許這正是蔣決定派沈昌煥任此兩職務的部分原因。不過在外放幾年中蔣日記很少出現有關沈的記載,倒是在沈昌煥1972年3月由泰國大使任務結束返國後,蔣分別在3月27日:「下午見沈昌煥,聽取其對東南亞外交一般形勢。」6月10日「上午召見昌煥」,6月24日「上午與昌煥談話。」3個月內3度召見也不是甚麼特別的事,尤其因為沈昌煥在1972年5月蔣

[9]　蔣中正日記,1963年6月29日上星期反省錄記:「昌煥往賀教宗就職後,訪問非洲各友邦。」
[10]　蔣中正日記,1964年9月12日上星期反省錄記:「昌煥訪馬來與泰國。」

中正就任第五任總統，蔣經國任行政院長後，第二度出任外交部長，蔣關心外交，恢復經常召見亦屬正常；但是如果看過蔣1972年的日記就知道，蔣此時已是病體衰弱，雖然每日仍然維持寫日記的習慣，但不過聊聊數語，也很少召見官員，到7月20日就因發病而停止寫日記。在這段時候會對沈昌煥頻頻召見，或許可以看到的是蔣中正對沈昌煥的期許，而可以聯想到的更應該是蔣經國對沈昌煥的倚重。

三、特定工作的指派或重大事件的商討

除了上述一般性的紀錄外，〈蔣日記中的沈昌煥〉一文真正想探究的在一些特定工作的指派或重大事件的商討，因為從中比較能夠看出蔣中正這位長官如何看待沈昌煥？如何對待沈昌煥？在蔣日記中第一件特別指派沈昌煥去做的，是1946年「指示沈昌煥轉告司徒，以昨日所談為政府對共最低之限度，如其有一不能同意則應斷然中止，不予以拖延之機會為要。」[11]當時馬歇爾來華調處國共問題，司徒雷登為駐華大使，沈任國民政府主席辦公室簡任秘書，受命傳話給司徒雷登，8月10日馬歇爾與司徒雷登發表「對目前局勢之說明」[12]。第二件是1947年「派沈昌煥謝絕魏德邁之邀宴，以其太不知禮自重也。」[13]起源是因為8月22日魏德邁以美國總統特別代表身分接受邀宴，詎料魏臨時發表談話，「對我政府首腦幹部之談話無異嚴厲之訓詞，類於斥責裁判，實為我國最大之恥辱，慨自民國十六年初被鮑爾廷在筵席上對我個人侮辱以來，此實為公開侮篾我政府之最難忍辱者，惟鮑不過對我個人，而魏則對我整個政府之侮辱，若不痛自反省發奮雪恥，何以立國何以成人。」[14]23日魏德邁邀宴，蔣當然不願意參加，沈這位簡任秘書自然又得了這個不討好的差事。

---

[11]　蔣中正日記，1946年8月6日。
[12]　〈馬歇爾與司徒雷登發表對中國目前局勢之聲明〉，1946年8月10日，國史館蔣中正總統文物/002-020400-00007-038。
[13]　蔣中正日記，1947年8月23日。
[14]　蔣中正日記，1947年8月22日。

　　但這樣的事不只是秘書要做，即或做為外交部次長的沈昌煥，依舊必須在必要的時候扮演白臉或者是黑臉的角色，也往往要承擔一些因錯誤或誤會而產生的後果，在蔣的日記中不只一次的出現這類的事情，例如大陳撤退時美國不願承認協防金馬，蔣在日記中談到：「本擬對美痛責其反對我單方承認協防金、馬之無理與背信，但今以共匪橫暴自絕之關係，或為我對國際運用之良機，故忍之，乃令沈昌煥代見蘭卿，詢以共匪拒絕聲明後，美國對我大陳與金門聲明之態度有否當作考慮，以及中、美今後更應密切合作之意告之。」[15]蘭卿指的是美國駐華大使藍欽，沈昌煥以外交部次長的身分「代見蘭卿」，自然是銜命溝通，最終的處理方式是美方不作聲明，而沈以談話方式一筆帶過，差強人意的完成了蔣的交待。但是在1957年的劉自然事件中就沒有這麼輕鬆了，事件發生第二天蔣在日記中記：「考慮昨日藍欽之言意，及其與沈談話紀錄核對，是其暗指經國無疑，乃不能不向藍欽嚴正駁斥，故召岳軍、公超與昌煥面示其美員無理胡說，應由外交部面責其狂妄，並須對此澈底根究事實之意。上午到研究院紀念周，回再召昌煥指示其對藍說話要旨，最後囑其不必為此特召藍欽急斥，待其另有他事召藍時順帶指斥，以免此時對暴動案更添一層黑影也，惟有暫忍而已。」[16]次日又記：「主持宣傳會談，對暴動案處理善後問題研究二小時，頗有收穫，先後與公超、昌煥談話，皆關對藍欽指責方式，今日彼或已能了解其所想所言完全為其虛偽情報所誤，而自知其非乎。」[17]劉自然事件的複雜性此處無法多談，但追查此事究竟如何扯到了沈昌煥，透過檔案才瞭解，藍欽曾與沈昌煥舉行了一次會談，提出兩點疑點，其中一點即是認為此案為救國團所為。[18]雖然在藍欽與沈昌煥的會談記錄中並沒有明白指出這一點[19]，但藍欽認

---

[15] 蔣中正日記，1955年2月4日。

[16] 蔣中正日記，1957年5月27日。

[17] 蔣中正日記，1957年5月28日。

[18] 〈救國團主任蔣經國與藍日會會談有關五二四事件談話紀錄〉，民國46年5月27日，國史館藏蔣經國總統文物檔案/005-010503-00025-003。

[19] 〈外交部常務次長沈昌煥與美國駐華大使藍欽就有關美國駐華大使館遭破壞事晤

定了此點，沈次長自然就必須背負此一錯誤。而在蔣日記中自此一事件後，1957年一直到11月才出現一次「午主持中央常會，與辭修、彥棻、昌煥分別談話」[20]的紀錄，而1958、1959兩年完全沒有再出現過沈昌煥的名字，令人不能不懷疑是否因為劉自然事件的發言失當使沈昌煥失去了蔣中正的青睞？也導致了1959年3月被外放為駐西班牙特命全權大使？

1960年3月以第三任總統選舉在即，蔣在日記中考慮人事：「一、行政院各部應調整之人事－黃少谷、陳雪屏與交通、內政兩部。二、內政部長應選臺省籍之有為者。三、省政府主席應否調整？四、參軍長與國防會秘長之人選。五、今後教育與外交政策與人事之研究。六、蔣廷黻、沈怡與沈昌煥。七、聯合國代表之人選。」[21]5月20日蔣中正就第三任總統職，陳誠任行政院長，沈昌煥被任命為外交部長。這是沈昌煥第一任外交部長的工作，終蔣中正第三任總統任期（1960年5月至1966年5月）沈一直擔任外長之職，在蔣的日記中對這一時期的沈昌煥，談到最多，可以合併來看的大約有四件事，透過蔣日記的記載與相關檔案分述如下。

（一）美對緬寮游擊隊七項節略

1961年2月間美國國務院對中華民國在緬寮游擊隊問題提出嚴重警告，蔣在日記中自2月20日、2月24日、2月25日、2月26日連續記載沈昌煥對此事的報告與對沈的指示。查檔案沈昌煥於2月18日呈送外交部接濟緬寮非正規軍相關問題及附件[22]，報告有關政府協助接寄緬寮非正規軍隊的處理情況，以及美國駐華大使莊萊德的反對意見，蔣

談之紀錄〉，民國46年5月5日，國史館藏蔣經國總統文物檔案/005-010205-00118 001。
[20] 蔣中正日記，1957年11月13日。
[21] 蔣中正日記，1960年3月15日。
[22] 〈沈昌煥簽呈我接濟緬寮非正規軍問題及附件莊萊德大使致沈部長函等〉，1961年2月18日，陳誠副總統文物/008-010109-00010-059。

中正自記：「正午與昌煥通電話後，乃悉美國務院對我緬寮遊擊隊問題提嚴重警告七項，無足為奇，對我前提寮境收容之議則表示已無商量餘地，此亦意中事，以美國外交全憑其一時利害之主觀，而容有其後果與客觀環境如何之考慮，可痛。」[23]隨後又記：「晡聽昌煥詳報美所提七項節略，乃為其國務卿致其莊大使之訓令，細察其內容，措辭嚴重而尚留有餘地，但其對我壓迫似非依照其辦法不可，否則再進一步乃不惜去其害人利己之犧牲盟國之行動，則情見乎辭，余研究結果，認為此乃其民主黨左派對我陷害，已達成其反華媚共最好之機會，而事實與環境上，亦為我此時惟一之弱點也，乃決心撤退緬寮全部遊擊隊，供其無隙可乘也。」[24]次日：「入府召集辭修、岳軍、經國、昌煥等，商討對美答覆方針，決撤退其緬寮遊擊隊，不再涉入該區鬥爭。」同時特地：「召見昌煥，指示其外交方針與言行要領。」[25]

　　從這幾天連續的日記中可以看到蔣中正在這件事情上的態度明快而乾脆，因為他深刻了解到壯士斷腕的必要性，而透過檔案，可以看到同一時間蔣經國也與中央情報局臺北站長克萊恩進行會談，提出「（一）不公開承認有具有軍事組織及力量之單位留於寮境之內；（二）使東南亞公約組織相信美方已協助中方撤回游擊部隊。」[26]的建議，正是配合蔣中正的決定和行動。但做為初任外交部長的沈昌煥是否能夠完全體會這一痛定思痛的做法？從沈的報告中並看不出來，但從蔣特地「召見昌煥，指示其外交方針與言行要領。」約略可以看出其中的奧妙，或許也可以視為蔣對於沈昌煥的欣賞之情與提攜指點之意。而到一個月後的3月18日還可以看到蔣記錄的：「我接運緬寮泰邊義民正依計畫順利進行。」[27]

[23]　蔣中正日記，1961年2月24日。

[24]　蔣中正日記，1961年2月25日。

[25]　蔣中正日記，1961年2月26日。

[26]　〈國防會議副秘書長蔣經國與中央情報局臺北站長克萊恩會談紀要〉，1961年2月20日，蔣經國總統文物/005-010301-00001-006蔣經國與克萊恩會談紀要（一）

[27]　〈總統事略日記〉，民國50年3月18日，國史館藏蔣中正總統文物檔案/002-110101-00016-076

（二）為外蒙問題與聯合國大會代表權事往返折衝

　　1961年的外蒙古入會案是中華民國在聯合國席位戰上一次重大的事件，其中的錯綜複雜牽涉頗廣，從1961年4月初到同年10月底，中華民國為了外蒙古入會和聯合國大會代表權的問題，與美國反覆磋商[28]，本文無法對這段複雜的過程詳加描述，只從蔣日記中談到沈昌煥的部分觀看沈以外交部長身分參與其間的過程中，蔣對於沈的態度。為使資料完整起見，還是先將期間蔣提及沈的日記內容整理如表二。

表二　1961年外蒙入會案中美交涉過程中蔣日記提及沈之紀錄整理

1961/05/10	本（十）日上午入府會客，與昌煥談外交後，批閱公文。
1961/05/13	晚召集辭修、岳軍、昌煥等，研討詹生談話要旨，聽取眾議，多有所得為慰。
1961/06/05	晚見昌煥部長，指示其覆美副總統函意也。
1961/06/12	數日來昌煥等皆感余致詹生函稿過於激烈，表現其憂愁之神態，可知其對外交之方針與要領尚無心得、更無經驗之故也。
1961/06/17	晚昌煥來重整致詹生函稿譯义。
1961/06/21	復與岳軍、昌煥商談美國對我最近之不義行動，并詳告其昨與莊乃德談話經過情形。
1961/06/23	朝課後，修整與莊乃德談話紀錄稿後，入府主持月會，指示昌煥本日與莊談話要旨及謝絕經國訪美之約的方式。
1963/06/30	正午與辭修、岳軍、昌煥談對美外交，其國務院召莊大使回美述職，並再邀經國如期訪美，表示其甘乃迪與魯斯克皆盼望甚切之意，余仍主婉謝，并令辭修召見莊大使，明示其我國決心，轉達其政府也。
1961/07/16	據妻稱華盛頓有函，明日辭修與昌煥來潭面遞，並稱函中內容甚佳云。
1961/07/17	正午辭修、昌煥來潭，面報甘乃迪致余函內容，對於我所提各種抗議，皆有誠懇與具體之答案，是為各國元首來函中最具熱情與誠切之函件。彼要求余派最親信人員赴美協商，其意明指經國，余決派辭修代表政府與私人，以其為政治上負責當局耳。

28　蔣中正日記，1961年10月25日謂：「自四月起，美國務院以承認外蒙、准許其進入聯合國，製造兩個中國，先准共匪進入聯合國，以及臺灣為臺灣獨立國等等民主黨行動委員會之十二年來對我之陰謀全盤托出，在此六個月間，對美之奮鬥悲痛誠不知所止，最後卒能依照預定方針實施無誤，其大部關係在於經國克來因二人合作之力也，竟使此一已成失敗之局卒得轉危為安，感謝上帝保佑不忘。」

1961/07/18	（十七）日下午詳審甘函後，乃與辭修、昌煥商討其訪美之具體計畫即日程，討論將來談話要旨，約有一小時半之久方畢。
1961/07/23	五時約辭、岳、昌煥來談辭修訪美各項準備，與對聯合國拒匪入會之策略。初聞其對匪入會與代表權問題由聯合國大會組織研究會，明年會期提出報告之緩決案，余甚駭異，繼知其討論後不能作決定，待至明年再議，此乃仍是緩議之精神，余乃默許，除提緩案不成外，只有以此方式較為有利也。
1961/07/28	下午與辭修、昌煥商談其訪美準備工作之檢討，約一小時半畢
1961/07/29	考慮辭修與美交涉談話要點之補充數項，九時往陳寓送行，並作補充之指示約卅分畢，主持中央常會前，指示昌煥，面屬其謹慎將事。
1961/08/15	上午見東非洲「肯亞」即所謂「毛毛」訪問團後，與昌煥談致甘乃迪涵意後，主持軍事會談。
1961/08/19	與昌煥談覆甘乃迪函意及對聯合國問題方針，指明美國有此足夠票數力量，今得所以其自恐荒者，乃為邪惡共魔空氣所迷惘，而放棄其公理正義的武器，授敵以柄，不敢為正義奮鬥，此則非不能，乃不為也。
1961/08/20	下午召集辭修、岳軍、雲五、昌煥商討覆甘涵意指示要點：甲、說明此事之道理。乙、說明其領導力量甚強，只要不失正義決心斷行，必可克服此一困難也。
1961/08/25	與昌煥談覆甘函最後定稿，彼等中、英文皆不合理想為念。下午再作最後修正定稿，其英文稿仍由夫人澈底核修，方得安心。
1961/08/26	正午約辭修、雲五、軍、昌煥、劍虹，再將夫人修改英文稿核對斟酌修正，乃作最後之核定，即令用電發出，惟其發出後，正文稿呈閱時，仍以最重要之詞意未能表達，此等外交主官不惟英文低能，而其中文亦差，所謂「教的山歌唱不響」，可歎也。
1961/09/02	下午與辭修、岳軍、昌煥等談聯合國代表權與對外蒙否決的政策，嚴令廷黻與公超態度堅定，不可令外人疑為尚有轉變可能之影像也。
1961/09/08	正午手擬復甘函稿，下午召見昌煥與孟緝，分別指示其外交與軍事工作
1961/09/09	上午重修覆甘函稿後，主持中央常會，聽取昌煥對聯合國十六屆大會所定政策，將予決議使之有所遵循也。
1961/09/11	正午當昌煥臨行來別時，余告以我政府只有否決外蒙，乃為死中救生唯一道路，令其轉告廷黻與公超，切勿再有猶豫餘地也。晨起傷風，上午召見乃建與昌煥，下午續擬對匪建軍總評未完。
1961/10/4	本（四）日在寓考慮對美交涉情勢，與否決外蒙方針不變之決心，電沈部長，一切工作應照既定方針進行勿誤。
1961/10/7	本晨手擬致沈、葉各一電
1961/10/8	廿二時與辭修電話商討，彼認為此意致沈、葉之訓令緩發，乃由其令許次長以此意轉告沈、葉，對美暫示緩和之意，准之。
1961/11/12	下午三時至五時半主席聽取黨務與軍事二報告後，與昌煥談話，甚感美國政府中自由分子史丁文生等排華助共，「兩個中國」陰魂始終作祟，決不放棄其此一卑劣政策，殊為美憂也。

1961/11/28	本晨令昌煥告美使，囑轉其國務院關於對我代表權組委員會提案，以其不參加為藉口，而效法「彼勒多」審判耶穌定案，以洗手為卸責之所為，應切戒也。
1961/12/04	本晨切告昌煥，美國對我代表權組設委員會之計畫並未澈底取消，應再作警告，然彼則認已取消也。

　　細看這一過程，沈昌煥雖然是外交部長，參與不能算不深，但在決定性的掌握上實在不多，比較大的幾件事就是協助草擬致美副總統詹森函、致美總統甘迺迪函、隨同陳誠訪美、到最後親赴紐約坐鎮督戰。致詹森函是由於同年5月14日至16日詹森訪華，銜命與蔣討論外蒙入會案與聯合國席位事，蔣對於致美國高層的函電一向謹慎，此次自不例外，多次斟酌修改亦所難免，有意思的是6月12日蔣日記的用語：「數日來昌煥等皆感余致詹生函稿過於激烈，表現其憂愁之神態，可知其對外交之方針與要領尚無心得、更無經驗之故也。」但可惜的是就近搜尋國史館檔案，由於「暫不開放」[29]未能看到沈昌煥所擬的函稿，無法深入了解蔣與沈對此事不同的心態。此一期間內，美國多次希望蔣能夠派親信至美面商，尤其屬意於蔣經國，但蔣堅決不同意，並指示沈昌煥「謝絕經國訪美之約的方式」[30]，從檔案中可以看到沈告知美駐華大使莊萊德（Everett Drumright，任期自1958年3月8日至1962年3月8日）時提到：「中華民國政府感謝美政府盛意考慮，但相信蔣（經國）最好延遲其行期，俟再加商酌後再定。蔣（經國）將不受有以任何正式（官方、有利或權威）方式討論如外蒙古及聯合國代表權等複雜問題之權利。」[31]應當就是蔣中正日記中所謂的回絕方式吧！

---

[29]　〈外交部部長沈昌煥呈總統蔣中正擬復美國副總統詹森函稿及英譯文〉，1961年6月11日，國史館藏蔣經國總統文物/005-010205-00041-008。註明：外交部民國106年5月2日外資電史字第10637506450號函註銷機密等級，依檔案法第18條或政府資訊公開法第18條不開放應用，107年5月以後再函請外交部檢討。

[30]　蔣中正日記，1961年6月23日

[31]　〈外交部部長沈昌煥告莊萊德大使感謝美國政府盛意邀請但訪美行期須俟再加商酌又政府未正式授權蔣經國討論外蒙及聯合國代表權等問題之權力〉，1961年6月24日，國史館藏蔣經國總統文物檔案/005-010204-00001-001

　　雖然蔣日記中寫「據妻稱華盛頓有函,明日辭修與昌煥來潭面遞,並稱函中內容甚佳云。」[32]但在檔案中看到沈昌煥是專文向蔣報告的,而且是甘迺迪與詹森兩人各有一函。[33]或許是因為蔣當日在日月潭,所以蔣夫人代收吧!次日陳誠與沈昌煥一起赴日月潭親送,蔣稱甘迺迪的函:「是為各國元首來函中最具熱情與誠切之函件。」[34]函中提到:「請指派代表一人來美與其他相關人員就有關聯合國之議題進行磋商,以化解雙方歧異;抑或俟行政院政務委員蔣經國訪美時再為商討。」[35]18日日記蔣稱:「(十七)日下午詳審甘函後,乃與辭修、昌煥商討其訪美之具體計畫即日程,討論將來談話要旨,約有一小時半之久方畢。」決定派陳誠赴美,7月23日「約辭、岳、昌煥來談辭修訪美各項準備,與對聯合國拒匪入會之策略。」[36]依據檔案蔣於24日召見克萊恩面告此事,但此次會談沈昌煥並未參與。[37]26日蔣記:「上午入府主持月會,對昌煥指示覆甘函之要旨。」根據檔案該日是沈昌煥在中國國民黨中常會中報告陳誠赴美案,蔣隨即加以指示。[38]但蔣特別強調「覆甘函之要旨」,是因為蔣極為重視此函,甚至認為:「上午修正覆甘函稿,並為辭修準備交涉談話之資料,妻為修改覆甘英文函稿貢獻頗多,此乃為辭修訪甘之唯一要件也。」從檔

---

[32]　蔣中正日記,1961年7月16日

[33]　〈外交部部長沈昌煥呈總統蔣中正美國大使館臨時代辦葉格奉收美國總統甘迺迪及副總統詹森致總統函之抄本各一件且葉氏奉令親謁以面呈故請賜示接見葉格時間〉,1961年7月16日,國史館藏蔣經國總統文物檔案/005-010205-00041-007

[34]　蔣中正日記,1961年7月17日

[35]　〈美國總統甘迺迪函請總統蔣中正指派代表一人來美與其暨相關人員就有關聯合國之議題進行磋商以化解雙方歧異抑或俟行政院政務委員蔣經國訪美時再為商討〉,1961年7月14日,國史館藏蔣經國總統文物檔案/005-010100-00055-023

[36]　蔣中正日記,1961年7月23日

[37]　〈民國五十年七月總統蔣中正接見美國中央情報局臺北站站長克萊恩有關副總統陳誠訪美準備與討論主題聯合國中國代表權問題並分析美國政府人物與對華政策建議計劃空投人員以支援大陸抗暴運動希望中美情報密切合作談話記錄〉,1961年7月24日,國史館藏蔣經國總統文物檔案/005-010301-00010-002

[38]　〈第三一四次中常會指示──五十年七月二十六日聽取部長沈昌煥報告副總統兼行政院院長陳誠應美國甘迺迪總統邀約赴美訪問有關事宜〉,1961年7月26日,國史館藏陳誠副總統文物檔案/008-010109-00003-130

案中看到該函中文擬稿6頁，翻成英文4頁，[39]字字斟酌，可以看出蔣的用心，29日蔣又記：「考慮辭修與美交涉談話要點之補充數項，九時往陳寓送行，並作補充之指示約卅分畢，主持中央常會前，指示昌煥，面屬其謹慎將事。」特別面囑沈昌煥「謹慎將事」，更可以看到蔣的憂心忡忡。

　　陳誠與沈昌煥一行赴美的相關報告在國史館檔案中有多件，幾乎是事事稟報，而沈昌煥在回國後中常會的報告更是鉅細靡遺，[40]在蔣日記中看不出有任何指示或不滿之處，但接著在回覆甘迺迪總統8月15日的來信時，蔣又處於高度的緊張狀態。甘迺迪的來信長達10頁，譯成中文更有12頁，[41]當日蔣即「與昌煥談致甘乃迪函意。」[42]19日又「與昌煥談覆甘乃迪函意及對聯合國問題方針。」20日「召集辭修、岳軍、雲五、昌煥商討覆甘涵意指示要點：甲、說明此事之道理。乙、說明其領導力量甚強，只要不失正義決心斷行，必可克服此一困難也。」25日蔣對沈的覆函稿不滿：「與昌煥談覆甘函最後定稿，彼等中、英文皆不合理想為念。下午再作最後修正定稿，其英文稿仍由夫人澈底核修，方得安心。」26日修正完成後正式發出，該函英文8頁，中文擬稿10頁[43]，但「惟其發出後，正文稿呈閱時，仍以最重要之詞意未能表達。」以致蔣痛批：「此等外交主官不惟英文低能，而其中文亦差，所謂『教的山歌唱不響』，可歎也。」[44]只是同

---

[39] 〈一九六一年七月二十八日蔣中正總統致美國甘迺迪總統為陳誠副總統此次訪問貴國意義重大深盼甘氏予以指導其必能順利達成所負任務等之函稿〉，國史館藏蔣經國總統文物檔案/005-010205-00043-005

[40] 〈外交部部長沈昌煥於中常會報告副總統陳誠訪美經過〉，1961年8月16日，國史館藏陳誠副總統文物檔案/008-010110-00008-025

[41] 〈一九六一年八月十五日美國甘迺迪總統致蔣中正總統為此次與陳誠副總統會談證明中美雙方目標及立場相同且對維護及加強傳統友誼均甚重視等〉，國史館藏蔣經國總統文物檔案/005-010205-00043-006

[42] 蔣中正日記，1961年8月15日

[43] 〈一九六一年八月二十六日蔣中正總統復美國甘迺迪總統此次陳誠副總統訪美承蒙禮遇及貴國人士盛情款待至深感謝等之函稿〉，國史館藏蔣經國總統文物檔案/005-010205-00043-007

[44] 蔣中正日記，1961年8月19、20、25、26各日。

樣可惜的，沈昌煥在8月25日呈送的函稿「暫不開放」[45]，無法比對出到底問題何在。

之後蔣與甘迺迪之間還有一次的信件往返，[46]這次蔣沒有在文字上多做要求或批評，只指示了政策方針，並決定沈昌煥親赴紐約坐鎮督導，「下午與辭修、岳軍、昌煥等談聯合國代表權與對外蒙否決的政策，嚴令廷黻與公超態度堅定，不可令外人疑為尚有轉變可能之影像也。」[47]「聽取昌煥對聯合國十六屆大會所定政策，將予決議使之有所遵循也。」[48]沈昌煥於9月11日起行赴美，蔣記：「正午當昌煥臨行來別時，余告以我政府只有否決外蒙，乃為死中救生唯一道路，令其轉告廷黻與公超，切勿再有猶豫餘地也。」[49]此後一直到10月底外蒙案在聯合國塵埃落定，這期間蔣與張群、葉公超、蔣廷黻、沈昌煥等函電往返，又加上了蔣對於時駐美大使葉公超的不滿，使情況更加撲朔迷離，但這些就不在本文討論範圍，因為這段時間蔣日記只出現了三次沈昌煥：「在寅考慮對美交涉情勢，與否決外蒙方針不變之決心，電沈部長，一切工作應照既定方針進行勿誤。」[50]「本晨手擬致沈、葉各一電。」[51]「廿二時與辭修電話商討，彼認為此意致沈、葉之訓令緩發，乃由其令許次長以此意轉告沈、葉，對美暫示緩和之意，准之。」[52]

---

[45]　〈外交部部長沈昌煥呈總統蔣中正復美國甘迺迪總統此次陳誠副總統訪美承蒙禮遇及款待並發表聯合公報可為中美團結合作之保證至深感謝等之函稿〉，1961年8月25日，國史館藏蔣經國總統文物檔案/005-010205-00044-003

[46]　〈一九六一年九月六日美國甘迺迪致總統蔣中正總統為外蒙進入聯合國等函〉，國史館藏蔣經國總統文物檔案/005-010205-00043-008；〈總統蔣中正覆美國總統甘迺迪函就我國在聯合國大會代表權與反對外蒙入會事申明立場〉，1961年9月10日，國史館藏蔣經國總統文物檔案/005-010100-00055-024

[47]　蔣中正日記，1961年9月2日

[48]　蔣中正日記，1961年9月9日

[49]　蔣中正日記，1961年9月11日

[50]　蔣中正日記，1961年10月4日

[51]　蔣中正日記，1961年10月7日

[52]　蔣中正日記，1961年10月8日

（三）與美國駐華大使寇克之往來

　　這其實是沈擔任外長中間比較小的一件事，但個人覺得蔣在日記行文之間很有些趣味，所以特別節錄出來。寇克是蔣中正習慣的稱呼，指的是1962年6月7日到1963年1月8日間美國駐華大使柯爾克（Alan G. Kirk），在蔣中正看來沈昌煥與他的關係似乎不錯，因為蔣日記中有一段記錄：「昨（六）日，美寇克特至我沈昌煥家中，卑詞謙貌，托其要求約期召見，昌煥認為此老二月以來之試驗，頗有合作助我之意，非若其初來時吾人所判斷之難交者也。余乃約其來見，不料其所談者乃說明其時我前所提之登陸艇與轟炸機等特援之希望，其政府已不能考慮云，此在余意中自不為奇，惟余答其此為其政府過去展期我反攻之要求時我所提之希望，乃對我軍隊官兵安慰之條件也，使之今後對所部失信。」[53] 妙就妙在蔣這段話是別記在雜錄中的，經常看蔣日記的人就知道，蔣常把一些特別的感想記在雜錄中，為何這段記錄會放在雜錄中，頗值得玩味。

　　蔣在9月4日記：「上午召見昌煥，談美大使要求見余，并言其態度誠懇，乃約其明日來日見。」因此有6日約見之舉，蔣不僅在雜錄中詳細記下了過程，還在9日召見沈昌煥：「聽取其對美駐華大使副館長高立敷面告其前日寇克之失言，與我對其不滿之情緒：甲、寇屢次見我必說要遵守互助協定二、三次，此乃以前美各大使所未有之事，總統並擬直答其：『中國從無違反協定之歷史，如你美使如此屢言不休，則表示不信我中國為一守信之國，本擬警告你美國對我中國違反第二次世界大戰之初華府之同盟協定，密訂雅爾達協定出賣中國，致我同胞在大陸今日所受之浩劫一點，你美知乎？』因當時總統忍受不提，乃為寇克留其再相見之餘地，故特令其（昌煥）代去者此其一也。」[54] 蔣的日記無所不記，但也不常有如此瑣碎而其實深蘊其

53　蔣中正日記，1962年雜錄，9月7日條。
54　蔣中正日記，1962年9月10日

義的記載，顯然是在讓沈昌煥牢記這一事件。但在寇克將結束在華任期時蔣又記：「正午昌煥要求約晤寇克，以其將赴東京開刀，為此私事關係，寇表示相見甚切也，乃約其明日茶會。」同樣點出是「昌煥要求約晤寇克」，還強調：「私事關係」，較諸蔣日記中其他多次提到寇克時批評他「此乃其老奸巨猾之狡者」[55]，頗有看在沈昌煥面子上，才同意見面之意，不過細細體會文字中的意味，到似乎並沒有責怪沈昌煥，讀來頗有趣味。

（四）對沈昌煥出國行程的關注

沈昌煥在這6年的外交部長任內曾多次出國訪問，每一次蔣日記中都有或多或少的記錄。像1963年6月沈昌煥往賀教宗就職及至非洲各友邦訪問，蔣在該週反省錄中、該月反省錄中、及該年總反省錄中都特別提及，可以看出對此事的重視，尤其在沈訪問途中曾特別去電：「下午電昌煥在羅馬時應試訪法國戴高樂，以此時甘乃迪訪歐而不訪法，故我應對其表示友好，不以美之政策為轉移之意。」[56]固然是交待任務，但也可以看出蔣對於沈的關切，以及對於此行的重視，9月初沈返抵國門，6日蔣即：「召見昌煥，自訪非、馬與法國回來詳報，約談一小時半始畢。」[57]

1964年沈昌煥出訪馬、泰、菲，行前：「與昌煥談話，指示其訪馬來應注意各點，不必主動提議建交也，旨在聯合亞洲反共各國力量，團結奮鬥求得自由與和平而已。」[58]該週反省錄中記：「昌煥應馬來總理拉曼之約，作為非正式訪問，明知其無所得而為之。」但第二週反省錄又記：「昌煥訪馬來與泰國。」24日沈返國，蔣隨即「聽取沈昌煥訪問馬、泰、菲之報告。」[59]接下來的該週反省錄及該月反

---

[55] 蔣中正日記，1963年1月11日
[56] 蔣中正日記，1963年6月27日
[57] 蔣中正日記，1963年9月6日
[58] 蔣中正日記，1964年9月9日
[59] 蔣中正日記，1964年9月24日

省錄中又都同樣記著此事。

　　1965年6、7月間沈昌煥出訪紐澳，同樣的行前：「晡，召見昌煥，指示其明日訪問紐西蘭之要領，而以越戰必須在越南以外地區作戰方能解決，如現在美軍的戰法與戰術的打法，無論美軍增加幾何軍隊與武器，就是十年、二十年亦打不完的。以共匪已控制南越全部社會與人民外圍的組織，決不是軍隊武力所能為力解決的。」[60]沈返國後下月又有訪澳菲之行，蔣在6月26日上周反省錄中記：「昌煥下月訪澳，對孟席斯之運用，使其對我反攻大陸行動，為內政問題，作不予干涉的中立之主張，或可影響美英之態度有益乎。」[61]7月初又記：「昌煥訪澳以說動孟席斯主張我反攻行動為內政問題，各國不應加以干涉。」同時：「召見昌煥，指示其訪澳菲之方針與目的。」[62]雖不感說是蔣對於沈昌煥特別關照，但很可以看出蔣對於外交人員外訪的重視。

　　同樣的，1965年8月沈昌煥訪日，行前：「見昌煥，談其赴日訪問事。」[63]待沈昌煥與日本發表聯合公報，蔣在上星期反省錄中記：「沈昌煥部長此次訪日之行，其所發表之中日聯合公報，連「反共」字樣而亦不見，可知日本佐藤政府名為自由世界之一員自稱，而其實完全採取中立態度，並將其媚共與畏共之心理表現無遺。余本擬令沈改延訪日之日期，以共匪南漢宸等所謂反對原子會議代表團尚在日本為理由以拒之後，以戰備事忙，故對此未加深考，卒使其如期訪日，竟受此外交失敗之恥辱，可歎。」[64]在8月份反省錄中又記：「昌煥訪日，可見日政府不敢提起反共，而其中立態度更明矣。」[65]談到沈昌煥訪日，不能不提到之前的周鴻慶事件[66]，此案從開始一直到吉田

---

[60] 蔣中正日記，1965年6月6日

[61] 蔣中正日記，1965年6月26日上星期反省錄。

[62] 蔣中正日記，1965年7月4日、7月5日。

[63] 蔣中正日記，1965年8月10日。

[64] 蔣中正日記，1965年8月21日上星期反省錄。

[65] 蔣中正日記，1965年8月反省錄。

[66] 1963年10月7日，中華人民共和國油壓機械考察團團員周鴻慶，藉由到日本考察的機會，向東京蘇聯駐日本大使館要求政治庇護，並堅決表示唾棄中共願來台

茂訪華，都在沈昌煥外長任內，蔣日記中多次談到此事都提及沈昌煥，雖然並不是對他個人的意見，但由於內容頗有意思，謹整理如表三。

表三　有關周鴻慶事件及吉田茂訪華蔣日記對沈昌煥指示摘錄表

1963/10/15	昌煥報告此次我駐日大使館雙十酒會中，其外交部長與司長以上人員及內閣秘書長均來參加且表示親熱，此其自知悔悟之表示乎，當再觀其所行也。
1963/10/27	手令沈昌煥對日提出最嚴重之抗議，以期日政府最後之醒悟，中止周鴻慶提解大陸，乃令經國飛回台北向辭修詳報。
1963/10/29	三時回臺北，即召昌煥報告其對日交涉情形，乃再令其向日提出嚴重交涉也。 本日上午記事後，召見陳、張、沈商討對大野伴睦的迎拒問題，陳、張力說應允其來祝壽之理由與利害關係約一小時，最後乃決允其所稱，但必須令大野與池田深切了解彼此次來訪必須使周鴻慶不能解回大陸之負責保証，雖不說此為條件，而其來訪之成敗
1963/10/30	（續前）全在此也。以吾人初意不願其來者，恐因此損害彼此私人感情也。今既允其來訪，不能不事先暗示此意，以免有損私交也。以大野在其今日政治之勢力，必能負此責任耳。果爾，則吾人能以大野之影響於池田內閣者，以對付日共與左派包圍池田之策略乃有餘裕，未始非計之得者也，故決允其來訪也。
1963/11/01	上午與岳軍電話後見昌煥，告其對大野談話要點應特提池田來書余已閱悉，特表謝意為要，並令緯國代余送行。
1963/11/06	昨（五）日上午主持軍事會談後，與昌煥談日方聲言仍將周鴻慶交回大陸共匪之舉，不勝痛憤，屬沈警告木村，如果將周解回大陸，乃是將我人民謀害生命無異，則其在臺之日本人民，吾人以群情憤激之時，無法將每個日人派警保護，萬一有何事件發生，殊難負責，望日注意。以其後果，切勿以為將周解交共匪，日政府此次選舉就可贏得左派之選票為得計也。
1963/12/22	上午召見昌煥、建中與岳軍，商討對日本延緩周鴻慶案至年杪決定之對策與指示，約一小時餘方畢
1963/12/24	召見昌煥，報告其周鴻慶案進行交涉計畫

灣，蘇聯旋將周鴻慶轉交日本政府。當時，中華民國政府方面力求日本不能將其遣返中華人民共和國，但最後日本基於法律考量仍將周鴻慶移送中華人民共和國。1963年12月底，外交部發表嚴正聲明，令駐日大使張厲生辭職，駐日大使館參事層級以上官員全部返台。1964年1月14日，日本駐台大使館遭到民眾襲擊，社會並發起反日運動及中止日本貿易往來，瀕臨斷交。日方後來派前日本首相吉田茂來台溝通，才化解僵局。

1963/12/26	約岳軍與昌煥商討對周案與日本交涉之方針。下午召見實踐學社軍業學員卅一人，回與昌煥及岳軍電話，日派其亞洲司長後宮來談周案之經過，並無結果。
1963/12/28	上午續審文告略有修正，召集岳軍、靜波予昌煥，商談對日遣周往匪區之態度，決先發表嚴正聲明，但不致言絕交詞句後，再作第二步驟。
1964/01/08	昨（七）日下午約岳軍、昌煥談對日外交問題，研究日外務省對派吉田特使來訪之試探電文，乃是其恐我為周鴻慶如真遣返大陸時立即與其絕交，而對我與菲律賓如我對日絕交後，我在日之權利事務已託菲國代管之消息，被其獲知，所以彼急於結束周案之要求，方敢派吉田來談中日根本問題，此乃不出於我預定之謀略也。
1964/02/28	昨晡與岳軍、昌煥談今後對日外交準備事項，及此次吉田來訪之結果，使吉田對我軍事反攻復國之決心，已增加其認識一點最為重要，而其對大陸共匪政治反共之主張則未完全放棄也。

　　由於撰稿時間倉促，無法對於周鴻慶全案有太深入的研究，但透過上面蔣日記中的各日記載，比較在中美關係交涉，甚至中泰、中寮等問題上，沈昌煥相對的在此案中的意見很少，在檔案中看來也只有當蔣中正與美國方面討論到此案時，沈昌煥才出現。[67]這一現象究竟是由於沈昌煥對日本事務不熟悉，還是因為中日關係基本上是由張群等人在主導？在蔣日記中無法看出來由。但卻不能不談到另一個幾乎在同時發生的馬晴山事件[68]，這一事件在蔣日記上只提到兩次，一次是在1964年10月的反省錄中：「東京世運會，我楊傳廣不能得金標，而又有一選手『馬晴山』投匪，殊為不幸之事。」另一次就是為馬晴山事件而對沈昌煥痛責；「對昌煥只知其外交部如何，不容為他人所指責的一點上，而對政治與外交有關之政策在所不顧，對馬晴山案之

[67]〈民國五十三年一月總統蔣中正接見美國駐華大使賴特與中央情報局副局長克萊恩有關美國總統詹森對亞洲及中國問題重視談話記錄〉，國史館藏蔣經國總統文物檔案/005-010301-00010-010

[68]1964年東京奧運，中華民國選手馬晴山參與快射手槍，名列第53。馬晴山在日本認識一名體育考察團攝影陳覺，先至東京華僑總會表達不願回台的意願，要求協助，隨後經華僑總會人員幫忙，至東京警視廳要求政治庇護。因為他沒有日本居留權，並宣稱已得到台灣政府允許，同意他返回中國，日本於是決定將他遣送至中國大陸。在東京奧運結束，準備返回台北前兩天，陳覺失蹤，1964年11月，馬晴山與陳覺在華僑總會組織部部長博仁特古斯和日本促進中日貿易的社會活動家鈴木一雄的協助下，從山口縣下關港搭乘挪威籍貨輪前往中國大陸。

處理毫不顧及我之指示，以致外交與政府無為，故多蒙恥辱，可痛。
如此無常識者，何能再負今日外交重任乎。」[69]由於缺乏史料的佐
證，無法瞭解在這件事上沈昌煥到底有怎樣的行為，又如何違背了蔣
的指示，甚至觸怒了蔣中正？是不是因為這些事情使之後蔣未派沈昌
煥為駐日大使而轉任駐泰大使？這些事與之後一年多蔣對沈的諸多不
滿又有沒有直接關係？都令人相當好奇。

四、蔣中正對沈昌煥的不滿

本來在計畫撰提這篇論文時，說實在的是對這一部分很有興趣
的，因為蔣日記中幾乎對所有的幹部都有批評，所以在還沒有蒐集材
料以前，心中不無好奇，可是整個搜尋了蔣日記中相關於沈昌煥的文
字後，個人有點猶疑該不該把這一部分整理出來，但徵詢了沈大川先
生的意見後，他表示：「當然要啊！」因此決定還是把這一段納入章
節中。但行文到最後，還是不知道要如何著筆，既無能力未沈昌煥翻
案，又不知如何為蔣中正解釋，加上時間倉促，最後還是決定用同樣
的方式。將個人所蒐集到蔣日記中對沈昌煥的批評列為表四，不敢多
做分析與評述，謹希望保留一份史料，也請求沈大川先生的原諒。

表四　蔣日記對沈昌煥不滿與批評摘錄表

1949/07/04	召見雪艇、江杓等，對董、沈怒氣難遏，斥責二次。
1949/12/14	雪恥：一、今後革命不患其不成功，而獨患無組織、無理論、無黨性、無情報，如過去之有名無實，各種條件皆無基礎，則雖成仍敗，故對於組織理論與情報之主持人才須特選而速決，然而無如才難何（經國、立夫、介民、昌煥、正鼎）。
1950/03/07	召顧等研討戰局，以二日招待會講話，只以保衛臺灣而未提瓊州，惟沈昌煥英文譯語仍照原稿，臺、瓊並提，如果瓊州不保，則對外宣傳失信為難也，可惡。
1953/03/19	正午，約葉、王、董、沈等商討招待史丁文生（美民主黨總統候選人）之組織辦法，彼等茫然無所對，毫無準備，可歎也。

---

[69]　蔣中正日記，1964年10月28日。

1953/05/02	見合眾社反駁我政府發言人沈昌煥之聲明，我宣傳人員之無識妄行，自以為智之幼稚言行，不勝痛苦。幹部如此，宣傳如此，何能求得國家平等獨立耶！
1960/10/15	為外交部對肯尼第不協防金、馬主張之駁斥漫無常識，危害國家之言行不勝憤悶，沈昌煥、許紹昌之幼稚如此，殊為不料也。
1961/08/25	與昌煥談覆甘函最後定稿，彼等中、英文皆不合理想為念。下午再作最後修正定稿，其英文稿仍由夫人澈底核修，方得安心。
1961/08/26	正午約辭修、雲五、軍、昌煥、劍虹，再將夫人修改英文稿核對斟酌修正，乃作最後之核定，即令用電發出，惟其發出後，正文稿呈閱時，仍以最重要之詞意未能表達，此等外交主官不惟英文低能，而其中文亦差，所謂「教的山歌唱不響」，可歎也。
1964/01/27	今晚八時接到法、匪建交之公報，僅有「法、匪雙方已經協議建立外交關係，並於三個月後互派大使」潦潦二語，此與數日來所傳發表公報即互派大使之說不符，得此乃將我對法抗議與聲明書內容之語氣大加修正，以其如有三個月時間之猶豫為我運用，則尚有破壞其法、匪建交之可能，故不必即作絕交之打算。於對法者語意使之緩和，而昌煥初稿仍作對法嚴加譴責，與準備絕交之語意，澈底改正，亦此可知昌煥勇有餘而謀不足耳。
1964/02/03	召見岳軍與昌煥，商談外交與使節人選為難而歎也。
1964/04/18 上星期 反省錄	考慮對魯談話要旨乃為本周最費心神研究之工作，外交部所擬意見膚淺無知，甚感昌煥知識、能力、器量皆不能擔負外交重任也，人才缺乏極矣。
1964/10/28	上午八時由慈湖回臺北主持中央常會，對昌煥只知其外交部如何，不為他人所指責的一點上，而對政治與外交有關之政策在所不顧，對馬晴山案之處理竟不顧及我之指示，以致外交與政府無為，故多蒙恥辱，可痛。如此無常識者，何能再負今日外交重任乎。
1964/11/05	上午主持作戰會談後，見昌煥，聞其對詹生賀電尚未發表，殊為駭異，此人不知輕重緩急，實無法再任主官矣，可痛。
1965/03/31	上午，主持國父紀念月會與昌煥談外交人事，彼以感情主觀用事，而以外交成敗為其作試驗與賭注，可嘆。
1965/04/01	上午，召見于俊吉大使，聽取其義大利外交情勢及其議員訪華團內容之報告，以沈昌煥對情感用事，乃特予以慰勉，批閱公文。
1965/04/03 上星期 反省錄	昌煥言行與見地皆不光明而且自私，■■■■為失望。（日紀原稿塗黑）
1966/03/31	外交人才之貧乏為我國最大之困難，故數十年來始終必作育新的外交人才為建國要務之一，因在過去滿清與北京時代的外交官所謂優越外交家皆是能操洋語之洋奴，一以外國之意者為其依歸而絕無國家觀念可言，如其有之，則膺白為其僅有之人物而已，故近年尤以提拔外交人才為最切，乃強勉以昌煥任之，不料其鬼秘狹窄紛亂而且貪私，殊失所望，應即去之以免大壞。

從沈昌煥與李光耀的互動
看中華民國與新加坡的關係

楊善堯[1]

一、前言

　　中華民國與新加坡這兩個為於亞洲地區的國家，兩國之間雖無正式的外交關係，但長年以來雙方一直保持著相當友好與密切的聯繫。舉凡歷任政府高層的互動情形、軍事層面的合作協助以及經貿方面的夥伴協定，在在顯示出兩國之間密不可分的關係。但從創造契機之初並能維持如此的成果絕非憑空而降，端賴雙方政府與外交人員長年來的互動所產生出的情緣，此種情緣在某些時候甚至已超越了國與國之間在外交關係中所奉行的國家利益至上原則，而是一種建立於私人情感之上的友好互助。

　　對於新加坡而言，自1965年被迫離開馬來西亞聯邦宣布獨立建國至今，對於國內、外人士所熟知的代表人物，即是活躍於新國政壇將近五十年的李光耀。而李光耀如何在短短地數十年之間，讓新加坡在國際上的地位成為一個不可或缺與忽視的重要國家，除了對內施行高效率的強人統治外，更重要的是對外關係上，李光耀與世界上幾乎多數具有相當影響力的國家，皆以務實的態度維繫著外交關係，以至於新加坡能在許多關鍵時刻扮演著亞洲太平洋區域間的媒介角色。如2018年6月美國與北韓領袖在新加坡舉行的雙邊高峰會談，亦或是2015年11月兩岸領導人在新加坡所舉行的領袖會晤，甚至更早之前於1993年所舉行的辜汪會談等，皆能呈現出新加坡在亞太地區的關鍵角色。

---

[1]　國立政治大學歷史學系研究部博士生。

　　而以李光耀為代表的新加坡與中華民國之間的關聯，除了從兩國之間外交及各領域的合作關係來看之外，亦可從另一項因素，即「人」互動關係來窺知。2015年3月在李光耀逝世前夕，在《中國時報》上刊出了一篇〈李光耀結緣臺灣半世情〉的時論，當中提到：

　　　　李光耀在1973年瞞過華府密訪臺北後，從此開啟一段鮮為人知的深厚關係，尤其是李光耀與小蔣總統及沈昌煥部長的私人情誼。這樣的情誼得之不易，是臺北高層精心培養，而李光耀則復以真情流露，有以致之。

　　　　……在個人層次的投入亦不遑多讓，李光耀對中華文化重新深刻體會，恰是得利於與蔣家及沈昌煥部長的交往，不但成為亞洲價值論的肇發前因之一，更是後來李光耀責成學界建立儒家文化研究的動力。

　　　　……國際關係的爾虞我詐，在雙方領導人之間轉化，成為一種彼此關懷，相互協助的友情，讓李光耀在國民黨政權經歷翻天覆地變化後，仍總心繫臺灣未來，甚至不斷代為綢繆。[2]

　　此段引文中提到了維繫兩國之間關係的三位重要人物，新方為李光耀，中華民國方面則是蔣經國與沈昌煥。尤其是文中所提到的「私人情誼」關係，更可推敲出雙方關係的維繫，其中一項重要因素即是這種由私而公的關係所成就的。而在中華民國方面，長期以來肩負對外政策事務的沈昌煥，對於李光耀而言，除卻兩國領袖間的平等互動關係外，另一條與中華民國保持友好的溝通渠道，即是與沈昌煥之間的聯繫。

　　因此，本文主要希望由「人」的角度為切入點，藉由觀察李光耀與沈昌煥乃至於蔣經國的往來互動，來看中華民國與新加坡之間的關係。然而，如果是翻閱一般的外交官方檔案公文時，實難窺探出這種

---

[2]　石之瑜，〈李光耀結緣臺灣半世情〉，《中國時報》，臺北，2015年3月20日，版A19。

所謂人與人之間「私人情誼」的互動關係。故本文一方面除以正式的外交官方檔案公文來呈現雙邊互動的相關史實外，另一方面，亦藉由數封尚未公開之沈昌煥與李光耀兩人之間的私人往來信函內容，[3]來呈現出兩人之間的密切與友好互動。

二、首訪：李光耀的首次訪華之行

　　曾任中華民國駐新加坡特派代表，與李光耀有深度往來的胡為真曾言：「李光耀一共訪問過臺灣二十五次以上，這恐怕是外國領導人訪問中華民國的最高紀錄了。」[4]李光耀自己也在回憶錄中提到：「1973年至1990年間，我每年總會訪臺一兩次。」[5]

　　然而，新加坡自1965年8月9日宣布獨立建國後，我國即於11日，由時任行政院長的嚴家淦致電李光耀，祝賀新加坡獨立之意，並表示中華民國政府願承認新加坡政府，希望兩國關係友好密切。[6]但此時的新加坡並未立即與中華民國建立起密切聯繫甚至於正式外交關係，直至1969年，我國駐新加坡的中華民國商務代表辦事處才在新加坡成立。當時新方對於建立外交關係的考量主要還是基於兩岸問題，正如同李光耀在其回憶錄中所述：「雙方明確達成協議，進行商務往來不等於彼此承認國家或政府的地位。中國大陸聲明它是整個中國，包括臺灣在內的唯一的政府，我們並不想捲入漩渦。」[7]

　　我國在新加坡的商務代表辦事處成立之後，由我方駐新人員所傳回的駐在國輿情報告中，亦明確指出：

[3]　本文所引用尚未公開之沈昌煥與李光耀兩人往來私人信函與部分相關檔案資料，係由沈大川先生所提供，方助本文能順利完成，在此特別致謝。
[4]　李光耀著；周殊欽等譯，《李光耀觀天下》（臺北：遠見天下文化，2014年），頁11。
[5]　李光耀，《李光耀回憶錄（1965-2000）》（臺北：世界書局，2000年），頁652。
[6]　「行政院長嚴家淦致電新加坡總理李光耀表示我承認星政府希望兩國關係友好密切」（1965/08/07），〈嚴院長言行錄第貳冊〉，《嚴家淦總統文物》，國史館藏，典藏號：006-011000-00014-008。
[7]　李光耀，《李光耀回憶錄（1965-2000）》，頁650。

新加坡之情形頗為複雜，日前尚難望其與我建交，惟我國已有
甚多技術人員協助新加坡發展工業，並有相當數額之投資，今
後擬從經濟合作著手，藉以加強中新兩國之關係。[8]

由此可知，礙於中國大陸政府的緣
故，雖然我方一開始即積極表態，希望
爭取與新加坡建立起正式外交關係，但
考量以當時兩岸局勢對於新加坡的國家
利益而言，此時的李光耀，至少在檯面
上並未立即對兩岸任何一個政府作出明
確地表態，亦或是新加坡方面基於自身
國家利益的務實考量，盡可能選擇以兩
邊都可以接受的態度來面對兩岸問題。
從聯合國提出接受中國大陸政府的決議
案時，新加坡的立場是支持中國大陸進
入聯合國，但同時在驅逐中華民國的表

圖1　總統蔣中正與派駐新加坡商務
代辦張彼得合影[9]。

決中卻是採棄權，即可窺知新加坡的立場[10]。如同1970年駐新商務代
表張彼得回國參加駐外使節會議時提到，新加坡當局是非常現實的，
如果有求於我們，他們就會重視我們，反之，倘若無求於我們，他們
就會冷落我們，甚至不理睬我們。[11]

而此時促使中華民國與新加坡之間關係的增進，卻是建立在國防
軍事之上。新加坡成立之初，國防問題是新方最大的憂慮。當時新加
坡的國防構想，有一說法是英國基於跟馬來西亞的經濟利益關係，不

---

[8] 「外交施政報告等參考資料（一）」（1964/08-1968/12），〈外交部事務〉，
《外交部》，中央研究院近代史研究所藏，館藏號：11-29-99-02-002。

[9] 「總統蔣中正與派駐新加坡商務代辦張彼得合影」（1969/03/27），〈領袖照片資
料輯集（七十）〉，《蔣中正總統文物》，國史館藏，典藏號：002-050101-00072-
263。

[10] 李光耀，《李光耀回憶錄（1965-2000）》，頁650。

[11] 「外交部使節會議」（1970/03-1970/04），〈中央機關及本部事務〉，《外交
部》，中央研究院近代史研究所藏，館藏號：11-38-23-00-015。

太願意幫助甫自馬來西亞聯邦脫離獨立的新加坡，以免開罪於馬來西亞。美國方面又因當時正在進行越戰，在詢問過澳洲、印度、泰國、埃及等國後，這些國家雖對新加坡建國初期情況表示同情，但實際上的態度是冰冷的。李光耀轉而向南韓與北韓方面詢問，南韓方面雖表示樂於提供協助，但現實情況是南韓基於政治、軍事、地形氣候等多項因素之考量下，最終亦無法提供援助。而李光耀亦曾親自致電於北韓的領袖金日成，但北韓當局當時則以金日成不在平壤聯繫不上為由，直接回絕了李光耀的電報。在徵詢了上述國家未果的情況下，李光耀向以色列政府提出協助建立國防的需求，當時以色列也派了軍事顧問及專家前往新加坡，並在初期提供了一些軍事人員與設備給新加坡，但由於以色列地處伊斯蘭國家的範圍之內，李光耀在考量未來若要與中東其他國家往來時，可能會因為跟以色列的關係而有所滯礙難行，甚至李光耀認為，以色列人處處著眼於生意經，其援助的可靠性如何受到懷疑。因此，最後想到了臺灣。臺灣由於在許多方面與新加坡的情況相似，又是反共國家，因此轉而積極地向臺灣聯繫，而此時中華民國由於退出聯合國的緣故，造成一下子在國際上頓失諸多邦交國，備感孤立，也因此希望能在國際外交上能有新的開拓建樹。[12]

1966年，新加坡成立之初先遣派了當時負責國防建設規劃的尹景祥前來臺灣進行接洽。經雙方接觸後，臺灣為新加坡制定了一個以空軍為主的軍事發展計畫，並於隔年派遣一組高層軍事團代表前往新加坡，跟李光耀及時任新方國防部長的吳慶瑞會面，提出為新加坡建設一個切實可行的防務計畫，而當時代表團的成員有汪奉曾、朱國勳等人。[13]雙方基於此發展關係之建立以及在汪、朱等人的建議之下，李光耀同意在1973年5月前往中華民國進行非正式的訪問，並與當時的行政院長蔣經國會面。[14]促成了李光耀的首次訪華之行，也開啟了往

12 陳加昌，《超越島國思維：李光耀的建國路與兩岸情》（臺北：遠見天下文化，2016年），頁246-248。
13 陳加昌，《超越島國思維：李光耀的建國路與兩岸情》，頁261。
14 李光耀，《李光耀回憶錄（1965-2000）》，頁652。

後數十年李光耀與中華民國及相關重要人士的情誼。

　　1973年5月9日，外交部亞東太平洋司收到新加坡商務代表團所發出的一份機密電文，其內容為：

> （一）准警總張參謀電話告以頃接國泰航空公司密函，略謂新加坡總理李光耀定五月十四日（星期一）搭乘國泰第四五一號班機，於當日下午七時廿分抵臺，請惠開貴賓室，並勿向新聞界透露云云。經詢其離臺日期，據告不知悉。
>
> （二）李總理刻正在日作非正式訪問，預定十三日結束訪問日程。
>
> （三）經洽國家安全局徐專員，告以：（甲）此事周局長正與部長作高階層聯繫，詳情部長已悉；（乙）請勿發電報至東京探詢或採取其他行動。[15]

　　外交部在收到這份電文後，沈昌煥隨即批示：「絕對守密」，並指示相關人員進行李光耀訪華行程的佈署。而由上述亦可知，李光耀的首次訪華之行，由於事涉兩國間的國訪軍事協助緣故，故訪問並非是由外交系統所牽線安排，而是由軍方情治單位的國安局作為此次的牽線人，亦凸顯出此次訪問行程的機密與敏感性。

　　在李光耀順利自日本抵達臺北後，由當時的行政院長蔣經國夫婦親自前往機場迎接李光耀夫婦，並將訪問一行人送往圓山大飯店，親自引領至房間休息。而李光耀夫婦一行在臺一共停留了四天的時間（5月14日晚間7時25分抵達松山國際機場，5月17日中午12時25分飛離松山國際機場[16]），期間據李光耀的回憶：「第二天，我們隨他搭

---

[15] 「新加坡組李光耀定五月十四日搭乘國泰第四五一號班機來華作非正式訪問」（1973/05/09），沈大川藏檔案手稿。

[16] 「民國六十二年五月蔣經國……大事日記略稿」（1973/05/01），〈民國六十二年蔣經國大事日記略稿〉，《蔣經國總統文物》，國史館藏，典藏號：005-010402-00004-005。

圖2　宋美齡接見新加坡總理李光耀[16]。

圖3　宋美齡接見新加坡總理李光耀夫人，一旁為
　　一同陪訪的沈昌煥[17]。

乘波音707型私人貴賓客機（中美號專機），飛往空軍基地，觀看了
由臺灣空軍部隊單位呈現的半小時緊急起飛示範表演，接著再一起驅
車前往度假勝地日月潭，共度了兩個假日，加深了彼此的了解。在臺
北舉行的晚宴上，我會見了蔣經國的外交部長（沈昌煥）、財政部長
（李國鼎）、經濟部長（孫運璿）、參謀總長（賴名湯）和國家安全
局局長（王永樹），結識他身邊的高層親信。……此後，雙方繼續通
過書信往來建立深交。」

　　李光耀訪華期間，除在蔣經國的引領下在臺灣參訪軍事單位及
風景名勝，以達到李光耀此行實際考察國防軍事的目的外，5月16
日，在蔣經國及沈昌煥等人的陪同下，李光耀夫婦及隨行的女兒李瑋
玲，前往士林官邸進行正式拜會。當時由於蔣中正身體狀況已不甚
理想，在官邸以靜養為主，鮮少公開對外露面，因此，此行是由宋
美齡代為接見李光耀一行。會後，在宋美齡向蔣中正報告接見的經過
後，蔣中正吩咐宋美齡：「吩咐經兒，新加坡要什麼，做得到的給什
麼。[19]」因而促使後續中華民國與新加坡之間的合作關係能夠更加順
利的推展。

<hr />

[17]　「宋美齡接見新加坡總理李光耀」（1973/05/16），〈蔣夫人照片資料輯集〉，
　　《蔣中正總統文物》，國史館藏，典藏號：002-050113-00023-102。
[18]　「宋美齡接見新加坡總理李光耀夫人」（1973/05/16），〈蔣夫人照片資料輯
　　集〉，《蔣中正總統文物》，國史館藏，典藏號：002-050113-00023-103。
[19]　陳加昌，《超越島國思維：李光耀的建國路與兩岸情》，頁439。

　　在李光耀初次訪華之行結束返國後不到一個月的時間，駐新加坡共和國商務代表團代表張彼得於6月11日拍發了一份密電回臺北給沈昌煥部長。大意如下：

（一）李光耀總理對上月臺灣之行，印象至為深刻，返星後曾向有關人士表示，我國能繼續保持強大與繁榮，當有利於東南亞地區之安定。渠甚表示，倘今後匪利用外交壓力以打擊我之對外貿易，新加坡願為我效力，作為一轉口站，以利我貿易貨物之輸出，以及重要原料與戰略物資之輸入。

（二）美方對李氏訪華，深感意外，極為重視。美駐星【新】大使曾向職探詢經過，職以不在場為由，○○不知甚詳。但致意向渠表示，李氏之毅然訪華，因渠總為我國之強大與存在，有利於東南亞地區之安定，倘匪拔去我「眼中釘」，匪即可在東南亞任所欲為，當非東南亞各國之福。

（三）職在臺北與星【新】外交部政次王○○君照面時，渠曾自動向職表示「as long as the United States maintains her influence in Thailand and Indonesia, Singapore will remain state quo」，此可能係新加坡對匪政策之底聲，似有參考價值。

（四）財政部李部長【李國鼎】將於訪問印尼後訪星【新】，李部長曾向職表示，訪【新】期間擬晉謁李總理，經為接洽後，迅即得到同意。此與過去之情況大有改進。[20]

　　由此上述電文可知，李光耀對於此次的秘密訪華成果是相當滿意，亦快速增進了兩國之間的人員互動，如上述提到的李國鼎訪新情

---

[20]　此引文內容為張彼得呈沈昌煥密件電文（1973/06/11），出自沈大川藏檔案資料。

況以及李光耀開始與我方相關人員有了密切的書信往來。翌年12月22日，李光耀夫婦再度前來訪問，參觀了左營的海軍基地、高雄港、造船廠等行程。這兩次的訪問行程，大致奠定了中華民國與新加坡的合作基礎，尤其是在軍事方面的合作，亦即「星光計畫」。[21]

不過李光耀的訪華行程，其新聞管制也並非真的做到滴水不漏的封鎖。如1973年的首次訪華，在李光耀一行離開臺灣返國途經香港時，就已被當地的記者「嗅出」李光耀的行程。據聯合報1973年5月18日載合眾國際社香港17日電：

> 新嘉【加】坡總理李光耀，在一次似乎有點秘密的訪問臺灣之後，今天抵達香港。李氏係乘新加坡航空公司班機從臺北飛抵此間。合眾國際社記者曾問他在臺灣何事，他說：「我有私密權。」說畢便進入過境室，轉往赴新嘉【加】坡的班機。他在臺北停留三天。出生於新嘉【加】坡而父母為中國籍的李氏，是東南亞最直言諱的領袖之一，對新聞界大體上都很坦率。據悉他在日本作八天非官式訪問後，於五月十四日從東京啟程前往臺北。訪日前曾有歐洲之行。新嘉【加】坡駐香港高級專員公署說，李氏「不欲晤見報界」。有人問他到臺灣沒有，他答稱「不知道。」李氏抵達時神情輕鬆，身穿灰色西裝，左上口袋中有紅色摺巾，襯衫灰棕色，領帶深紅色。他於下午四時零五分啟程赴星。有妻子和四個兒女隨行。
>
> 路透社在新加坡的分社也於17日當日新聞提到，新嘉【加】坡總理李光耀私下訪問日本、中華民國及香港後，於今晚返國。[22]

據聯合報1976年1月28日載路透社臺北分社廿三日電：

---

[21] 陳加昌，《超越島國思維：李光耀的建國路與兩岸情》，頁442。

[22] 〈結束歐亞訪問之行李光耀昨經港返星〉，《聯合報》，臺北，1973年05月18日，版04。

行政院新聞局說，新加坡總理李光耀以私人性質訪問臺灣，在臺北度過周末。一項簡短的聲明說，李光耀於廿三日由香港飛抵此間，昨天中午回國。但是並未說出他訪問的詳情。據悉，李光耀曾數度訪臺，與中華民國行政院長蔣經國晤談。但是中華民國官員一向對李氏來訪，保守秘密。而法新社臺北分社廿七日電，此間政府人士今天證實，新加坡總理李光耀曾於元月廿三至廿六日到臺灣作四天的私人訪問。外交部長沈昌煥表示，自從一九七一年中華民國退出聯合國以後，很多外國政府官員，包括總理，都要求到臺灣來，看看是何種精神使得中華民國政府能屹立不搖。[23]

據聯合報1977年3月29日載法新社報導：

中華民國政府官員表示，因尊重李光耀總理的意思，所以他抵達臺灣時未發布消息。法新社說，李光耀是於本月十二日自香港來到臺北，當他離開香港的時候，新聞報導稱他將前往東京。李光耀自一九七三年來，曾四度訪華，皆未發布消息。這次七天的訪問，是四次中最長的一次。法新社透露，李光耀此次訪華期間，曾與行政院長蔣經國及外交部長沈昌煥晤談。[24]

　　因此，李光耀每次前來臺灣進行訪問時的消息，基本上雖然屬於官方管制訪問新聞的情況，至少在李光耀返國之前，不會讓訪問的新聞見報，使得後續連同兩國政府要員互訪亦是比照辦理，直到1985年以後才解除新聞封鎖的管制。[25]而此一要求，則是出自於李光

---

[23] 〈星洲總理李光耀訪華四天後返國〉，《聯合報》，臺北，1976年01月28日，版01。

[24] 〈李光耀總理昨離華返星〉，《聯合報》，臺北，1977年03月20日，版01。

[25] 陳加昌，《超越島國思維：李光耀的建國路與兩岸情》，頁441。

耀本人的意思，以免國際注目，引起是非言論。但每次的訪問行程與規格，皆是依照國家元首訪問的禮儀進行，只是沒有任何形式的宣傳。[26]

三、便函：書信中的沈昌煥與李光耀

在李光耀1973年首次訪華開啟雙方人員互相交流的契機後，亦同時開啟了李光耀與我方人員的書信往來。除了與蔣經國之間的通信聯繫外，1976年沈昌煥夫婦在機要秘書胡為真的陪同之下，秘密出訪新加坡。[27]此行最主要的目的是要與李光耀及外長拉加拉南（S. Rajaratnam）會晤，建立起聯繫管道。[28]根據胡為真的回憶：有一天他接到沈昌煥的指示，要在保密的情況下，隨他赴新加坡。新加坡跟中華民國雖然沒有邦交，但李光耀總理一向與經國先生交好，而臺灣也在訓練部隊等十分敏感的事務上協助新加坡。既然奉命保密，回家後只跟惠英（胡夫人）說：「我要出國，請妳幫我收拾一個行李，要夏天的服裝。」「去哪裡？」「我不能跟妳講」，惠英一聽就不再問。那次赴新，沈部長跟李光耀密談，只有我在旁做紀錄，談的是希望我方協助經營裕廊工業區以及其他城市計劃和經貿人才支援。沈部長跟李總理談完後，再和新方印度裔外交部長S. Rajaratnam談。返臺後，我方的援助就過去。[29]

沈昌煥當時身為中華民國的外交部長，從政府遷臺後，沈氏由於深受蔣中正及蔣經國的信任，將中華民國的外交事務交由其主掌。此行由沈昌煥以外長身份親自密訪新加坡，其重要性自然不可言喻，

[26] 李光耀，《李光耀回憶錄（1965-2000）》，頁651。

[27] 關於此次沈昌煥夫婦與胡為真密訪新加坡的時間，在沈昌煥先生紀念文集中所記載的時間為1976年，但在胡為真所撰述的專著中，則記載為1977年。

[28] 石之瑜編，《寧靜致遠美麗人生──沈昌煥先生紀念文集》（臺北：沈大川出版，2001年），頁534。

[29] 胡為真、汪士淳，《國運與天涯：我與父親胡宗南、母親葉霞翟的生命紀事》（臺北：時報文化，2018年），頁91-92。

一來頗有延續與加深先前李光耀訪華時的關係，二來也為爭取爾後新加坡於1979年10月在我國設立的駐臺北商務代表處的工作，開啟契機。[30]

　　此次密訪新加坡後，沈昌煥與李光耀兩人亦開始有非正式公文性質的便函往來。從兩人往來的書信內容中，可以看出兩人之間在私領域方面的互動，而這樣的互動模式，除對國家的外交工作有所助益外，亦可從此中感受到兩人所建立起的私人情誼。如同蔣經國曾對沈昌煥一再叮囑，與李光耀通信擬稿時要人性化，筆端需帶情感，盡量少用官式應酬語。[31]

　　以下，將藉由數封沈、李兩人之間的往返私人信函，來窺探兩人筆鋒間的互動情誼。

　　李光耀於1977年3月中旬訪華返國後，沈昌煥隨即於4月20日撰擬了一封致李光耀的親筆簽名信函。主要是提及上個月訪華過程中，沈昌煥陪同李光耀在臺灣參訪時感想，特別是前往阿里山時，兩人就一些文化及哲學的問題有了深入的討論。沈昌煥亦知李光耀對於中國大陸的情勢有高度的興趣，於是隨信寄了幾本我國研究機構新發表，內容關於中國大陸的出版品給李光耀。信函[32]原文內容如下：

Dear prime minister

　　It has been more than a month since your last visit to Taipei. I hope this letter will find you and Mrs. Lee in the best of health.

　　Although your stay was brief, I enjoyed very much meeting with you again, especially our many discussions on subjects of culture and philosophy during our trip to Mr. Ali.

　　I have just received a few publications on mainland China from

---

[30] 石之瑜編，《寧靜致遠美麗人生—沈昌煥先生紀念文集》，頁534-535。

[31] 石之瑜編，《寧靜致遠美麗人生—沈昌煥先生紀念文集》，頁535。

[32] 本章所刊引之沈、李兩人往來信函，均係私人典藏文件手稿，故無法提供引註資料時所需註明之詳細資訊。以下僅於本文內載明信函發送時間及內容，作為每封信函之辨別依據，亦不再另外重複引述。

the Institute of International Relations of the Republic of China which remind me of your concern of the political development on the mainland. So I hasten to send them to you. It is hope that you will find them interesting.

> With kindest personal regards
> Shen Chang-huan

　　而李光耀於3日後，即4月23日即回覆了親筆簽名之信函給沈昌煥，感謝在他們夫婦訪華期間，沈昌煥夫婦陪伴他們前往高雄跟阿里山，也期待跟歡迎沈昌煥夫婦能再次前往新加坡。而最後亦提到了沈昌煥所致贈的兩本關於中國大陸情勢的研究書籍，李光耀表示，這兩本書籍所提出的問題與結論，都無法用輕鬆的方式閱讀。其內容如下：

Dear Foreign Minister Shen,

　　Thank you for your letter of April 20.

　　My wife and I are indebted to your wife and you for accompanying us to Kaoshiung and Alishan. I enjoyed and benefitted the many wise remarks you casually made in the course of our conversations and discussions. So too, may I add did my colleague, Lim Kim San. We all returned much refreshed from one week in Taiwan.

　　We all look forward to meeting your wife and you again in Singapore before too long. You both will find a warm welcome in Singapore.

　　Thank you for the two booklets you sent me. I shall read them when I find some spare time. From the conclusions of "Issues & Studies", I do not classify this as "relaxing" reading.

　　With best wishes.

　　Yours sincerely

> Lee Kuan Yew

　　同年6月8日，沈昌煥透過駐新加坡商務代表張彼得返國述職的機會，請他回新加坡時帶了一個品質很好的明朝鬥彩鳳凰牡丹瓶複製品，並轉交給李光耀。而李光耀在收到信函及花瓶後，亦於同月23日回覆，並跟沈昌煥提到，只要他看到這個花瓶的時候，永遠會讓他想起兩人之間的友誼。其內容如下：

Dear Mr. prime minister

　　I am saking Mr. Peter Chang, our Trade Representative who is now back in Taipei for a brief stay, to bring you a vase, decorated with Peony and Phoenix design in Tou Ts' ai (鬥彩鳳凰牡丹瓶) which is a reproduction of porcelain of the era of Emperor Yun-chen of Ching Dynasty. The work is so well done that it could easily be taken as a piece of genuine antique. However, I am sure that it can not escape your discerning eye.

　　Mrs. Shen joins me in sending you and Mrs. Lee our best wishes and warm regards.

　　Sincerely Yours,

Shen Chang-huan

Dear Foreign Minister Shen,

　　Many thanks for the porcelain vase. It is most colourful and attractive. To my eyes it looks genuine, especially with the mark at the bottom of the vase. I shall display it together with the several Ming Dynasty copies I have been presented with.

　　It is truly very kind of you to remember my wife and me. The unusual shape and colours of the vase will always remind me of your warm friendship which I have been privileged to have gained.

Lee Kuan Yew

　　1978年5月16日，外交部收到駐新加坡商務代表來電表示，李光耀長子李顯龍預定於本年度6月完婚，未婚妻係李顯龍之英國劍橋大學的同學，習醫[33]。婚後同赴美國，預定於7月中前往美國參謀學校受訓。兩人婚禮日期因極端保密，尚待繼續查明呈報。[34]沈昌煥在收到此一電文後，立即以夫婦倆人的名義，除去函李光耀祝福外，還特別致贈了一套紅木茶几給李顯龍夫婦。

　　Dear Prime Minister,

　　　　On the auspicious occasion of your son's wedding, my wife and I wish to extend to you Mrs. Lee our Hearty congratulations and best wishes for the future happiness of the young couple. As a token of our felicitations, I am sending under separate cover a set of four rosewood nestle tables for the new couple.

　　　　Sincerely Yours,

　　　　　　　　　　　　　　　　　　　Shen Chang-huan
　　　　　　　　　　　　　　　　　　Minister of Foreign Affairs

　　而李光耀在收到信函後，在回覆給沈昌煥的信中表示十分驚訝，一來是這場保密的婚禮不知沈昌煥是如何得知，二來則是沈的賀禮居然是在李顯龍婚禮的前一天晚上送到，這點讓李光耀夫婦深受感動。

　　Dear Foreign Minister Shen,

　　　　How very kind of you and your wife to remember my son's wedding.

　　　　The gifts arrived last night. The wedding took place this morning. They were tokens of your friendship and thoughtfulness. My wife

---

[33] 此處指的是李顯龍的第一任妻子黃名揚，兩人與1978年結婚，1982年在生下長子李毅鵬之後因心臟病發逝世。

[34] 「總一九一號去電──李總理公子完婚贈禮事」（1978/05/16），沈大川藏檔案手稿。

and I are deeply touched.

Our best wishes to you both.

Yours sincerely

Lee Kuan Yew

1984年3月李光耀訪華時，適逢2月底時，時任行政院長的孫運璿突然腦溢血中風，與孫運璿亦有交情的李光耀正好那時來華訪問，聽聞此事後本預計前往探視，但孫以醫囑為由婉拒李光耀的探視。在訪華期間，藉由沈昌煥方面了解了孫運璿的情況，以及談論到蔣經國的身體狀況，此行亦在沈昌煥的陪同下，前往了故宮博物院及張大千故居（摩耶精舍）參訪。李光耀亦跟沈表示，蔣經國以充滿才幹、正直、智慧的沈昌煥作為國家安全會議秘書長是一個明智的選擇，並且以「運籌帷幄決勝於千里之外」這句格言來形容沈昌煥。李光耀返國後，於3月31日致函給沈，其內容如下：

Dear Shen

My wife and I thank you and your wife dor looking after us during the whole visit. Both of you were extremely gracious in giving so much of yourselves to make our arrival so warm and our stay so enjoyable.

I appreciate your personal attention so that my wife and I were comfortable in the old wing of the Grand Hotel, that dinner was sited just across the hall opposite my suite, and that it was a western dinner so that we could finish early.

Thank you for accompanying us to the Museum and the home of Chang Ta-chien, and sending us off to the airport. I feel a sense of guilt at having intruded into so much of your time.

A redeeming advantage was that by travelling together in a car I had the opportunity to hear you speak candidly about how much

President Chiang has improved, about what happened to Premier Sun and the problems in his rehabilitation, and also exchanging views on the international situation. You were as vibrant and sparkling as ever. You taught me another Chinese aphorism, sit in a command tent and devise strategies that will assure victory a thousand li away (運籌帷幄決勝於千里之外). It is apposite of President Chiang. He is fortunate to have men of your calibre , integrity and wisdom in key centres of command.

I look forward to our meeting again. Until then, our best wishes to your wife and you.

Lee Kuan Yew

沈昌煥在5月15日回覆了李光耀此信，首先為這段時間因公務繁忙而遲於覆信道歉。並跟李光耀表示，每次跟他在一起的期間總是能從李的身上學到很多東西，以另一句格言：「與君一席話，勝讀十年書」來回覆李，並感謝李光耀夫婦所致贈的兩瓶咖哩。信中亦再次強調，中華民國的大門永遠為李光耀而敞開，歡迎他隨時來訪。

Dear Mr. Prime Minister

I very much appreciate the warm sentiments you expressed in your letter of March 31, 1984. Our reunion in March indeed brought immense pleasure to me and Mrs. Shen. The busy political season of April and May here in this country has prevented me from writing to you earlier. Please accept my apology for this overdue reply.

Please feel at ease that there was absolutely no intrusion of my time. I was more than happy and honored to play your host during your stay. In fact I myself learn a great deal from you everytime we are together. This can best be described by another Chinese aphorism "One talk with you gives me more than what I can learn in ten years of study." (與君一席話，勝讀十年書)

My wife and I enjoy so much the two bottles of curry which Mrs. Lee kindly sent us. It is so delicious and so different from the other kinds of curry we ever tried. Both of us wish to thank Mrs. Lee for her kindness.

Let me stress again that the door of the Republic of China is always open to you. Please come to visit us often whenever you can spare the time.

With warmest personal regards to you and Mrs. Lee.

Sincerely

Shen Chang-huan
Secretary-General

四、媒介：促成兩國領袖深厚友誼的沈昌煥

沈昌煥作為政府遷臺以後，從蔣中正到蔣經國兩任總統時期的外交部長，或者外放駐西班牙、教廷、泰國等國的大使，其豐富的國際外交經驗讓沈昌煥長期受到層峰的倚重，得以主掌中華民國外交系統近五十年的時間。也因如此，六、七零年代中華民國在國際外交處境日益艱困的情況下，作為亞洲地區的新興國家新加坡，在有許多因素與我國相似的情況下，如地理環境、領土面積、經濟發展、政治反共等，即成為我國當時積極爭取建立外交關係的國家。這個想法的擘劃、執行甚至於雙方高層建立起深誼，沈昌煥就是扮演著這個幕後策劃者的角色。[35]

不過在李光耀初次訪華後，駐新商務代表張彼得於1974年底提出的新加坡政情報告中指出：「新加坡對我關係之演變，可分為三個階段，自我從大陸撤退至六十年代初期為一階段，在此階段中，新加坡

---

[35] 石之瑜編，《寧靜致遠美麗人生──沈昌煥先生紀念文集》，頁535。

對我之態度極為冷漠與窺視，對我之進步實況亦極為隔閡。迨我經濟建設起飛，國情日趨安定與進步，同時新加坡於1964年積極推動工業化，但因國內嚴重缺乏是項專業人才，寄望於我國之技術人才予以協助，乃開始加強與我聯繫，進而促成本團於1969年在星【新】成立，為此第二階段。1973年星【新】總理李光耀來華訪問，對我之軍事與經濟建設成效，有深刻之印象，同時新加坡積極建軍以自衛，在軍事方面需要我團予以協助之處甚多，於是中星【新】關係更趨密切而進入目前之第三階段。在過去三年中，中星【新】雙方重要官員交換訪問陸續不絕，星【新】方對我重要官員之訪問，優渥有加，對我民間團體之訪問，亦予以種種便利，惟新加坡政府對與我官方之交往，盡力避免公開，並一再強調雙方應維持密切之關係，而已低姿態出現。」[36]由於李光耀對於我國的親自接觸，讓兩國之間的關係有了更進一步的發展。

　　也因如此，在李光耀首次訪華時，時任外交部長的沈昌煥特別安排行政院長蔣經國親自接機，一來當然是基於兩人的政治地位相當，都是國家內閣的領袖，但另一目的即在於讓這兩位領袖人物（當時一位是現任領袖、一位是未來領袖）能夠有機會建立起私人情誼，以期往後能夠有助於國家。即便後來李光耀的來訪，大多是屬於度假性質，但中華民國的接待卻也從不馬虎，且很多時候李光耀在臺灣的參訪行程，亦是由蔣經國親自規劃與拍板定案，這個情況一直到蔣經國擔任總統之後仍是如此。[37]每逢李光耀造訪臺灣時，蔣經國與沈昌煥兩人幾乎也都親自作陪李光耀一行人至臺灣各地的風景名勝遊覽，甚至於前往外島。李光耀自己在回憶錄中也提到：「八零年代中期，蔣經國健康狀況轉差以前，我每回訪臺，他總會盡地主之誼，抽三四天陪我四處逛逛。他通過彼此無拘無束的交流，印證他在閱讀與聽取匯

---

[36] 「亞太地區使節會議」（1974/11），〈外交關係〉，《外交部》，中央研究院近代史研究所藏，館藏號：11-01-01-05-02-012。

[37] 汪士淳，《漂移歲月──將軍大使胡炘的戰爭紀事》（臺北）：聯合文學，2006年），頁333、339。

圖4　1981年2月28日，蔣經國總統陪同新加坡總理李光耀夫婦訪問金門[38]。

報後對政治事件所得出的結論和見解是否正確。他深感在國際上孤立
無助。」[39]

　　時任蔣經國秘書的宋楚瑜亦表示，由於我們和新加坡沒有正式邦
交，為了避免國際注目，引起不便，李光耀來訪時，都用「高朋××
號演習」為代號，兩國的媒體都不報導。[40]如李光耀於1976年1月23
日的訪華行程，我方相關單位的接待日程表中，即將該次接待李光耀
訪華任務的名稱，訂為「高朋演習」，並載明了此次新方來華的外賓
有李光耀夫婦、李永傑醫師、林清泉秘書、土成才秘書長、葉志強代
表。而我方則是由蔣經國、俞國華夫婦、黃德美特派員、柏光華上校
等人為其接待。並於李光耀等一行六人於23日晚間5點搭乘星航六三
八次班機經香港抵達臺灣後，由蔣經國、沈昌煥夫婦、俞國華夫婦、
黃德美等人前往松山機場接機，再驅車前往圓山飯店，由沈昌煥主持
歡迎晚宴。[41]而在1974年12月21至26日的訪華行程，則是使用「高賓
演習」為其接待活動的代號。[42]

---

[38] 「總統{#蔣經國#}陪同新加坡總理{#李光耀#}夫婦訪問金門」（1981/02/28），
〈蔣經國行誼選輯—民國七十年（二）〉，《蔣經國總統文物》，國史館藏，典
藏號：005-030207-00006-064。

[39] 李光耀，《李光耀回憶錄（1965-2000）》，頁652。

[40] 宋楚瑜口述；方鵬程採訪整理，《蔣經國秘書報告！》，頁55。

[41] 「新加坡總理{#李光耀#}訪臺參觀高朋演習行程資料」（1975/01/22），〈李光
耀（Lee, Kuan Yew）往來函件〉，《蔣經國總統文物》，國史館藏，典藏號：
005-010502-00424-015。

[42] 「高賓演習日程表」（0000/12/21），〈李光耀（Lee, Kuan Yew）往來函件〉，

　　由於李光耀在世界是屬於相當活耀的領袖,與重要國家之元首皆有互動往來,因此,有時也會擔任起中華民國與外界的傳話者角色。如1982年6月,李光耀應美國總統雷根的邀請前往白宮訪問,此事事前被當時駐新加坡的代表胡炘得知,立即把消息傳回國內。沒多久後,蔣經國即指示沈昌煥作為他的代表,向李光耀報告當時中美兩國的發展情況,並希望透過李光耀與雷根總統會晤時,轉達我國的立場。[43]而李光耀在前往美國訪問之前,也主動向胡炘說明他要訪美一事,並詢問是否有他可以為中華民國效勞的地方。[44]

　　由於當時中華民國希望能夠向美國採購高性能的武器,但由於雷根才剛當選總統,不希望在對臺軍售這件敏感事務上有所動作。於是在接見李光耀時,就請李能代為向蔣經國轉達此事,希望不要在此事讓他為難。甚至於當時雷根政府要改善與中國大陸的關係時,亦曾事先由雷根致函給李光耀說明此事,而李光耀亦決定跟隨美國之外交政策,在不損及與臺灣老友的關係下,也與大陸改善關係。而此事李光耀也直接當面轉達給當時的駐新代表胡炘,由胡炘將此訊息向外交部呈報。[45]如此做法,不論是傳話的媒介角色或者事前事先告知以讓我方能有應變的處理時間,如非兩國領袖互有深厚情誼,亦難如此。

　　因此,李光耀對於前來中華民國的訪問,也會提供經國先生有關美國、世界整體發展的消息,以及後來他訪問中國大陸的心得,等於是美、中、臺三角關係幕後交涉穿針引線的重要人物。[46]

　　而除了高層之間的往來外,中華民國與新加坡政府各領域的往來,亦會隨著李光耀的訪問有所增進。如李光耀每次來臺灣訪問時,通常都會帶好幾位重要閣員(例如吳作棟副總理、王鼎昌部長等)

《蔣經國總統文物》,國史館藏,典藏號:005-010502-00424-031。

[43]　「民國七十一年六月總統{#蔣經國#}致新加坡總理{#李光耀#}擬派我國家安全會議秘書長{#沈昌煥#}代表簡報中美關係最近發展及政府與人民對目前情勢之關切」(1982/06/30),〈蔣經國與各界往來函札(七)〉,《蔣經國總統文物》,國史館藏,典藏號:005-010502-00020-039。

[44]　汪士淳,《漂移歲月─將軍大使胡炘的戰爭紀事》,頁342。

[45]　汪士淳,《漂移歲月─將軍大使胡炘的戰爭紀事》,頁337-338。

[46]　宋楚瑜口述;方鵬程採訪整理,《蔣經國秘書報告!》,頁54。

隨行，一則增加雙方實質的
互動、增進情誼，再則也是
關係的傳承。經國先生每次
都要孫運璿、沈昌煥等人作
陪，其意即在增加年輕一輩
的互動往來，[47]以增進兩國
之間的關係。

　　1988年1月13日下午蔣
經國逝世，此一噩耗傳到新

圖5　蔣經國總統逝世，李光耀夫婦（前排左二、三）
親自前來我國出席奉厝大典暨追思禮拜[48]。

加坡之後，由當時的駐新商務代表，也是蔣經國兒子的蔣孝武親自前
往向李光耀報告此事。聽聞此一噩耗後，李光耀當場潸然淚下，據
悉，李光耀如此的傷痛表現，對外人還是第一次看見。新加坡對於蔣
經國的逝世，除李光耀親發唁電給蔣方良外，包含李光耀夫婦以及當
時新加坡方面共有兩位內閣部長（第一副總理及國防部長吳作棟、貿
工部長兼國防部第二部長及交通部長楊林豐）及軍方總參謀長、海軍
總司令等人親自前往臺灣，出席蔣經國的奉安大典。新加坡對於蔣經
國喪禮所表達的敬意，在對世界任何一個國家的禮節中亦無此前例。
李光耀表示，他親自前往是表達對故總統蔣經國先生的敬意，他是我
很好的朋友。[49]

　　隨著蔣經國的逝世以及當年與李光耀交好的沈昌煥、李國鼎、孫
運璿等我方官員離開工作崗位，使得這一代人所建立起不論是國與國
之間的外交關係或者私人間因公而私的情誼，亦隨著時間而逐漸傳承
給後續的繼任者。但此後李光耀對於蔣經國後續繼任者的作為，則有
不同的看法亦致於產生分歧，也因此不再如蔣經國時代那般頻繁地往

---

[47] 宋楚瑜口述；方鵬程採訪整理，《蔣經國秘書報告！》（臺北：商周出版，2018
年），頁55-56。

[48] 「故總統{#蔣經國#}奉厝大典由{#周聯華#}牧師舉行追思禮拜」（1988/01/30），
〈蔣經國哀榮實錄〉，《蔣經國總統文物》，國史館藏，典藏號：005-030208-
00006-009。

[49] 陳加昌，《超越島國思維：李光耀的建國路與兩岸情》，頁426。

來於兩國之間。2000年時，李光耀在新當選總統的陳水扁邀請之下來臺訪問，當時的報紙刊登了一段評論，也說明了李光耀在蔣經國逝世後，為何逐漸對於中華民國的情誼不如以往的原因。如下：

　　　　新加坡內閣資政李光耀即將訪臺，如果真能成功，這將是大陸方面拒絕李遠哲擔任兩岸特使後，由新政府「延續」與「新闢」的兩岸對話管道，極具政治意義。李光耀在蔣經國總統晚年，即開始扮演兩岸傳話人的角色，每年至少要來臺灣兩次拜會蔣經國。李登輝繼任總統後，這個管道持續維持，李光耀也固定每年都到臺灣與李登輝見面。李光耀從擔任新加坡總理後，幾乎每年九月都會訪問大陸，不只是他關心兩岸問題，更重要的是維持兩岸和平關係，也直接影響到了新加坡的安全。

　　　　……李登輝與李光耀原本在「民主強人」的性格上，頗為契合。所以李登輝就任總統後在八九年展開務實外交首站就是新加坡，此行還間接導致反對此行的外交部長沈昌煥下台【沈昌煥外交部長職務已於1978年職辭，當時沈的職務為總統府秘書長】。

　　　　……但二李後來因為部分理念不同，以及外傳為了兩岸通航而合組三方船務公司之議，而漸生芥蒂。尤其在李登輝面見國代時講了一句：「李光耀獨裁，還是我獨裁？」嚴重觸怒了李光耀。據說，當時連新加坡駐美大使館都傳回反應，顯示這句話的嚴重。所以自九四年李光耀最後一次訪臺後，就不曾再訪臺灣。[50]

---

[50] 何振忠、李信宏，〈李光耀這條斷了的線又接了起來〉，《聯合報》，臺北，2000年08月12日，版03。

五、結語

　　中華民國自進入1970年代後，在國際情勢上由於宣布退出聯合國的關係，以至於對我國與世界其他各國在國際外交關係上產生重大改變。在此外交困境之際，沈昌煥1972年5月奉命再度接掌外交部後，於同年9月又面臨與我國關係十分密切的日本與中共政府正式建立邦交，同時宣布與我國斷交，後續更引發一連串其他國家的斷交潮，造成一時之間中華民國外交史上的挫敗。此時，身為主掌外交系統的沈昌煥，除了盡力維持既有之邦交國外，更重要的是積極地與當時一些新興國家開拓外交關係，而1965年甫成立的新加坡即是當時努力之目標。

　　中華民國與新加坡之間的關係，較難以一般國際關係中的國家利益至上來作為衡量的標準，這點或許可從中華民國1912年以及新加坡1965年各自成立之後，兩國之間雖然從來沒有建立起正式邦交的外交關係，但新加坡對於我國而言，始終是中華民國在國際上極為重要的一個務實與友好國家。雙方能有如此的成就，「私人情誼」的維繫即是一項重要的關鍵。這點，從本文中所提到不論是沈昌煥與李光耀兩人私人往來信函中的關懷與慰問，或者蔣經國與李光耀兩位領袖級人物所建立起的長年私人情誼，在在顯示出中華民國與新加坡的關係，可以說是一種「由公而私」再轉化為「因私助公」的情況。

　　因此，我方長年來對於新加坡方面所採行低調、務實的做法亦表認同。我方希望獲取新方實際上的幫助與收穫，這包含了藉由新加坡及其領袖李光耀的立場為我國在國際上發聲以及擔任傳話溝通者的角色，而李光耀本人在基於與中華民國及蔣經國、沈昌煥等人的友好情誼，亦十分樂意扮演這樣的角色。但對於中國大陸而言，李光耀所採行的作法則是以中國大陸政府所需要的「承認關係」立場，不論是與中國大陸建立起正式的邦交關係，或者所謂承認「一個中國」的立場，皆滿足中國大陸方面之所需。讓新加坡從兩岸亦皆能得到自身之所需，使得達到所謂「三贏」之局面。

沈昌煥與南越中華理事會館產業之交涉（1960-1962）

陳世局[1]

一、前言

　　1963年3月4日中華民國副總統陳誠（1898～1965）前往越南共和國（以下簡稱南越）進行為期五天的訪問，時任外交部長的沈昌煥（1913～1998）亦隨同前往南越；外交部在籌劃此次訪問過程中，亞東司編撰了一份〈副總統訪問越南共和國參考資料〉文件，內文有「與越南官員晤談時參考事項」，列出雙方在晤談時要注意的事項，其中一項「關於越南幫產問題」，提及「本案經我方迭次向越南政府交涉後，越方迄未將各幫中華理事會館之產業予以沒收，……。僑界對此，甚表滿意。如越南官員詢及此事時，似可表示請照現狀積極進行。」[2]南越自獨立建國後，中越兩國因反共關係迅速建立起外交關係，[3]在許多方面有密切的聯繫及合作，但在若干問題上也有糾紛發生，尤其是南越總統吳廷琰（Ngo Dinh Diem）力行華僑越化政策，在華僑國籍、華僑教育等方面皆採強硬的越化政策，引起華僑嚴重反彈，即使僑民透過中華民國外交部不斷向南越交涉，仍無法改變華僑越化政策，連帶使僑民對中華民國產生不滿之情緒。惟1960年的中華理事會館產業案，在幾經交涉後，卻能使南越僑民產業不被沒收，也

---

[1]　國史館修纂處助修。

[2]　「副總統訪問越南共和國參考資料」（民國52年2月），〈副總統陳誠訪越南（一）〉，《外交部》，國史館藏，典藏號：020-100700-0033-0094。

[3]　越南共和國於1955年10月26日成立，中華民國當日宣布予以承認，同年12月17日中越建立邦交，各於彼此首都設置公使館，1958年7月1日兩國政府同意互將公使館升格為大使館，同時在越南順化設有領事館。

使僑界對此次交涉結果「甚表滿意」。顯見，值得去了解當時這個案件的交涉情形。

　　沈昌煥曾兩次擔任外交部長，第一次任期是1960年5月至1966年5月，第二次任期是1972年5月至1978年12月，前後共達12年之久，是政府遷臺以來任期最長的一位外交部長。而本文欲探討的南越中華理事會館產業交涉案，是起於1960年6月10日南越宣布「廢除中華理事會制度並接管會館公產」引發了中越兩國之間一項外交案件，就沈昌煥而言，可以說是其就任外交部長後，與南越交涉的第一個案件。

　　沈昌煥一生經歷的黨政工作甚多，工作重點主要是在外交方面，擔任外交部長，主持外交工作達12年之久；若再加上1953年12月至1959年3月擔任外交部政務次長，可以說幾乎與南越20年的國祚（1955年10月～1975年4月）約略相符，所以沈昌煥與南越的關係是值得關注的。從現存的沈昌煥日記可看出，沈氏與越南的接觸可追溯到1946年4月4日，時已遜位的安南保大皇帝及越南革命黨三人，以個人身分訪問中華民國，當晚沈昌煥陪保大皇帝打紙牌至晚間12點才就寢。[4]這次保大來到中國重慶，其來由是1945年3月二戰末期，保大皇帝與日本政府合作，宣布越南獨立，但這個政權受到由胡志明的「越盟」挑戰，保大於8月25日被逼退位；[5]翌（1946）年3月已成為一介平民的保大訪問重慶，也就是在這樣的背景下，保大在重慶訪問國民政府之餘，於夜晚與沈昌煥有了碰面的機緣。直至沈昌煥於1953年擔任外交次長，沈氏與南越的接觸才更加頻繁。以國籍法的交涉為例，南越在1955年12月7日公布實施國籍法，採出生地原則，其目的是將境內之華人納入越南國籍。1956年8月21日修正國籍法第16條，規定華僑所生子女一律為越南國籍，不論境內華僑之父母是否為中國人，只要在越南出生，就取得越南國籍；同年8月29日又進一步規定，越南國

---

[4]　沈昌煥著，周琇環等編註，《沈昌煥日記——戰後第一年1946》（臺北：國史館，2013年），頁98。

[5]　陳鴻瑜，《越南近現代史》（臺北：國立編譯館，2009年），頁124-125。

籍的華僑在辦理戶籍登記時，須用越南拼音之名字，是項規定切斷華
僑與中國的關係。南越將華人強制越化的措施當然引起境內華僑的不
滿與中華民國政府的交涉，但南越認為國籍法的推動是其國家內政，
故不接受中華民國的交涉與要求。因此，南越的越化政策，不僅使華
僑深感困擾，也造成與中華民國外交關係的緊張。

　　1957年2月時任外交次長的沈昌煥在立院答覆質詢，針對南越的
華僑國籍問題，有如下表示：

> 我國對於越南爭取獨立，素具同情，故於該國新政府宣佈成立
> 之日，立予承認，並設立駐越公使館。我在聯合國亦本一貫之
> 立場，首先倡議越南入會。此外，我國並願與越南經濟合作，
> 技術互助，凡此均足表示我政府重視中越邦交並願與越南合作
> 之誠意。本案發生以後，我政府即向越南政府提出交涉。關於
> 國籍問題，我政府曾向越方提出自由選擇之原則。換言之，中
> 國政府方面對於華僑之自願加入越籍者，並不予以阻止，而越
> 南政府方面對於不願入籍之華僑亦不強制其入籍。此種尊重個
> 人意志及基本人權之精神，為自由世界所公認，並為解決本案
> 之最合理辦法。越南政府此次措施牽涉外僑數十萬之眾，其所
> 謂國籍法之規定係屬其國內法權範圍一說，對本案自不能適
> 用。駐越蔣代辦及袁公使先後與越南政府開誠商談，迄無具體
> 結果，殊堪惋惜，我政府當本既定之自由選擇國籍之原則，繼
> 續與越南交涉。我旅越僑胞雖處艱難，仍能鎮靜守法，實屬難
> 能可貴。越南政府在情理上，不應對我僑胞採取強制手段。否
> 則勢必引起嚴重不良後果，影響國際間越南政府之觀感。本人
> 希望越南當局高瞻遠囑，以共同反共及加強中越間之一般合作
> 為兩國當前之要務，⋯⋯與我商討合理之解決辦法。[6]

6　「沈次長答覆立法院質詢」（民國46年2月19日），〈越南僑情資料〉，《外交
　　部檔案》，國史館藏，入藏登錄號：020000020324A。

　　從上述這段引文可以看出係屬理性的呼籲，首先，沈昌煥面對南越堅持實施國籍法，本其職責，向南越提出應由華僑自由選擇國籍之方案；其次，沈氏雖對於南越的作法不認同，但並未因此向南越政府嚴厲斥責，反而是希望南越注意當前要務為「共同反共」及「中越合作」，也就是說，沈氏很清楚中華民國對南越的外交立場是必須合作的，一旦反應過激，不僅失去友邦，也會影響反共大業的進展。就南越的政府立場而言，欲建立民族國家，將國內人民納入本國籍，實為無可厚非，故這項政策經中華民國外交部多次交涉，並無法改變吳廷琰的政策。在1960年1月吳廷琰訪問中華民國時，中越雙方對此問題已稍微緩和；[7]另外也有部分華僑選擇不入南越國籍而來到臺灣。[8]也就是說，幾經中華民國政府的交涉，雖未能阻止南越政府一意執行華僑納入越籍的國籍法，但也使南越強力執行的激進作法，改採緩和漸進的方式實施，減輕對兩國邦交的傷害。[9]

　　沈昌煥對華僑問題的看法，從現存的沈昌煥日記可以發現早在1946年沈氏已注意到華僑問題，其日記敘述「馬來亞和印尼華僑代表就已提出華僑應否取得當地公民權問題」、[10]「排華問題，董霖大使亦曾入面報：『南洋各民族之獨立，照國父之主義，自應加以扶植；但事實上，因華僑控制經濟利益，各地新興民族主義澎湃下必然排

---

[7]　「華僑人數一百萬人，自1956年8月越南國籍法修改命令公布後，陸續轉入越南國籍，現其中大部分已取得越南公民身分，並逐漸以其商業資本投入當地各種工業建設，與越南人士合作，甚為融洽」。「越南共和國簡介」（民國49年1月未載明日期），〈越南總統吳廷琰訪華〉，《外交部檔案》，國史館藏，典藏號：020-100900-0146-0098。

[8]　1956年8、9月間，有華僑青年450人來到臺灣，政府相關單位為照顧這批歸國華僑，有的安排進入臺灣省訓練學習上課。潘振球口述，朱重聖、郭紹儀訪問，張世瑛紀錄，《潘振球先生訪談錄》（臺北：國史館，2004年），頁115。

[9]　南越華僑經轉入越南國籍後，至1960年8月僅存的華僑人數，由越南內政部外僑處的統計是「華僑人數因出入境關係，隨時可能變動，迄至八月份，華僑人數約1,700至2,000人」。「西貢大使館電外交部稱華僑人數事」（民國49年8月8日），〈越南政府撤銷中華理事會館（三）〉，《外交部》，國史館藏，典藏號：020-011007-0094-0098。

[10]　沈昌煥著，周琇環等編註，《沈昌煥日記——戰後第一年1946》，頁338。

華,故主義與事實似須兼顧。」」[11]沈氏簡短的記載了這些東南亞各
國排華與華僑國籍的問題,前者是牽涉了華僑是否入當地國籍或是雙
重國籍的問題;後者是中華民國既要扶植南洋各國民族獨立,但各國
境內卻掀起了排華浪潮,而該如何兼顧,沈氏無進一步之記載,但其
心中或許已開始思索「如何兼顧」的問題。1970年劉恩第大使代理駐
印尼館務時,曾回憶起當時沈昌煥特別囑告:

> 印尼政府高層人士及知識分子,對我中華文化極為崇仰。禁止
> 華文意在培育印尼文化之成長,防範華文入侵,應是一種手
> 段。並囑,如與印尼人士溝通,應瞭解此點。證諸去後接觸了
> 解,煥公所言極為中肯。[12]

　　也就是說,東南亞各國的民間是仰慕中華文化的,但就其官方
的立場而言,為建立起民族國家及民族文化,在培育下一代時,對華
人社會及其文化,勢必有所限制,所以沈昌煥才會特囑不能一概以排
華視之,而是應該找出平衡點,須兼顧「兩國邦交」及「華僑權益」
才能使兩國獲得最大利益。換句話說,沈昌煥認為東南亞國家的排華
只是手段,而非目的,故不能因東南亞國家一時的排華,就採取報復
手段,進而不與這些國家來往,這是不明智的,相反的,更應去思考
「如何兼顧」的解決之道。
　　有關中越兩國關係在華僑國籍、西沙南沙主權問題,已有不少研
究成果,但較少從外交人物的角度來探討這段中越關係的歷史,目前
有關於沈昌煥的研究尚屬少數,大概皆是以論述一生所從事的外交工
作與活動為主要內容,例如關國煊撰寫的〈沈昌煥(1913-1998)〉
簡介沈氏生平,內文以敘述1945年之後的外交工作為主;[13]王成聖撰

---

[11] 沈昌煥著,周琇環等編註,《沈昌煥日記──戰後第一年1946》,頁345。

[12] 劉恩第,〈追憶煥公〉,收入石之瑜編,《寧靜致遠美麗人生──沈昌煥先生紀
念文集》(臺北:沈大川,2001年),頁294。

[13] 關國煊,〈沈昌煥(1913-1998)〉,《傳記文學》,第73卷第6期(1998年12
月),頁140-145。

寫的〈外交教父沈昌煥〉描述沈氏的一生及從事外交工作的情形；[14]
凌其翰撰寫的〈沈昌煥其人〉是敘述沈氏1937-1949的發跡過程。[15]較
少以單一外交事件探討沈昌煥如何處理外交案件。本文擬就已開放的
《外交部》檔案、國史館典藏的沈昌煥個人史料，及其現存的日記、
言論集及當時人的相關回憶文章，探討沈昌煥在任職外交部長後，面
對與南越的第一個交涉案，如何在維持中越兩國外交邦誼的大原則
下，向南越交涉，以維護僑民的權益。

二、中越兩國對第133號法令之看法與反應

　　南越中華理事會館是當地僑民的社團組織，早在一百多年前就已
成立，當時華僑人數較少，以地緣的關係成立會館，作為聚會與聯絡
事情的場所，且各置有若干公產，作為發展教育及慈善事業之經費。
但這項制度在1960年6月10日南越頒布「關於解散各中華理事會館及
其他亞洲僑民幫會」第133-NV號法令（以下簡稱第133號法令）[16]後

---

[14] 王成聖，〈外交教父沈昌煥〉，《中外雜誌》，第64卷第3期（1998年9月），頁
16-18。

[15] 凌其翰，〈沈昌煥其人〉，收入全國政協文史資料委員會編，《文史資料存稿選
編》，第19冊軍政人物（上）（北京：中國文史出版社，2002年），頁477-479。

[16] 該法令共有8條條文，條文如下，第一條，廢除全越境內各中華理事會館及其他
亞洲僑民幫會組織同時並終止各中華理事會館正副理事長及其他亞洲僑民幫會正
副幫長之職務。第二條，各中華理事會館及其他亞洲僑民幫會之財產將由地方行
政機構代表所主持之「管理委員會」接管，直至各該項財產清理完竣之日為止。
第三條，上述各管理委員會之組織如下：西貢都城，主席：都長；委員：內政部
代表一人、司法部代表一人、外交部代表一人、教育部代表一人、財政部代長一
人、衛生部代表一人、社會總監督、各有關理事長（或幫長）、越籍人士二人
（如審查有關中華理事會館時為華裔）、華僑或亞洲僑民一人（視審查中華理事
會館或其他亞洲洲僑民幫會之場合而定）；顧問：中華事務專員。各省或城市，
主席：省長或市長；委員：有管轄權之法院院長、小學局局長、稅務局局長、
衛生局局長、各有關理事長（或幫長）、越籍人士二人（如審查有關中華理事會
館時為華裔）、華僑或亞洲僑民一人（視審查中華理事會館或其他亞洲洲僑民幫
會之場合而定）。第四條，上述各管理委員會之任務為檢查接收各中華理事會館
及其他亞洲僑民幫會有關簿冊會計文件並造具各該項財產目錄點驗以及管理各該
項財產。第五條，各中華理事會館及其他亞洲僑民幫會財產之清理辦法將由財政
部根據各管理委員會之建議於洽商內政部同意後規定之。第六條，各中華理事會

遭到廢除並逕行財產接管的工作。由於該法令非常簡單扼要，並未說明清理財產期間之長短，亦未明言這些原屬於會館之公產最後歸屬於誰，使華僑再度對於南越的越化政策感到忿憤不平。本節先敘述中華理事會館，再敘述中越兩國對此事的反應。

（一）中華理事會之沿革

越南華僑社團組織可追溯自明末清初時，少數南逃的明朝軍隊南渡進入越南，開發嘉定、邊和一帶，為彼此照應，便自行結社，才有「明鄉社」、「清河社」等組織，之後又陸續建立明鄉會館、三山會館、麗朱會館等，藉以保持故國遺風與漢族文化。其後華僑人數增加，乃集合廣、潮、福、漳、泉、徽、瓊等七府人士，成立七府公所。1802年嘉隆皇帝（阮福映，1762-1820）統一越南後，有感於華僑對統一建國工作有功，特准各省華僑以言語上的區別，分幫自行管理，起初劃分廣肇、福建、潮州、海南四幫，後又增加客家幫，合為五幫。1834年明命皇帝（阮福晈，1791-1841）准各幫設幫長一人，由各幫自行選出，其職務為傳達政令，徵集稅款，及調解糾紛，負責一切對外對內，承上轉下的自治任務，各幫於會館或廟宇內設幫公所，這是越南華僑社團組織發展的雛型。中法戰爭之後，法國統治越南，為便利管理華僑起見，仍沿用分幫制度，由各幫公所負責傳達當地政府政令，徵收稅款，調解幫內僑民的糾紛，及代僑民申請發給各種許可證。第二次世界大戰結束後，法國於1948年9月28日下令將華僑各幫公所改名為中華理事會館，分別冠以各幫籍地區之名稱如「廣肇中華理事會館」、「潮州中華理事會館」等，同時，幫長制改為理

館及其他亞洲僑民幫會之財產管理委員會將由各位主席召集並自本命令頒布之日起一個月內開始工作。第七條，政府駐各地代表有督導各中華理事會館及其他亞洲僑民幫會財產之管理及清理之任務。第八條各部長及駐各地各政府代表有執行本命令之任務。「關於解散各中華理事會館及其他亞洲僑民幫會事1960年6月10日第133-NV號法令」（民國49年6月10日），〈越南政府撤銷中華理事會館（一）〉，《外交部》，國史館藏，典藏號：020-011007-0092-0212~0213。

事長制。[17]南越的西貢堤岸地區（以下簡稱西堤）有中華理事總會，前身為七府公所，位於堤岸廣東街之七府武廟，是西堤十幫華僑聯合組成的。中華理事總會之下，為西堤地區分設的五幫中華理事會，計有廣肇、潮州、福建、客家、海南等各二個，共十個理事會，各理事會皆分設在西堤的各幫會館之內。因此，可以說南越華僑社團的組織，最初係越南阮朝採取的一種「以華治華」的政策，之後法國基於統治的需要，沿用此制，一直維持運作，只是名稱略有更改。[18]

各地各幫的中華理事會與僑民有密切的關係，在於中華理事會的功能與僑民生活習習相關，以下列出各地中華理事會的任務：1、指導僑民繳納各種稅款；2、簽發僑民各種合法文件；3、受理僑民投訴及請託事件；4、協助僑民辦理各種有關居留及經商之申請手續；5、解答僑民有關居留及經商法律上之疑難；6、促進該幫對友幫人士的國民外交；7、輔導幫內各公共教育及衛生機構發展業務；8、調解僑民商務及人事之糾紛；9、舉辦該幫福利事業及臨時救濟工作；10、督導該會及所轄機構職工為僑民服務；11、審核該會及所轄機構之預算、決算；12、辦理有關該幫商務、人口、出生、死亡、遷徙之調查與統計；13、辦理其他與該會宗旨有關的一切事項，如協助處理有關

---

[17] 「越南華僑幫制之撤銷及其反響」（民國49年7月6日），〈越南政府撤銷中華理事會館（一）〉，《外交部》，國史館藏，典藏號：020-011007-0092-0119。「越南接收中華會館來龍去脈」（民國49年7月8日），〈越南政府撤銷中華理事會館（二）〉，《外交部》，國史館藏，典藏號：020-011007-0093-0159。

[18] 下面列出西堤各中華理事會辦公所在地的幾個主要會館，1、穗城會館：建於1836年間，遊祀天后聖母，俗稱阿婆廟，每年香油費用的收入部分撥充穗城越秀僑校之經費。2、三山會館：位於堤岸趙光復街，為福州府旅越人士所建，祀天后媽祖。3、二府會館：位於堤岸孔子大道，為福建漳州、泉州二府旅越人士所建，祀土地神，每年香油費用的收入撥充福建僑校經費。4、義安會館：為廣東潮州府華僑於1868年所建，主祀關帝。5、瓊府會館：位於堤岸同慶大道，為瓊僑所建，亦稱天后廟，主要是做為三民僑校使用。6、廣肇會館：祀天后，為西貢廣肇中華理事會所在。7、溫陵會館：位於堤岸七府街，為西堤泉州府旅越人士創建，祀觀音菩薩，每年香油費用的收入部分餘款撥充福建僑校經費。8、霞漳會館：祀天后媽祖，為漳州府旅越人士所建，每年香油費用的收入甚多，部分撥充福建僑校經費。另外，客家的旅越人士有崇正總會的組織等。施達志，《華裔在越南》（越南堤岸：統一書局，1963年），頁第十篇-6。

當局及移民局委辦之事務，保障僑民合法之權益，及增進僑民之福利
等。從以上多種的任務可以看出，中華理事會及總會具有內政與外交
的半官方性質的管理組織，除了對政府有諮詢及傳達政令之責，皆與
僑民日常生活有著密切的關聯，如關於僑民家庭糾紛、債務糾紛，及
詐欺、毆打等等，均由中華理事會調解處理；如果僑民糾紛牽涉到兩
幫、三幫以上時，則是由中華理事總會負責調解。[19]

（二）中越雙方的意見與反應

　　第133號法令頒布後，是南越自國籍法頒布後又再次挑動了中越
兩國邦誼的敏感神經。本節先敘述南越官方的說法，其次敘述華僑的
反應，再敘述中華民國政府的因應，以了解中越雙方對此項法令認知
上的落差。

1.南越官方的說法

　　以下列出與第133號法令較有關係的四位政治人物，以了解南越
官方的說法，一位是總統吳廷琰，因第133號法令是吳廷琰簽署的，
其想法與態度是值得了解的；其次是新聞部長陳正誠，其職責是向外
界說明政府政策，透過他的說法可了解南越對這項法令的解釋；再者
是西貢首長市長阮富海，他是西貢地區幫產管理委員會的主席，也是
這項法令主要的執行者之一；最後是南越駐華公使阮功勳，透過他的
說法可了解南越要向中華民國政府傳達與溝通的政策。
　　首先關於吳廷琰的對此法令看法，惟目前南越的史料較不易尋
得，故僅就現存的外交部檔案能略知其想法。據當時國家安全局回報
給外交部的訊息是吳廷琰認為：

　　　　取消會館為合情合理合法之措施，用意消除華越人民之界限，

---

[19] 「越南接收中華會館來龍去脈」（民國49年7月8日），〈越南政府撤銷中華理事
會館（二）〉，《外交部》，國史館藏，典藏號：020-011007-0093-0159。

絕無惡意存在，至於會館財產仍將用之於華裔公益事業，越政府決不沒收，袁大使曾同意本人此項政策，想必能向中國政府及人民解釋並說服華僑。……取消會館之意旨僅使越籍華裔不具雙重身份，至華僑儘可歸中國大使館管理，其會館財產日有虧損，越政府不會自找麻煩，作此虧本生意。[20]

從上所述可看出吳廷琰對於第133號法令的頒布實施，與1955年新國籍法的實施是一脈相承的。因為華僑各幫有各幫的會館、醫院、學校自成體系，彷彿國中有國，所以吳廷琰從治理國家內政的角度，希望消除國內越人與華人的區別，以利其國家的統治與人民的團結一致。[21]

其次，南越新聞部長陳正誠在第133號法令公布後，由於僑民群情激憤，遂於6月14日在記者會上公開說明取消幫制的理由：

關於撤銷中華理事會幫制問題，我人首先須明白，幫制和理事會這種制度，是自法國統治時期開始。當時，法當局不准任何一個國家派有代表，與被保護國建立邦交。至於以前各國駐越外交代表，有如領事館等，僅屬商業貿易關係，並無政治性質。因此，當時亞洲僑民及華僑，由於國與國之間，尚無外交代表，故各該僑民在法政府之許可下，自行成立幫制，推出代表，與當地政府聯絡，以解決幫內人士各項問題。現在，越華兩國邦交，確已建立，在越華僑轉入越籍者，達百分之九十，他們成為越南公民後，其所享受權利，將一如越人，無分彼此。是故中華理事會已屬無存在之必要。至於華裔慈善機構，相信仍保持原狀。華裔公民，若逢疾病或死亡等，仍可進入各

---

[20] 「國家安全局函外交部關於取銷會館事」（民國49年8月9日），〈越南政府撤銷中華理事會館（三）〉，《外交部》，國史館藏，典藏號：020-011007-0094-0106~0107。

[21] 海外出版社編，《越南華僑與華裔》（臺北：海外出版社，1970年），頁6-7。

華裔醫院，或葬於華裔義地。[22]

　　上述新聞部的公開說明，內容除承接吳廷琰的越華人不分彼此的說法外，也指出幫制是法國統治時期的遺緒已不合時宜，所以不應存在。新聞部在面對僑民不滿的情緒下，竟表示中華理事會制度是法國殖民統治時期的制度，必須加以去除。但事實上並非如此，這項制度可追溯至越南阮朝，且嘉隆皇帝「之所以勅准華僑設幫管治，實有感越南僑胞有助於嘉隆皇統一匡復之勞而兼具崇德報功之意」[23]，法國是沿用該項制度，僅是改名稱。可見其說法是為安撫華僑，以消除「排華」的觀感而已。

　　再者，是西貢首都市長阮富海對撤銷幫制及接管會館公產事的說法。阮氏邀集西堤十幫理事長在市政府內舉行會談，向僑領解釋：

　　　　幫制之組織原是法屬時代之殖民制度，現越南已當獨立各國僑民事務今後當由各該國駐越使館負責毋須再有幫會之設立，渠且肯定表示政府祗清理各幫之財產，但決不佔據或沒收，待整理完竣後，所有幫產之溢利，仍將用於各幫原有之福利事業，至於管理委員會之設立亦至清理各幫各項賬目工作完成為止，將來另成立一機構繼續維持各幫之福利，同時務請各理事會長於兩週期限內將各該幫內所有醫院、學校、義祠一切產業財產暨各機構董事會理監事名冊、各項收支狀況，現有動產及不動產數字，連同各幫所屬之同鄉會產業，逐一詳列呈報，在管委會未正式接管之前，各理事長及各機構負責人員，應謹守崗位，繼續工作，靜候政府之新指示。[24]

[22]　「南越遠東日報：陳正誠部長在招待記者例會席上闡釋取消幫制理由」（民國49年6月15日），〈越南政府撤銷中華理事會館（一）〉，《外交部》，國史館藏，典藏號：020-011007-0092-0034。

[23]　「越南華僑幫制之撤銷及其反響」（民國49年7月6日），〈越南政府撤銷中華理事會館（一）〉，《外交部》，國史館藏，典藏號：020-011007-0092-0119。

[24]　「駐越南大使館時事旬報」（民國49年7月上旬），〈越南政府撤銷中華理事會

　　從上述會談內容，顯見阮富海與新聞部的說法一致，強調幫制是法國殖民制度的產物，以避免華僑不滿的情緒加劇，加上阮富海是西貢幫產管理委員會的主席，為能順利執行這項工作，所以表示管理委員會只是清理各幫之財產，絕對不沒收，以消除各幫理事長的疑慮，順利推動清理會館公產的工作。

　　再者，南越駐華公使阮功勳在使館接受中央社記者的訪問時，有如下的答覆內容：「這些會館改組後，越南政府已成立一個委員會來統一管理原由各會館所管理的醫院、學校等機構」、「這個委員會的成立是在加強這些醫院和學校等的管理，並不是沒收這些機構的財產」、「這些會館雖然不存在，但在這些醫院和學校仍然繼續工作，委員會只在協助他們工作，增加福利，各機構（醫院、學校等）的收支，仍將用在改善他們的環境」、「從前這些中國人在越南是外國人，我們不必照顧他們，但是今天他們都已是新的越南人了，我們必須照顧他們」、「加入越南籍的中國人和越南人一樣的享有充分的權利，所以中華會館沒有再存在的必要」、「越南需要團結，不能分散團結的力量」、「對中國人民對這件事情未能了解表示驚異，他希望中國人民對這件事件能有更多的了解」、「中越兩國並肩於自由世界。越南政府一直為促進中越友誼作著各種努力，如果說有問題，那就是越南政府將如何促進和改善她的這一百萬的新越南人的生活」[25]。從上述阮功勳對記者的回答內容，可看出阮氏基於中越兩國邦交的立場解釋取消幫制是為了團結國內力量，是南越政府為了要一體適用照顧境內的越人與華人，此點是基於吳廷琰的說法加以闡述，其次強調政府成立的管理委員會只是加強和改善管理，並不會沒收，而幫內的人事與工作一切照常進行，不會變動，以安撫在中華民國境內輿論不滿的聲浪。

　　館（一）〉，《外交部》，國史館藏，典藏號：020-011007-0092-0241。
[25] 「越駐華大使阮功勳返任謂越政府改組中華會館求加強管理非沒收財產」（民國49年7月13日），〈越南政府撤銷中華理事會館（二）〉，《外交部》，國史館藏，典藏號：020-011007-0093-0132。

　　從上述吳廷琰、陳正誠、阮富海、阮功勳等四位南越政治人物
對第133號法令的說明不難看出，南越會下令接廢除會館制度與接管
中華會館及醫院等產業，無疑是這個新興國家的民族主義所造成的，
也是華僑越化政策的延續發展。南越在1955年10月獨立建國後，將法
國殖民勢力逐出越南後，展開一連串的華僑越化政策，首先是1955年
12月南越頒布命令強迫華僑入越南國籍，接著是1956年9月又頒令禁
止華僑經營十一種行業、限制華僑辦理華僑中學、限制華僑不動產
及企業之轉移，接著1958年9月頒令限制華僑入境及居留。這種狹隘
的民族主義思想的再一次發展，就是1960年第133號法令的公布與實
施。[26]

2.南越華僑的反應

　　第133號法令頒布後，衝擊最大的無疑是在南越境內的華僑，而
華僑之中對於該項法令的反應也不盡相同，大致可分為僑領與僑民兩
類意見，前者因具各幫理事長之身分，較為配合南越；而後者則反應
較為激烈，尤其是若干較仰賴會館產業的貧困僑民，對該項法令的反
應甚為憤慨與不滿。[27]

（1）僑領的反應

　　吳廷琰撤銷幫制的法令是6月10日簽署的，堤岸《越華晚報》於
11日下午獲得消息，臨時出版緊急號外，即引起僑民的關切，翌日
（12日）為星期日各機關休息，13日上午十時中華理事總會召開西堤
十幫正副理事長會議，商議幫制撤銷與會館產業等問題，會中決定

---

[26] 「越南接收中華會館來龍去脈」（民國49年7月8日），〈越南政府撤銷中華理事
　　會館（二）〉，《外交部》，國史館藏，典藏號：020-011007-0093-0163。

[27] 立法委員潘朝英於1960年7月17日前往南越作私人性質之短期訪問，拜訪各地僑
　　社，回國後，於7月27日前往拜會外交部長沈昌煥，提及「華僑中對此事反對最
　　力者為貧苦僑民，因幫產一旦被南越政府接收後，舉凡就醫、喪葬均將失去依
　　據」。「部長接見立法委員潘朝英談話紀要」（民國49年7月27日），〈越南政
　　府撤銷中華理事會館（二）〉，《外交部》，國史館藏，典藏號：020-011007-
　　0093-0351。

「關於此項事件本會尚未正式奉到當局命令，應請示袁子健大使，徵求意見；至於細節問題，則請示西貢首都市長後再遵照辦理」。散會後，西堤十幫正副理事長一同前往拜訪袁子健。[28]袁子健首先詢問各理事長有何意見，各幫理事長一致認為「幫制撤銷無關宏旨，惟公產接收，則直接影響幫僑福利事業甚大」，袁子健則向各幫理事長表示「第一幫制撤銷係合情合理之事，無可避免，柬寮兩地幫制亦早已撤銷；第二南越對各幫公產僅係代管而非沒收；第三各幫理事長如有技術上的困難，應立即向首都都長請示」。顯然袁子健的說法，是要僑領配合南越法令的執行。各理事長想了解會館公產的歸屬究竟會如何，卻無法從袁子健口中得知，其中僑領如鍾裕光、楊崇民等相率先後離席。當日下午三時西堤十幫正副理事長又一同前往晉謁首都市長阮富海，阮氏表示「渠亦係甫接正式諭令，事前毫無所知，諭令內容除一如報章發表者外，無可奉告，將來如何行動俟與有關方面商討後再行通知」，[29]僑領一樣無從得知任何訊息。

　　14日西堤十幫正副理事長再度拜訪袁子健及阮富海，結果仍與昨日相同，無法獲得進一步的表示。顯見，僑民領袖在獲知第133號法令後，因事涉會館產業之歸屬問題，接連兩天拜訪袁子健與阮富海，可惜皆無法獲得南越為何要廢除幫制以及會館產業是該如何處理等訊息，所以，只能聽任南越的指示配合清理會館的產業，以及自行推測南越為何推動這項政策，例如記者訪問西堤十幫中華理事總會主席馬國宣（已轉越籍）這項命令該如何因應，馬氏回答記者：「這是命令，本人並無意見，至於包括學校、醫院、墳地、廟宇等在內的會館公產，純為社會福利事業，我僑先人創業維艱，辛苦備嘗，無非為全僑福利著想，相信政府於接管後，將能有更周詳的計畫，付諸實行」；[30]而堤岸廣肇中華理事長鄺仲榮（已轉越籍）則向記者答覆

---

[28]　袁子健（1906-1983），浙江慈谿人，1946年任駐越南河內總領事，1956年12月任駐越南公使，1958年7月升任駐越南大使，至1964年10月離任。

[29]　「越南華僑幫制之撤銷及其反響」（民國49年7月6日），〈越南政府撤銷中華理事會館（一）〉，《外交部》，國史館藏，典藏號：020-011007-0092-0119~0120。

[30]　「中華會館撤銷的影響與發展」（民國49年6月28日），〈越南政府撤銷中華理事

「中華理事原於兩年前屆滿,照章應重新選舉理事長,只因技術問題,遷延至今。目前政府既有命令廢除會館制度,各邦自必遵命而行」,同時鄭氏也向記者表示南越為何想接管會館公產之原因,「僅是西堤兩個廣肇會館的財產,計有大小房屋一百五十多幢,穗城學校一所(可容納千餘位學生)、廣肇醫院一所(可收容數百位病人)及義地墳場一所,照時價估計,總共約值越幣三億元,但以全越會館公產而言,一個最低限度的估計,當不下越幣十億元。這個數目,照官價美金匯率計算一美元兌換越幣卅五元,等於美經援南越的全年數字,這難怪越府垂涎三尺了」。[31]

(2)一般僑民的反應

時任中央社駐西貢記者何燕生描繪當時僑民的無力與不安的情形,「這一命令經由越新社發表,各華文報在頭題刊出之後,使整個僑社陷於憂慮、失望與不安的狀態,恍忽又回到1956-57年間南越新國籍法頒行後僑情惶惶不可終日的情形」、「此間入籍與未入籍的華人,現在普遍有著一種憂慮:深恐我政府對此一如過去對國籍法那樣的忍讓作風,中國大使館的『袖手旁觀』態度,會導致更壞的後果──將來私產也將被接管」、「自國籍法交涉失敗後,南越一百萬華僑,直接對大使館、間接對我國政府,完全失了信心,……現在大使館和政府,面對此一難題,又受了一次嚴格的考驗」;接著指出僑民會對第133號法反應激憤,最在意的問題癥結在於「幫內轄下各廟宇、學校、醫院和墳場的產業如何處理,以及它的公共福利事業如何維持而已,尤其是醫院,是許多僑民在急難中所亟須的,倘若被南越政府沒收幫立醫院,將造成其就醫的困難」。[32]當時主要有五間幫立醫院、一間中正醫院,這是華僑捐款成立的主要社會福利事業之一,

會館(一)〉,《外交部》,國史館藏,典藏號:020-011007-0092-0096~0097。

[31] 「中華會館撤銷的影響與發展」(民國49年6月28日),〈越南政府撤銷中華理事會館(一)〉,《外交部》,國史館藏,典藏號:020-011007-0092-0097~0099。

[32] 「中華會館撤銷的影響與發展」(民國49年6月28日),〈越南政府撤銷中華理事會館(一)〉,《外交部》,國史館藏,典藏號:020-011007-0092-0096~0103。

用以照顧生病華僑之用。[33]

此次事件經中國國民黨中央委員會第三組（以下簡稱中三組）調查獲得的情資，也顯示出僑民的無奈與失望，[1]在僑胞心目中咸認為中越建交後數年來所獲致的成果僅得『人財兩失』四字，前者指僑胞被迫轉籍而言，後者係指各幫公產之被沒收（據比較保守的估計將來管理委員會接管的各幫產業，首都方面約值越幣七億元，外省三億，合為十億越幣），因此，不只對1960年初吳廷琰訪華的友好氣氛一掃而空，數日來街談巷議充滿譴責之聲，南越僑胞對自由祖國的向心至此又一大打折扣」[34]。以上是中央社記者與中三組在實地觀察到，僑民在第133號法令頒布後的失望與不滿的情緒。

綜合僑領與僑民的意見與反應，僑領於法令公布之初，亦積極尋求駐華使館與南越有關當局的解釋，以求了解情況，但卻不得要領，

---

[33] 各幫中華理事會除辦有醫院之外，另合辦有設備完善的中西及西醫院。這些醫院是華僑胼手胝足歷數十年的歲月，用辛勞血汗累積起來的。1、廣肇醫院，亦稱中華第一醫院，是這五間醫院中歷史最悠久，西元1907年3月堤岸疫症流行，華僑為收容患者，乃創設該院，其後幾經擴建、改進、充實，成為規模宏大設備完善的醫院，惟每月虧損約十萬元，由院方向僑胞募捐籌助。2、西堤潮州六邑醫院，亦稱中華第二醫院，院址在堤岸安平街146號，為潮僑人士於1916年創設，每月可容納就醫人數約200人，食宿醫藥完全免費，每月經費全部皆由西堤潮僑六百餘商號義捐。數十年來，貧苦無依的病逝僑胞，皆分由黃綿貞、蔡成林兩華僑，及僑商莊基豐號負擔棺木、壽衣、殯殮等。3、西堤福善醫院，亦稱中華第三醫院，為福建幫華僑提倡，於1909年創立，治療食宿亦完全免費，病故華僑貧苦而無親屬者，由院施棺收殮。4、崇正醫院，又名中華第四醫院，設於堤岸陳興道大道123號，為全越客籍幫僑的崇正總會督導下，於1926年建造完成，僅設中醫藥。5、海南醫院又名中華第五醫院，創於1942年，院址位於堤岸產育街19號。計有病房60張，另有分院一所，專供結核病僑療養，該院係現代水準的西醫院。6、中正醫院，是旅越僑胞於抗戰勝利後，為崇敬蔣中正總統領導抗戰之豐功偉業，於1946年捐資興建，位於堤岸光中路408號。該院建築雄偉，院址寬敞，設備完善，為新型現代化的西醫院。該院受中華民國駐越大使館的監督，另設有董事會，為院內最高行政機構。該院醫生、護士及工作人員百餘人，共分設免費病床140張，收費病床60張，每天可容納病僑200人醫，門診每天約百人。中正西醫院的經常費用賴僑胞月捐及收費維持。也許南越政府尊敬蔣中正總統的緣故，在接管的五間華僑醫院中，獨中正醫院例外，決另訂接管辦法處理。施達志，《華裔在越南》（越南堤岸：統一書局，1963年），頁第十篇-13~20。

[34] 「越南華僑幫制之撤銷及其反響」（民國49年7月6日），〈越南政府撤銷中華理事會館（一）〉，《外交部》，國史館藏，典藏號：020-011007-0092-0121。

只能默默配合執令該項法令；而僑民雖在情緒上反應較為激烈，甚至向中華民國立法院陳情；[35]但有鑑於中華民國政府自南越國籍法案以來，交涉未果，已使僑民對政府的信心不足。因此，中三組便建議外交部應該積極交涉據理力爭，「對於此次事件似不能袖手旁觀、一言不發，否則華僑對政府的向心，經不起一再的打擊，如果第三者從旁媒藥其間，則有形的損失事小，而無形的損失實不堪想像也」[36]。時任中三組主任鄭彥棻也寫信向沈昌煥表示，「吾人對越南政府此項措施，雖不宜過分刺激以免影響邦交，然亦不必代為掩飾，方能維繫僑心，始足以爭取同情，有助交涉」[37]，因此，爭取「僑心」成為中三組是向外交部反應的重點，也是之後黨政高層關切此案的因素之一。

3.外交部的因應

在第133號法令公布後，同年6月13日順化領事館即拍發電報向中華民國外交部報告此事；[38]同月15日駐南越大使袁子健亦向外交部報告南越此項法令的情形：除報告該項法令的內容外，袁子健表示西堤十幫幫長的意見「僉以取消幫制，原為意料中事，惟公產向來均用於僑社福利事業，希望醫院、學校等不致受到影響」，袁氏也提及曾拜訪阮富海，阮氏表示「各幫長在管理委員會未成立前，仍繼續照舊執行職務」，因此袁子健認為「取消幫制後之管理委員會十幫幫長，仍任委員，且另加華方委員三人，將來對於公產之管理，以及最後處理辦法之建議，均有發言權。越南代表對於僑社公產，似無充公或沒收

---

[35] 「抄送旅越僑民丘華廣等十八人等來函」（民國49年8月12日），〈越南政府撤銷中華理事會館（三）〉，《外交部》，國史館藏，典藏號：020-011007-0094-0197~0203。

[36] 「越南華僑幫制之撤銷及其反響」（民國49年7月6日），〈越南政府撤銷中華理事會館（一）〉，《外交部》，國史館藏，典藏號：020-011007-0092-0121。

[37] 「鄭彥棻函沈昌煥關於越南政府下令解散中華理事會館事」（民國49年7月13日），〈越南政府撤銷中華理事會館（二）〉，《外交部》，國史館藏，典藏號：020-011007-0093-0175~0176。

[38] 「順化領事館電外交部廢除中華理事會制度案」（民國49年6月13日），〈越南政府撤銷中華理事會館（一）〉，《外交部》，國史館藏，典藏號：020-011007-0092-0020。

之意，故幫長及重要僑領尚無不良反應，……本館已與南越政府密取聯繫，使僑社公產，仍用於僑社其他事業，避免引起兩相不安」。[39]顯見袁氏態度較為樂觀，亦未將僑領與僑民的徬徨、憤怒的情緒反應出來。

但國內各界卻對南越這項法令與袁子健看法不同且頗多疑慮，畢竟吳廷琰先前的強制越化政策，導致國內政界對吳氏態度有所顧忌，深恐其越化政策一再侵害華僑權益，自是對袁子健的樂觀看法不表贊同。尤其是中三組對於此案件是持較為嚴重的意見，並向外交部表示「現越南政府已明令取消華僑各中華理事會，此一組織固然係在法治時期成立，越南政府可隨時命令取消，惟各中華理事會之公產係為我全僑所有，目前華僑雖多已轉入越籍，其原有之公產仍應為我華僑所有，而絕不應因華僑轉籍而轉移其所有權，在法在理均甚明，而目前僑社中對取消各中華理事會實行接收公有財產之反應，先後據順化理事館及越南總支部與西堤支部報告均謂僑情惶恐、僑社異常震動，與大使館15日來電所稱各理事長及重要僑領尚無不良反應，顯有出入。倘我政府不能據理力爭，維持華僑權益，不獨使政府再失去在僑社之地與威信，匪共與越盟亦可能利用此一事件，掀起僑社對我國政府及南越雙方之不滿，且查南越公布此一管理委員會之組織，係隸屬地方行政機構，清理各中華理事會財產之方式，將由財政部之諭令規定之，故各中華理事會代表雖在委員會有權發言，但並無決定作用」此項看法，明顯與袁子健不同，接著指出「關於各中華理事會撤銷後之公產保存問題，亟應依據法理詳加研究，向越方正式交涉，據理力爭，強調說明各中華理事會公產純由華僑歷代捐輸或募集得來，應屬諸全體華僑所有，絕不能由居留地政府擅予接管或沒收」；[40]尤其提

---

[39] 「袁子健電外交部廢除中華理事會制度案」（民國49年6月15日），〈越南政府撤銷中華理事會館（一）〉，《外交部》，國史館藏，典藏號：020-011007-0092-0022~0023。

[40] 「關於越南政府命令取消各中華理事會乙案」（民國49年6月29日），〈越南政府撤銷中華理事會館（一）〉，《外交部》，國史館藏，典藏號：020-011007-0092-0113~0114。

及「匪統戰分子乘機展開宣傳攻勢，大肆鼓動謂臺灣若非出賣華僑，吳廷琰訪臺回來後，應該諒解，合作反共抗俄為目標，華僑應為善待，此仍是祖國關懷僑胞之處境，然而今日發出此種諭令，顯然仍是吳廷琰往臺灣與蔣總統嗟商充公華僑財產問題妥當經蔣總統同意後，回來發出充公華僑慈善機構財產諭令，此諭令發出後臺灣政府一定沒有提出抗議之可能」，[41]這些內容使中三組認為共黨透過這個案件正進行統戰的陰謀，因為明顯看出共黨正在利用這個案件製造不實的謠言，使僑民對中華民國及蔣中正產生反感，進而拉攏僑民轉向支持共黨。[42]可見第133號法令造成僑社紛擾與不安，倘若外交部又像前此國籍法交涉不果，必定會失去僑心之所向，甚至使僑民傾向或支持中共，有礙於中華民國在南越反共事業的發展，則無疑是中華民國所不樂見的。

沈昌煥有鑑於袁子健回報的看法與中三組的意見相左，便不斷向袁子健詢問南越的相關法令，以確保華僑產業不被南越政府沒收，於是6月17日外交部即電袁子健表示五項疑問：（1）轉藉僑胞原有之地方性團體業已改用俱樂部或其他名義並經向越方申請立案者究有若干？是否亦被取消？（2）各幫理事會館所屬醫院學校是否均已取得法人地位？（3）越政府對僑公產充公或沒收一點有無確切表示？（4）該館前擬密洽各幫將院、校外其他公產之所有權及時轉移於所屬院、校，曾否辦理？結果如何？（5）僑界對此事反應如何？」[43]

---

41 「華僑幫制取消後華僑社會反應情形」（民國49年7月6日），〈越南政府撤銷中華理事會館（一）〉，《外交部》，國史館藏，典藏號：020-011007-0092-0115。

42 越共為在南越擴大發展，對於爭取僑民的支持也是相當重視，所以在1960年12月越南南方民族解放陣線成立時，發表致華僑兄弟姐妹書，公開聲明對華僑的十大政策，其中第一條提及「保障華僑的生命財產安全以及各種正當利益」，之後1963年向西堤華僑社會散發傳單，提出七項要求，其中一項是「廢除接管華僑公用財產的法令」。顯見，南越政府接管華僑產業之事，的確是使越共有機會向華僑拉攏，中三組的報告內容絕非空穴來風。徐善福、林明華，《越南華僑史》（廣州：廣東高等教育出版社，2011年），頁296-298。

43 「外交部電袁子健關於廢除中華理事會制度案」（民國49年6月17日），〈越南政府撤銷中華理事會館（一）〉，《外交部》，國史館藏，典藏號：020-011007-0092-0026。

袁子健於22日向外交部回報這些問題：「（1）原有地方性團體改用
俱樂部或其他名義申請立案者，均未獲准，此等團體早已停止活動，
惟因不屬幫制，其財產似不在此次整理範圍之內。（2）各幫學校均
未取得法人地位，醫院則除中正醫院外，其餘醫院當地政府僅視作善
堂性質，亦從未取得法人地位。（3）南越政府對各幫公產並無沒收
或充公之確切表示。（4）轉移產權事，久經本館與僑界研商辦法，
惟因各幫意見分歧，兼以各幫立醫院學校均無法人地位，而中正醫院
又屬外國法人，依照越南法律，不能享有不動產，問題甚多，故未能
及時辦理。[44]（5）僑社狀況，幫制取消後，各理事反應平靜，但一
般僑社情緒則甚激動，認為越南政府存心奪取僑社公產，氣憤不平。
實則越南政府並未有沒收公產之任何表示，且管理委員會之組成份
子，仍以華僑為主體，將來該項公產之最後處理辦法，亦仍有待於僑
方代表之建議；故問題實不若一般所顧慮者之嚴重」。[45]從上述外交
部與袁子健的來往電文，可看出外交部最初希望從南越法律的角度保
住僑民的會館產業，只是南越僑民理事會及產業大多是歷史產物，並
非向南越官方申請才成立的，外交部始了解到要透過南越現行的法令
保住這些會館產業是有難度的，不過袁子健仍舊認為此案不嚴重。

　　正當沈昌煥向駐越使館詢問相關會館案件的同時，6月17日中國
國民黨李海興會議（海外對匪鬥爭工作統一指導委員會）對本案件相
當關切，表示「事實及法律方面不甚了解」，遂指示外交部與駐越大
使館「切實交涉，以維護僑民利益」，沈昌煥在公函上批示「說帖宜
趕速辦出」以向黨政各相關機關說明清楚。[46]這件說帖於6月18日著
手草擬，並於22日分送府院黨等相關單位。說帖內容分為七項，提及

---

[44] 「袁子健電外交部取消中華各幫理事會情形」（民國49年6月22日），〈越南政府
撤銷中華理事會館（一）〉，《外交部》，國史館藏，典藏號：020-011007-0092-
0070。

[45] 「袁子健電外交部華僑反應情形」（民國49年6月23日），〈越南政府撤銷中華理
事會館（一）〉，《外交部》，國史館藏，典藏號：020-011007-0092-0075~0077。

[46] 「李海興會議指示函」（民國49年6月17日），〈越南政府撤銷中華理事會館
（一）〉，《外交部》，國史館藏，典藏號：020-011007-0092-0051。

南越廢除幫制之原因有二,其一是華僑轉入越籍,「各幫組織已失其
原有之意義」,其二是南越「對法人統治時期所遺留之陳跡,在心理
上不願繼續保留」,這兩項原因使「越南境內華僑各幫理事會之終於
將被淘汰」。至於理事會撤銷後的公產處理問題,說帖的內容是「越
南政府命令取消中華各幫理事會館後,我國最關切者,厥為各幫所有
公產如何處理問題。所以公產者,大別之可分為下列數類:(1)醫
院(2)學校(3)義祠墳地(4)其他房地產(5)現金。以上五類中
以(1)(2)兩類之價值較大。例如中正醫院,規模宏大,就其財產
數字言,雖頗可觀,但因該院純屬慈善性質,不收任何費用,每年開
支,全賴僑社捐款維持,越方若加以沒收,固缺乏法律根據,若加以
接管,反須擔負每年龐大之開銷,似非其所願,其餘各醫院學校情
形大致相同;至於(3)(4)(5)三類所值有限,其最理想之處理
辦法,當為將其所有權及時移轉於各幫所屬之醫院學校,惟各案個別
情況不同,須相機作適當之因應」。[47]這個說帖被分送到府院黨等機
關,使有關單位對本案有一基本的認識。

外交部除趕辦說帖外,同時邀集相關部會開會研議,於6月21日
邀集中國國民黨中三組董世芳、僑務委員會張鵬等人,召開「討論越
南政府取消中華各幫理事會會議」,會中提出此案件之問題是「幫制
被撤銷後如何保存各幫會館公產,實為問題之重要所在」,於會中
形成三項決議「(1)由外交部電飭駐越大使館查明可否由我在越未
轉籍華僑依照越方法令規定另行成立一純華僑團體,以期接管會館公
產。(2)外交部對會館公產如何處理之法理問題予以詳盡之研究。
(3)俟駐越大使館將外交部查詢各節查報到部後,再行邀集有關機
關代表繼續會商」,作為了解此案的先行處理方向。[48]經駐越使館查

47 「越南政府本年六月十日發佈命令取消中華各幫理事會館案」(民國49年6月22
日),〈越南政府撤銷中華理事會館(一)〉,《外交部》,國史館藏,典藏
號:020-011007-0092-0060~0064。
48 「討論越南政府取消中華各幫理事會會議紀錄」(民國49年6月21日),〈越南
政府撤銷中華理事會館(一)〉,《外交部》,國史館藏,典藏號:020-011007-
0092-0081~0083。

明後，認為從「另組純華僑團體」方面並不可行，因為「就純法理立場言，凡過去係捐助性質，指定華僑為受贈人之社團財產，應永屬該社團之公產。捐助人一經捐助財物，即放棄對該財物之所有權，而不能再做主張。凡轉入越籍者，自轉籍之日起，即不能對僑社公產有所主張，故僑社公產之全部，並不因僑胞籍而減少。於此法理，我方可主張由純華僑團體繼承現有社團公產，由華僑自行管理，我大使館予以監督。但為慰藉已轉藉之華裔計，華僑團體可以公產之若干成份，提出贈與。惟查我旅越華僑已轉籍者有百分之九十以上，佔絕大多數，其未轉籍者僅百分之十。若照上述辦法辦理，則僑社公產之所有權將僅屬少數未轉籍華僑，而絕大多數已轉籍華裔則被剝奪其對此項公產之所有權。此舉有分裂僑社之虞。誠恐大多數已轉籍華裔或將責難政府，謂彼等被迫轉籍，原出於無奈，今轉籍後，我則將其視同外人，棄而不顧，且剝奪其對僑社公產權利，因而發生種種怨望。鑒於目前我正極力爭取海外僑胞歸心，此事殊應慎重考慮。且上述辦法，越方是否接受，尚難預料，假設將來我方將此一辦法提出，無論越方是否同意，僑社恐將譁然，故仍以不採用為宜」[49]，所以，若組成純華僑的僑團組織，有分化僑社之可能，也會失去已轉籍華僑的僑心，故這個交涉方向因而作罷。

　　綜觀上述外交部在案件初起時的處理情形，一是對國內方面是撰擬說帖使府院黨高層了解案件情形並且找相關單位研議解決方案；二是對駐越使館方面，是發現駐越大使袁子健的報告與中三組不同，便不斷向袁子健詢問僑社狀況，並且試圖從「現行法令」與「另組純華僑團體」這兩個方向，維護會館公產，但袁子健的回報內容，發現這兩個方向並不可行。

---

[49] 「關於越南撤銷中華理事會館並清理會館公產案參考事項」（民國49年7月11日），〈越南政府撤銷中華理事會館（一）〉，《外交部》，國史館藏，典藏號：020-011007-0092-0203。

三、1960年7月確立交涉方向

　　為解決南越撤銷中華理事會館案，外交部不斷從各方面去了解此案之脈絡以確保僑民的產業，行政院也在6月29日第671次會議中討論南越接管中華會館案，行政院長陳誠指派王世杰、外交部部長沈昌煥、司法行政部部長鄭彥棻、僑務委員會委員長周書楷、教育部代部長浦薛鳳等組織五人專案小組，研擬對策呈報，並指定王世杰為召集人。[50]於是外交部即通知袁子健「儘速回國述職，報告此案實況」[51]。袁子健於7月8日啟程，10日飛抵臺灣。[52]

　　專案小組於7月11日下午8時在外交部開會討論，到會者，除上述五人外，另加入駐越大使袁子健、行政院新聞局長沈錡、中國國民黨中央委員會第四組主任曹聖芬、第三組副主任董世芳、僑務委員會副委員長黃天爵、處長曹挺光、處長黃炯第、外交部次長王之珍、亞東司司長繆培基、情報司司長沈劍虹等參加。會中袁子健將第133號法令頒布以來，交涉的情形報告如下：「（一）我在越南僑胞對越政府撤銷各中華理事會館一事早已在預料之中，未表震驚，惟對會館公產則極為關切。西貢及堤岸各中華理事會館理事長咸以渠等所顧慮者厥為：1、將來公產是否仍用於僑公益事業；2、在管理委員會接管公產以前，各會館所屬之醫院及學校經常費用是否仍照常開支。（二）經分別趨洽越南總統、副總統、外交部長、及內政部長，准告稱：1、越南政府無意沒收各中華理事會館之公產；2、該項公產仍將繼續用於華僑福利事業；3、將來該公產由何一機構接管一點，可由華僑代表在

---

[50]　「陳雪屏函沈昌煥稱行政院院會事」（民國49年7月4日），〈越南政府撤銷中華理事會館（一）〉，《外交部》，國史館藏，典藏號：020-011007-0092-0127~0128。

[51]　「外交部電袁子健關於越南政府中華理事會館事希儘速回部述職」（民國49年6月30日），〈越南政府撤銷中華理事會館（一）〉，《外交部》，國史館藏，典藏號：020-011007-0092-0110。

[52]　「袁大使於八日啟程返臺」（民國49年7月8日），〈越南政府撤銷中華理事會館（一）〉，《外交部》，國史館藏，典藏號：020-011007-0092-0210。

管理委員會中提出建議，以備採行，又渠曾與兼任管委員會主任委員之西貢都長洽淡，據告：越方對各會館公產將不加凍結，且在管理委員會成立以前，各會館理事長仍繼續執行其職務。（三）各會館理事長，我駐越黨務、商務及其他機構人員，對上開交涉結果均表滿意。彼等並主張：1、將來應由已轉籍及未轉籍華僑合組一適當機構，向管理委員會接管各會館公產；2、該項機構可接受越方之監督；3、以後會館公產之管理方法應謀求改善，務使其具合理化與科學化。（四）越政府撤銷中華理事會館命令頒布後，僑界各方反應可歸納為二類：其一，為直覺之反應，對於本案內情知之未必盡詳，一聞越方介入僑公產事宜，即紛紛作惡意之猜測與批評；其二，為經思考後之反應，對於問題之本質及其發展能作冷靜之觀察，並發表中肯負責之意見。以上兩種意見，自以後者值得重視」，[53]從袁氏之報告內容，可看出分成四個方面說明僑領的顧慮、南越官方的說法、僑民主張日後接管公產新機構的構想，及僑界的反應。其中，最關切的是南越官方尚未表示新機構該如何接管會館公產，顯然會館產業仍有被南越政府沒收的疑慮，其次僑社的反應，袁子健的報告仍與之前中三組報告不同。

　　會中經過討論後形成若干決議，決議內容王世杰於7月13日將會議中情形與獲得的結論呈報行政院，內容如下：

（一）我方基本態度：1、應向越方坦率表示我國政府認為此次事件關係華僑之財產與組織，越南政府發布命令前，未與我方晤商，殊有未當，並鄭重申述我方重視今後會館公產之處理；2、一面仍儘量避免傷損中越兩國邦交。

（二）我方對處理會館之立場：1、各會館公產之所有權屬於華僑團體，包括已轉籍及未轉籍之華僑在內，必須繼續用於華僑公益事業。該項公產將來應由華僑組織之機構

53 「關於商付越南政府撤銷中華理事會館一案會議紀錄」（民國49年7月12日），〈越南政府撤銷中華理事會館（二）〉，《外交部》，國史館藏，典藏號：020-011007-0093-0121~126。

接管，但可接受越南政府之指導監督。2、關於越方表示不沒收華僑公產及仍用之於華僑公益事業兩點，應洽請越方以書面證實，或發表公開聲明，或作成談話紀錄，由雙方洽談人員簽字，以昭信守。3、管理委員會將來所提出之建議，越南政府在最後決定前，應先與我大使館充分協商。4、將來我華僑代表在管理委員會中提出建議之內容，以及如何由已轉籍及未轉籍華僑合組機構接管公產兩項，由駐越大使館與僑界切商，隨時報請政府核示。[54]

上述決議內容經提出7月14日行政院第673次會議報告，決議「照會商結論修正核定」，[55]僅將「（二）我方對處理會館之立場：1、各會館公產之所有權屬於華僑團體，包括已轉籍及未轉籍之華僑在內，必須繼續用於華僑公益事業。該項公產將來應由華僑組織之機構接管，但可接受越南政府之指導監督」，此項目再加上一段話「在該項公產清理以前及清理期間，所有學校、醫院等公益事業應仍照常維持」。[56]這個決議內容即成為日後外交部向南越交涉的基本方針。

四、1960年8月－12月向南越積極交涉

當中華民國逐漸確定交涉方針的同時，南越境內的110個中華理事會及同鄉會，於第133號法令頒布後35天內，均已遵令解散，接管

[54] 「檢奉關於越南政府撤銷中華理事會館一案呈院長」（民國49年7月13日），〈越南政府撤銷中華理事會館（二）〉，《外交部》，國史館藏，典藏號：020-011007-0093-0146~153。

[55] 「行政院令外交部關於越南政府撤銷中華理事會館一案」（民國49年7月19日），〈越南政府撤銷中華理事會館（二）〉，《外交部》，國史館藏，典藏號：020-011007-0093-0206。

[56] 「行政院令外交部關於越南政府撤銷中華理事會館一案」（民國49年7月19日），〈越南政府撤銷中華理事會館（二）〉，《外交部》，國史館藏，典藏號：020-011007-0093-0208。

中華理事會館財產的管理委員會也先後在各省市分別成立。[57]西貢地區的中華與亞洲外僑幫產管理委員會組成後，於7月6日下午四時在市政府內舉行首次會議，由西貢首都市長阮富海（管理委員會主席）主持，出席者有中華事務專員阮文璜（管理委員會顧問）及該會全體委員，這些委員包括有阮文居（內政部行政所第一監督）、潘文切（司法部法制所正參判）、阮文信（教育部私塾署監督）、黎久長（衛生部醫務與病院總監督）、阮光雅（財政部督察署署長）、Lueng Nhe Ky（外交部代表）、阮文操（社會署監督）、張振邦（華裔越南人士）、呂泰平（華裔越南人士）、陳敦陞（華僑人士中華總商會會長，辭未就職，經南越改聘王爵榮[58]出任）、鄺仲榮（堤岸廣肇理事長）、鄧兆梧（西貢廣肇理事長）、馬國宣（堤岸潮州理事長）、姚戊（西貢潮州理事長）、朱陳造（堤岸福建理事長）、蔡石（西貢福建理事長）、余秋（堤岸客家理事長）、鍾裕光（西貢客家理事長）、王茂（堤岸海南理事長）、邢益麟（西貢海南理事長。1960年11月逝世後，由該幫推選馮煥科暫代），另有亞洲外僑（巴基斯坦、印度、馬來亞等）幫長五人。會中由阮文璜詳細解釋填報各幫財產（包括各幫所屬同鄉會）之細則，決定在該次會議之後兩週內各幫理事會即須向該委員會呈報財產並製定各項呈報表格式，這次會議至六時結束。[59]7月21日各幫理事長舉行座談會，推選馬國宣、鄺仲榮、蔡石三位理事長，三人之後謁見西貢都長阮富海，表示各幫財產卷帙浩繁，翻譯費時未能在兩週內辦理完竣，請求延期至7月底再行呈報

---

[57] 「越南總統的133號令」（民國49年7月19日），〈越南政府撤銷中華理事會館（二）〉，《外交部》，國史館藏，典藏號：020-011007-0093-0277。

[58] 王爵榮（1919~1985），江蘇鎮江人，1948年赴法國巴黎大學深造，1951年獲小兒科博士學位。自1951年5月到西貢至1976年離開越南，計旅居越南25年。其對越南僑社的貢獻主要有1、整頓中法學校2、整頓中正醫院。陳以令，〈王爵榮〉，收入國史館編，《中華民國褒揚令集續編（二）：附有關史料》（臺北：國史館，1992年），頁542-548。

[59] 「駐越南大使館時事旬報」（民國49年7月上旬），〈越南政府撤銷中華理事會館（一）〉，《外交部》，國史館藏，典藏號：020-011007-0092-0241~0243。

財產清冊，阮氏應允其請求。[60]

　　袁子健於7月27日上午搭乘班機，於30日返回西貢任所。[61]8月1日依外交部之指示，袁子健與南越外長武文牡會晤，表達我國之立場並強調我國政府對本案件之重視，武氏表示「關於本案實質問題，例如越南政府並無沒收會館公產之意，在清理期間，公益事業仍照常維持，以及將來仍繼續用於原有福利事業各點，彼本人均表同意，此事且經吳總統親向貴大使保證，自屬絕無問題，惟關於以何種方式書面證實一節，俟請示吳總統後再行答覆」。[62]8月3日，袁子健訪晤南越副總統阮玉書談會館公產事，袁子健表示「此案已引起各方關切，對中越兩國政府，均有不利影響，亟宜澄清外間誤會，及儘量縮短整理期間，避免枝節並及早成立華裔及華僑新機構，俾本案趕緊告一段落，使兩國政府得以順利推進已有成效之中越合作事宜」，阮氏回答「對於我政府所予經濟及技術方面之援助，表示感謝，聞及我國副總統陳誠對本案關懷之意時，更表不安，願盡力協助本案之及早解決」，又說「關於公產不予沒收及將來在越南政府監督之下仍由華裔及華僑自行維持機構管理兩點，可以辦理」，但袁子健亟欲南越出具的書面保證，阮氏謂「關於澄清外間誤會一節，自屬重要，現吳廷琰總統出巡未返，俟返回西貢後，想必可以袁子健大使以滿意答覆」[63]。上述袁子健接連拜會南越外交部長與副總統，對於書面答覆皆不願首肯，顯見此事是由吳廷琰主導，非其他人所能代為處理，也是本案不能及早解決的因素之一。

[60]　「駐越南大使館回報幫產管理會議事」（民國49年7月29日），〈越南政府撤銷中華理事會館（二）〉，《外交部》，國史館藏，典藏號：020-011007-0092-0281~0282。

[61]　「袁大使卅日返任」（民國49年8月1日），〈越南政府撤銷中華理事會館（二）〉，《外交部》，國史館藏，典藏號：020-011007-0093-0365。

[62]　「關於越南撤銷中華理事會館並清理會館公產案」（民國49年8月1日），〈越南政府撤銷中華理事會館（二）〉，《外交部》，國史館藏，典藏號：020-011007-0093-0377。

[63]　「袁子健電外交部關於訪晤越南阮副總統事」（民國49年8月4日），〈越南政府撤銷中華理事會館（三）〉，《外交部》，國史館藏，典藏號：020-011007-0094-0012~0013。

　　正當袁子健向南越交涉時，我國國內亦不斷敦促外交部向駐越使館要求必須強硬交涉。8月3日上午監察院外交僑政兩委員會邀外交部長沈昌煥列席繼續報告越案，會中各委員情緒仍甚忿激，尤其是對袁子健的說法更是「指責甚烈」，因為其說法與南越僑民之意見相差甚大。同日下午中國國民黨外交僑政政策委員會聯席會議討論越案，由僑委會副委員長黃天爵及沈昌煥出席報告。會中「委員發言激昂，指責袁子健報告不盡不實，且與僑團及僑領均無聯絡，對行政院決議處理辦法，認為已屬最低限度之立場，必須切囑袁子健大使強硬交涉，務須達成任務」。沈昌煥有鑑於國內輿論對本案之情緒皆如此激昂，致電袁子健指示「倘越方一面以口頭解釋拖延時間，一面積極行取締及接管工作，而不肯與我以確切之書面保證，則演變所至，恐將損及中越友好關係之基礎，或竟迫使我方再行檢討中越全面合作計畫之實施」，同時要袁子健「格外提高警覺，向越南各首長剴切說明我政府嚴正之立場，及對越南之利害得失，並能珍視中越邦交前途，而對本案速謀合理之解決」[64]。上述電文內容可看出沈昌煥承受了相當的壓力，並且將中越合作計畫作為這次交涉的籌碼，使南越明白這個案件的嚴重性。[65]

---

[64] 「外交部電駐越袁大使關於撤銷中華理事會館事」（民國49年8月3日），〈越南政府撤銷中華理事會館（三）〉，《外交部》，國史館藏，典藏號：020-011007-0094-0007~0008。

[65] 當時中越兩國合作案有：1、華僑紡織廠：1957年南越僑領為適應環境，轉變商業為工業投資，籌建二萬錠之紡織廠一所，該廠投資總總額為一億八千萬元越幣，1959年秋季派遣技術人員38人赴越協助。2、煉糖廠：南越利用美援建有煉糖廠三所，聘請我國技術專家10人赴越協助，1960年4月南越派技術人員30人到我國實習糖業技術。3、農會制度：1959年9月南越派農業考察團考我國農會制度，同年12月我國派遣專家11人赴越協助推行農會制度。4、改良農作物：1960年6月我國派遣農業專家11人赴越協助改良農作物5、中越經濟合作委員會，1960年1月吳廷琰訪華後，兩國為推進經濟合作，同意設立「中越經濟委員會」，每年在西貢及臺北各開會　次，首次會議將來1960年10月在西貢舉行，其中南越副總統阮玉書即為南越的9位委員之一。「外交部沈部長昌煥向監察院關於越南政府撤銷中華理事會館並清理會館公產一案報告要點」（民國49年8月3日），〈越南政府撤銷中華理事會館（三）〉，《外交部》，國史館藏，典藏號：020-011007-0094-0012~0013。

　　原本對本案保持較為樂觀態度的袁子健，在國內輿論不斷升高的情形下，也趕緊在8月4日將照會送達南越外交部。[66]照會全文如下：

　　　　關於越南共和國境內各中華理事會公產今後之處理問題，本國政府極為重視，並深表關懷，本大使於本年8月2日與貴部長為此項問題舉行會商時，曾就越南共和國前此向本大使館所提供之保證，重申本國政府佩慰之意，該項保證如下：（1）各中華理事會解散後，越南共和國政府在任何情況下並無將上項公產收歸為政府所有之意。（2）在上項公產整理期間內，所有有關之醫院、學校等公益事業，仍照常維持，不予停頓。（3）該項公產整理完竣後，仍將繼續用於原有之福利事業，本國政府對越南共和國政府上項保證，除深表佩慰外，並切盼越南共和國政府對前中華理事會各理事長向管理委員會所提出有關處理上項公產之意願及建議，當以最大之了解與善意予以充分顧及，鑒於中越兩國向有之友好關係，本國政府並切盼貴我兩國政府對於上項公產之處理，能予以更充分之協商，除候復外，本大使順向貴部長致最崇高之敬意。[67]

　　從照會之三項要點「不沒收會館公產」「清理期間持續運作」「清理後仍繼續用於華僑公益事業」觀之，約略與行政院第673次會議所揭示之交涉方針第二項第二款所提到的書面證實或公開聲明之內容「不沒收華僑公產」「仍用之於華僑公益事業」大致相符。

　　8月4日沈昌煥謁見副總統陳誠，陳誠提及袁子健的陳述內容「酷似代表越南，口氣殊屬不當」，顯見陳誠對於袁子健的說法太過偏頗，是基於南越官方的立場闡述此案件，而不顧僑民的感受。沈昌

---

[66] 「駐越使館電外交部稱照會已送達越外交部」（民國49年8月6日），〈越南政府撤銷中華理事會館（三）〉，《外交部》，國史館藏，典藏號：020-011007-0094-0082。

[67] 「駐越使館電外交部稱照會全文」（民國49年8月6日），〈越南政府撤銷中華理事會館（三）〉，《外交部》，國史館藏，典藏號：020-011007-0094-0087。

煥覺得陳誠對袁氏的說法不認同，恐對行政院的決議執行不力，故致電袁子健表明，應「向越方取得書面保證，仍絕對必要，不容延宕」[68]。8月17日蔣中正主持中國國民黨第八屆中央常務委員會第236次會議，於會中指示「行政院對本案所擬對策，頗為適當，必須貫徹，此事與過去國籍問題性質不同，中華會館財產絕不容被非法沒收，應責成袁大使據理力爭，不可一味遷就，必要時應考慮召回我駐越大使，以示我之堅定態度」。[69]顯見，蔣中正亦支持行政院的決議內容，甚至不惜以「召回大使」的方式，以表明對本案態度之堅定。這次的交涉案至此可以說是舉國一致都有共同的認知，即應向南越據理力爭，不使華僑產業被南越政府沒收，以維護僑民權益。

沈昌煥接到此公文後，批示「應即電告袁大使」。袁子健知道事態擴大及中央政府態度之堅定，袁子健便積極尋求吳廷琰當面商談此案。於8月22日謁見吳廷琰，吳廷琰首先表示「對於中越合作日益密切及我政府在各方面所給予之協助，表示欣慰感激。關於王昇將軍在越工作，頗表讚許，謂日後仍將有借重之處。對於我總統已允准王昇將軍再度來越，甚為銘感」[70]，其次談關於幫產問題，吳廷琰表示「外間以為越南政府意欲沒收華僑公產，全無根據。越南國庫雖不富裕，但亦絕不至於攘奪此項財產」「華僑公產除醫院、學校、墳場等所佔房地外，其他產業並不太多。歷年收入均不敷支出，全靠捐款維持，故各該公益事業之基礎，並不穩健。幫制取消後，該項公產，不但仍將用於原來公益事業，而且希望其能獲善加經營管理，使各該事業，得以所有改進，目前人口逐年增加，且以生活水準亦在提高，求

[68] 「外交部電駐越使館稱監察委員立法委員副總統等三方面對越南撤銷中華會館案之關切」（民國49年8月5日），〈越南政府撤銷中華理事會館（三）〉，《外交部》，國史館藏，典藏號：020-011007-0094-0023。

[69] 「中國國民黨中央委員會函行政院與外交部有關越南政府解散中華理事會館一案」（民國49年8月22日），〈越南政府撤銷中華理事會館（三）〉，《外交部》，國史館藏，典藏號：020-011007-0094-0222~0223。

[70] 「二十二日與吳廷琰總統談話內容要點」（民國49年8月24日），〈越南政府撤銷中華理事會館（三）〉，《外交部》，國史館藏，典藏號：020-011007-0094-0232~0233。

醫求學，亦必逐年加多，故彼願以善良家長地位，為華僑公益事業，奠定一穩固基礎」，而袁子健向吳廷琰提出請出具書面保證一事，吳廷琰答以「目前外間雖不了解，但日後自必明了，究竟越南政府意圖沒收華僑財產，抑或為華僑謀福利」；袁子健向吳廷琰提議「僑社之整頓將來可在越南政府指導監督之下，由僑社推選適人士，自行負責辦理，若是，則外間之猜疑，自可平息」，吳廷琰答「凡有能力之僑社熱心人士，均可參加將來之新組織。越南政府絕對無意沒收該項公產。彼本人對於華僑，不但並不歧視心理，尚且一向主張容納華僑，給予公民權利，使能參加越南經濟建設，共謀合作發展，彼時曾備受各方指摘，但今日已證明其政策之不誤。關於公產問題情形，亦復相同。日後，亦即有事實可以證明越南政府為僑社本身利益之善意立場」[71]。可見吳廷琰未正面表態要出具書面保證以答覆中華民國政府，僅以日後事實的發展自會證明一切的說法來表示其對華僑的善意。

　　袁子健明白吳廷琰不願以書面答覆後，為確保華僑會館公館，只能從法令的執行面去尋求解決。袁氏知道會館公產在清理完畢後，須交由新機構管理會館公產，故處理此案之方針，應是促使南越政府儘速成立新機構接管公產，而且這個機構必須是由華僑及華裔所組成，才能用事實證明南越並無沒收公產之意。因此袁子健於9月15日訪晤南越總統府祕書長阮廷順，討論會館公產處理問題，袁子健向阮氏表示「宜儘速成立新機構以接管公產」、「新機構應為民間社團性質，由華僑及華裔組成，越南政府可予指導監督，但不派代表直接參加」。阮氏認同袁子健之看法，亦允諾會向吳廷琰進言，並盡力協助。其後，袁子健再訪副總統阮玉書，阮氏表示「越南政府極願順應中國政府要求，使本案早日獲得解決。吳廷琰總統以及各部會首長均同此見解，現中越合作密切，越方絕無損害華僑權益之意，可請放心」[72]。顯

---

[71] 「與吳廷琰總統關於幫產問題談話要點」（民國49年8月24日），〈越南政府撤銷中華理事會館（三）〉，《外交部》，國史館藏，典藏號：020-011007-0094-0239~0242。

[72] 「關於幫產問題案」（民國49年9月16日），〈越南政府撤銷中華理事會館（四）〉，《外交部》，國史館藏，典藏號：020-011007-0095-0076~0078。

見，南越高層甚為重視中越合作的關係，所以此案之交涉應能順利獲
得解決，惟該案是吳廷琰親自處理，其意志能主導此案的發展，故使
袁子健在交涉時備感不易。故綜合越南上述政要之口頭答覆，可歸納
為下列三點：首先，南越決無沒收會館公產之意。其次，在清理期
間，公益事業仍照常維持。再者，公產將來仍續用於原有福利事業。
這三項皆是袁子健所遞送的照會內容相符，惟與行政院決議的相關內
容仍有些微差距。

　　此外，在不能獲得南越政府的書面保證後，接著袁子健則朝向使
南越有關當局作公開聲明，以達到行政院決議的內容。於是向幫產管
理委員會進行交涉，時西貢市長兼幫產管理委員會主席阮富海率同各
委員於9月29日起至10月1日巡視西堤各中華理事會及其附屬機構，在
巡視期間阮富海均公開演講「彼保證管理委員會僅負責管理及加強各
項社會福利事業之活動，並不沒收占奪各幫會館產業，盼各會館領導
人與管理委員會合作，共謀社會之發展」，這是南越政府對僑界所作
的公開聲明，「對於越南政府之立場，已有所澄清，當地僑報均曾刊
載，僑社聞訊，咸表欣慰」[73]。幾經交涉，於1960年10月雖未有書面
答覆，但已獲得南越公開之聲明，可見交涉已獲初步結果。

　　接下來案件交涉之進展遂現遲緩，因素有三，首先是會館財產表
冊，仍未進行完成，從原本預計2週完成，到延至7月底仍未完成，阮
富海只能催促各中華理事會館加緊整理工作，盼能於兩三個月內完成
呈報公產估價表冊，才能成立新機構接管公產。[74]其次是因南越內政
部長及西貢都長先後易人，內政部原任部長近由裴文良接管，而管理
委員會主席西貢都長阮富海則因病請假，由武進勛暫代。[75]最後一項

---

[73]　「關於越南撤銷中華理事會館並清理會館公產一案呈請鑒察由」（民國49年12月
　　17日），〈越南政府撤銷中華理事會館（四）〉，《外交部》，國史館藏，典藏
　　號：020-011007-0095-0333~0335。

[74]　「阮富海巡視西堤各中華理事會」（民國49年10月7日），〈越南政府撤銷中華
　　理事會館（四）〉，《外交部》，國史館藏，典藏號：020-011007-0095-0132。

[75]　11月5日吳廷琰總統發表命令任命總統府專門人員武進勛（Vu Tien Huan）暫代西
　　貢首都市長以接替因病請假之阮富海，武氏於11月9日接任視事。「駐越南大使
　　館時事旬報」（民國49年11月上旬），〈越南政府撤銷中華理事會館（四）〉，

因素,即本案的關鍵人物吳廷琰,因11月11日西貢發生政變後,吳廷琰忙於因應政局,導致處理本案之進度稍受影響。[76]

五、持續交涉與落幕

由於1960年8月以後外交部不斷敦促袁子健積極交涉,使1961年西堤各幫會館的運作情形較為改善。例如,各會館產業實際仍由各幫自行管理,除重要支出須向市政府呈報備查外,南越未加任何干涉或限制;另外中正、廣肇、福建等各幫立醫院董事任期屆滿,南越亦准予照例改選,堤岸海南會館理事長邢益麟病故出缺,南越亦指示該會館另推代表主持會館事務,故有若干華僑認為「經我政府交涉,國內外民意支持,南越南對公產問題似已知難而退,不致再有進一步之干預」。另外袁子健也發覺「實質上公產既仍由華僑管理,則拖之一法於我亦無不利云云。再就一般觀察,僑社對於公產問題態度,較前轉趨冷靜,惟本案自不宜長此拖延,致為中越邦交之累」[77],所以持續以「由華僑華裔組織新機構接管公產」這個方向繼續與南越及僑界研商規劃,促使本案早日獲得圓滿解決。

(一)1961年的交涉情形

袁子健在1961年的交涉方向,一是向本案有關人物,如吳廷琰等人繼續交涉以表達我國政府維護僑民權益的堅定立場,另一是與僑領配合,規劃新機構的組織,並主動向管理委員會提出建議。以下分這

《外交部》,國史館藏,典藏號:020-011007-0095-0260。
[76] 「關於越南撤銷中華理事會館並清理會館公產一案呈請鑒察由」(民國49年12月17日),〈越南政府撤銷中華理事會館(四)〉,《外交部》,國史館藏,典藏號:020-011007-0095-0333~0335。
[77] 「袁子健電外交部關於公產案交涉進行情形」(民國50年2月9日),〈越南政府撤銷中華理事會館(四)〉,《外交部》,國史館藏,典藏號:020-011007-0095-0377。

兩方面敘述1961年的交涉情形。

首先，1961年4月9日適逢南越總統大選，袁子健鑒於華僑在轉為越南國籍後，亦有選舉權，於是善用此一時機，拜訪與吳廷琰較為信任的雷震遠神父，[78]請其向吳廷琰及有關方面進言，「以華裔選民眾多，宜迅速解決公產問題，以爭取人士」，經雷震遠神父奔走接洽，與吳廷琰會商兩次，吳廷琰也允諾予以優先考慮。故在吳廷琰順利當選總統連任成功後，於4月25日接見僑社代表38人，除表達感謝支持之意外，同時向僑領表示「越南政府無意沒收幫產」。此外，袁子健也向南越外長武文牡表示「我副總統及部長本（1961）年有訪越可能，宜儘速解決本案，以消除中越間友好關係之惟一障礙」，武文牡也表示認同，答應會「相機提請吳廷琰總統注意」，使本案早日結束。[79]

其次，袁子健關於組織新機構接管公產事，依行政院決議之內容，向僑領主動提出兩項原則：「一是民間管理，即由華僑及華裔合組管理機構，接管公產，越南政府並不參加。二是官方監督，即越南政府僅負監督之責」[80]，這個提議華僑方面一致同意，而南越官方亦認為「合理可行，原則贊同」。接著袁子健與重要僑領洽商新機構組織方案及各幫醫院變進計畫，分別由趙英權、王爵榮等僑領負責草擬。[81]而所擬的計畫，在西堤幫產管理委員會分別於1961年5月30

---

[78] 雷震遠（Raymond J. de Jaegher，1905~1980），天主教神父。出生於比利時韋爾維耶（Verviers），入盧芳神學院修讀神學碩士。1930年經雷鳴遠神父介紹，來到中國。1943年被日軍逮捕後囚於山東濰縣集中營。抗戰後仍在華北傳教。1949年赴美國。1955年後任南越吳廷琰政權顧問。1963年經臺灣回美國。1980年2月6日在紐約病故。

[79] 「袁子健電外交部關於公產案交涉進行情形」（民國50年2月9日），〈越南政府撤銷中華理事會館（四）〉，《外交部》，國史館藏，典藏號：020-011007-0095-0377。

[80] 「會館公產交涉事」（民國49年12月12日），〈越南政府撤銷中華理事會館（四）〉，《外交部》，國史館藏，典藏號：020-011007-0095-0319~0320。

[81] 「袁子健電外交部關於公產案交涉進行情形」（民國50年2月9日），〈越南政府撤銷中華理事會館（四）〉，《外交部》，國史館藏，典藏號：020-011007-0095-0377。

日、6月10日、7月21日及12月6日舉行四次的會議提出討論,以下依時序簡述會議情形:

　　5月30日西堤幫產管理委員會開會,該委員會決議事項:1、原則上通過各幫醫院及學校在原則上不分幫界,統籌辦理。其辦法如下:(1)將原有各幫立醫院與中正醫院合併,除酌留一院辦理中醫門診外,其餘五院均為西醫,分別改為內科、外科、小兒科、婦產科等醫院;(2)將原有各幫之學校及各同鄉會所設學校,自下學期起合併,在西堤分設男子中學及女子中學各一所,其餘各校則全部改為小學。2、分設醫院小組及學校小組,負責擬具實施計畫。醫院小組由南越衛生部代表、財政部代表暨華僑代表王爵榮擔任委員,學校小組由南越教育部代表、財政部代表暨華僑代表呂哲擔任委員。[82]此次管理委員會確立醫院、學校採統籌辦理的方式,不再像以前是分幫自理的方式。

　　6月10日西堤幫產管理委員會開會,由醫院、學校二個小組分別提出實施計畫,1、醫院方面分科辦理:中正醫院,主要設急救、內外、解剖等科;廣肇醫院,以內科為主;廣肇產院,以肺病科為主;六邑醫院主治傳染病與殘廢患病;福善醫院,主要為婦科、小兒科、產科;崇正醫院,作為中醫門診;海南醫院主要是慢性疾病之治療。2、學校方面,西貢:(1)設中學一家(男女分班上課),地點在海南幫立西貢三民學校分校,(2)其餘原各幫校邑校一律改為小學。堤岸地區,(1)設男女中學各一家,男子中學假原福建中學為校址,女子中學以原義安中學為校址。(2)其餘各幫校邑校一律改為小學。3、管理方面,(1)設置中央管理委員會,統籌管理各醫院校之行政事務,(2)職務分配:主席1人、副主席2人、祕書2人、財政2人。會中,南越衛生部代表黎久長建議組織醫院中央委員會及學校中央委員會以統籌管理醫院及學校行政,並主張南越政府代表3人及華裔代表4人擔任該委員會委員。華僑代表王爵榮則主張該項委員會

---

[82] 「5月30日幫產管理委員會議」(民國50年6月1日),〈越南政府撤銷中華理事會館(五)〉,《外交部》,國史館藏,典藏號:020-011007-0096-0100~0101。

之全部委員均應由華僑及華裔擔任，但可以接受南越政府監督。[83]委員會於聆聽醫院小組及學校小組所提有關統籌辦理之報告後，西貢都長武進勛表示，1、請各幫邑校呈報各該校經費及學校概況，以作參考，2、該兩種提案交由該會顧問阮文璜慎重研究後，先呈報內政部再轉呈吳廷琰總統再予實施。[84]

7月21日西堤幫產管理委員會開會，此次會議於聆聽南越財政部代表報告有關各醫院、學校之收支統計數字後，決定：醫院及學校中央委員會之組織及委員人數，由各管理委員向管理委員會提出書面意見，交下次會議討論，至於中央委員會委員之國籍及人選問題，則仍未討論。[85]可見此次會議，僅是了解各幫的財政狀況，南越官方對於新機構的委員人員與國籍等實際問題仍未輕易決定。

12月6日西堤幫產管理委員會開會，顧問阮文璜提議由南越政府派員2人，分任醫院及學校中央委員會之顧問，並由南越衛生部代表擔任醫院委員會主席。華僑代表王爵榮重申醫院及學校委員會應純由華僑及華裔允任委員之重要性。各委員對阮文璜之提案，多表異議。經熱烈辯論後，決定對王爵榮、阮文璜兩位之提案，均暫不討論，另成立醫院及學校兩小組從事研究，俟下次開會時再提出討論，僑領與南越官方仍未形成共識。[86]

經過1961年的交涉，外交部知道幫產管理委員會尚未通過新機構純由華裔及華僑管理，故電飭駐越南大使館仍須就下列各點加強交涉，1、仍應堅持由華僑及華裔自設機構接管幫產，越南僅居監督

---

[83] 「袁子健電外交部關於幫產事」（民國50年6月14日），〈越南政府撤銷中華理事會館（五）〉，《外交部》，國史館藏，典藏號：020-011007-0096-0116。

[84] 「越南問題座談會有關資料有關幫產部分」（民國50年7月未載明日期），〈越南政府撤銷中華理事會館（五）〉，《外交部》，國史館藏，典藏號：020-011007-0096-00175~0176。

[85] 「關於越南撤銷中華理事會館並清理會館公產一案檢同節略一份呈請鑒察由」（民國51年1月24日），〈越南政府撤銷中華理事會館（五）〉，《外交部》，國史館藏，典藏號：020-011007-0096-0237。

[86] 「關於越南撤銷中華理事會館並清理會館公產一案檢同節略一份呈請鑒察由」（民國51年1月24日），〈越南政府撤銷中華理事會館（五）〉，《外交部》，國史館藏，典藏號：020-011007-0096-0236~0237。

地位。2、醫院統籌辦理後,仍為僑界服務,應勸導僑胞照舊儘量捐輸,為使貧落病僑得以就醫起見,應請醫院制訂有關免費及便利就診之規章,付諸實施。3、中正醫院由旅越僑胞呈獻我國政府,仍應由僑胞自行管理,該院是曾宜與各幫醫院合併。4、學校統籌辦理後,課餘補習中文問題,應與越南政府切實洽定。各校校長及教職員,應使其繼續留校工作,以利教務,而免失業;並應設法勸導家長,使其子弟照舊在各校就學。上述外交部電文的內容不僅要求袁子健在交涉時應確保僑民的產業,也注意到了僑民的就業及中文教育問題,寄望袁子健積極交涉。

經過1961年的交涉,袁子健向外交部表示「按目前幫產之管理,一切照舊;現各幫理事會館仍經常集會;其所屬醫院、義祠、墳地大多保持原狀,故旅越僑胞之情緒已漸趨平靜」,而且袁子健經過1961年的四次幫產管理委員會開會與決議情形,能掌握會館公產以統籌辦理醫院及學校的方式,確定「本案未來與越方交涉之關鍵,似在越方是否參與幫產之管理工作以及其監督之程度如何」[87]。

(二)1962年3月案件交涉告一段落

根據1961年12月6日幫產管理委員會中,王爵榮與阮文璜因對於新的統籌機構委員應由華僑華裔充任或由南越官方派代表充任,意見相左,在該次會議上尚未作出決議。在經過三個月實地考察情形後,幫產管理委員會於1962年3月9日在西貢市政府召開會議,到會者有西貢都長武進勛(會議主席)、顧問阮文璜、內政部阮文均、司法部陳德林、外交部阮中帝、財政部范家丁,西堤十幫原任理事長華裔李太平、華裔張文功、華僑王爵榮。主席武進勛表示關於由十幫理事長呈請政府考慮保持社會福利保養人民體健機構培養子弟教育事業,決議

---

[87] 「關於越南撤銷中華理事會館並清理會館公產一案檢同節略一份呈請鑒察由」(民國51年1月24日),〈越南政府撤銷中華理事會館(五)〉,《外交部》,國史館藏,典藏號:020-011007-0096-0237~0240。

如下：

> 分兩組管理辦法：（一）教育組（二）社會福利組（醫院），
> 由華僑華裔自理，政府官員僅負監督顧問而已。經此宣布後全
> 體委員讚同，即該選舉各小組召集人：醫院組召集人王爵榮，
> 委員有鍾裕光、鄺仲榮、馬國宣、蔡石、王茂；教育組召集人
> 鄧兆梧，委員有朱陳造、馬國宣、余秋、姚戊、呂太平，在一
> 星期內召開小組計畫會議，政府官員不必參加，規定醫院與學
> 校均以統一辦理及管理方式，教育組應將一切計畫於7月1日前
> 完成，醫院組應將一切計畫於9月1日前完成。按照此種辦法則
> 管理華僑之幫產及福利事業等之主權均可保持矣。[88]

　　這次管理委員會的決議，確立會館產業成立兩個小組且召集人與
委員皆是由華僑華裔自行管理，南越政府僅具監督性質。
　　1962年3月27日外交部向行政院呈報整過交涉情形並審視1960年7月
14日經行政院第673次會議核定之交涉方針，首先此次幫產管理委員會
已同意由華僑及華裔委員組織醫院小組及學校小組，處理各會館公產中
最重要的醫院及學校事務，南越政府委員僅任顧問，居於監督地位。又
各會館公產在該委員會清理期間，仍照常維持，自行管理，除重要支出
須向南越有關當局呈報備查外，南越並未加任何限制。此種情形，與
行政院核定之結論第（二）項之「我方對處理會館公產之立場」第
（1）款「各會款公產之所有權屬於華僑團體，包括已轉籍及未轉籍
之華僑在內，必須繼續用於華僑公益事業。該項公產將來應由華僑組
織之機構接管，但可接受越南政府之指導監督。在該項公產清理以前
及清理期間，所有學校、醫院等公益事業應仍照常維持」大致相符。

---

[88] 「鍾裕光函外交部關於幫產管理委員會於3月9日召開會議」（民國51年3月10
日），〈越南政府撤銷中華理事會館（五）〉，《外交部》，國史館藏，典
藏號：020-011007-0096-0241~0242。「駐越使館函外交部關於幫產管理委員
會於3月9日召開會議」（民國51年3月13日），〈越南政府撤銷中華理事會館
（五）〉，《外交部》，國史館藏，典藏號：020-011007-0096-0245。

　　其次是南越對袁子健於1960年8月4日所提照會雖一直沒有書面答覆，但南越總統、副總統及外交部長等人皆曾先後口頭向其表示不沒收公產，公產仍將用於華僑公益事業。至於管理委員會主席阮富海亦曾公開聲明不沒收占奪各會館產業。而且實際上，自第133號法令公布以來南越亦未曾沒收或占奪華僑產業。此種情形，與行政院核定之結論第（二）項之第（2）款「關於越方表示不沒收華僑公產及仍用之於華僑公益事業兩點，應洽請越方以書面證實，或發表公開聲明，或作成談話紀錄，由雙方洽談人員簽字，以昭信守」之原意尚屬相符。

　　再其次，自本案發生後，除袁子健曾不斷訪晤南越政府總統、副總統、外交部長、阮廷順、阮文璜等高級官員會商，謀求解決辦法並表明我國立場外，南越總統府華僑事務專員兼幫產管理委員會顧問阮文璜亦曾至駐越大使館交換意見。此次南越宣布由華僑華裔擔任醫院小組及學校小組委員，顯係顧及我國立場及迭次與該館直接間接會商之結果。此事與行政院核定之結論第（二）項之第（3）款「管理委員會將來所提出之建議，越南政府在最後決定，應先與我大使館充分協商」亦尚符合。

　　再者，袁子健依行政院決議內容曾對新機構的管理與監督提出兩項原則：一為民間管理，即由華僑及華裔合組機構，接管公產，一為官方監督，即南越政府僅負監督之責。此事彼曾與僑界切商，經獲同意，其後管理委員會華僑代表王爵榮在會中建議由華僑華裔7人充任中央委員會委員事，即是迭次聯繫及協商的結果，該項建議也獲得有關僑領的支持。與行政院核定之結論第（二）項之第（4）款「將來我華僑代表在管理委員會中提出建議之內容，以及如何由已轉籍及未轉籍華僑合組機構接管公產兩項，由駐越大使館與僑界切商，隨時報請政府核示」亦尚相符。

　　綜上所述，會館公產交涉案自1960年6月至1962年3月，「大體上已可告一段落」，[89]確定仍由華僑自行管理會館公產。行政院於4月6

---

[89]　「關於越南撤銷中華理事會館並清理會館公產一案呈請鑒察由」（民國51年3月27日），〈越南政府撤銷中華理事會館（五）〉，《外交部》，國史館藏，典藏

日正式覆函外交部「呈請鑒核已悉」，[90]對於外交部之呈報亦未再有新的指示或指出交涉不妥之處，顯見行政院應是認同這次外交部與駐越使館的交涉成果。

六、結語

南越政府取消中華理事會制度及接管產業，可以說吳廷琰是這項法令的主導者，雖然這個制度終究被廢除了，而會館公產經南越高層表明不會沒收，但倘無中華民國政府不斷的交涉確保仍繼續用於華僑及華裔之公益事業，難保又遭南越政府沒收，因為從1961年的四次幫產管理委員會不難看出，南越官方仍試圖干涉會館公產，所幸駐越使館與僑領積極交涉，才確保了會館公產。

從本案之交涉情形，能獲得成功，約略有下列幾個因素：

首先，外交部相當主動，不予南越有「拖延」的餘地。外交部在得知吳廷琰不肯出具書面答覆後，深恐其又有進一步華僑越化政策，仍積極不斷敦促袁子健持續交涉，而原本面對本案態度較為樂觀的袁子健，在得知國內外輿論，甚至連蔣中正的態度也甚為堅定後，袁子健一改之前的樂觀態度，轉為積極交涉，不斷向吳廷琰、阮玉書、武文牡等人士表達我國政府高層的態度，使其知道中華民國政府的立場。

其次，駐越使館與僑界的密切配合。袁子健為使接管會館公產的新機構是純由華僑及華裔所組成的，與僑領王爵榮等人密切合作，使行政院決議的「公產將來應由華僑組織之機構接管，但可接受越南政府之指導監督」等相關內容，透過幫產管理委員會討論，逐漸獲得落實。尤其是僑領王爵榮在1961年的四次的管理委員會上堅定立場，不

號：020-011007-0096-0255~256。

[90] 「關於越南撤銷中華理事會並清理會館公產案」（民國51年4月6日），〈越南政府撤銷中華理事會館（五）〉，《外交部》，國史館藏，典藏號：020-011007-0096-0271。

向阮文瓛等南越官方妥協，終於使會館產業由華僑華裔自行管理的方案在1962年3月的幫產管理委員會獲得通過。

再者，外交部運用時機不斷向南越政府交涉。例如1961年4月適逢南越總統大選，為爭取連任的吳廷琰，面對已經有為數眾多的華裔選票，勢必有所顧忌，故袁子健透過深受吳廷琰信任的雷震遠神父，表明我國的立場及僑民的權益；又如袁子健也向南越外交部表示副總統陳誠及外交部長沈昌煥有可能訪問南越，若未解決本案，將會影響兩國的邦誼，使南越外交部知道此案的利害關係。

最後，則是運用當時中越雙方既有的合作案做為交涉籌碼。外交部這次的會館公產交涉案與國籍交涉案相比，1956年中越「兩國尚未建立密切經貿關係，我方並無報復之工具」，[91]所以當南越堅持實行國籍法及一連串的華僑越化政策時，我國較不容易交涉成功；但1960年形勢已經不同，不論是經濟合作、農業技術援助等方面，可使吳廷琰明白倘若一意孤行，將有可能妨礙兩國多項合作關係。袁子健深知吳廷琰「個性甚強」，但「對中越兩國密切合作之友好關係，則甚重視」，[92]故運用此項利害關係，使其在接管會館公產的議題上注重華僑之權益。

綜上所述，外交部運用各種方式造就了這次交涉的成功。但也有美中不足之處，首先，沒有獲得南越的書面保證，或許這是因為本法令的主導者是吳廷琰，其「個性甚強，不願接受壓力」[93]的緣故，而這也是此次的交涉過程中的難處之一。其次是經過這次案件後，日後南越華僑的處境並沒有大幅改善，主要在於南越的軍政領袖並未真正要善待華僑。雖然在1963年11月政變，執行越化政策的吳廷琰遇害身亡，改組後的南越政府，軍人革命委員會主席楊文明曾表示「新政府

---

[91] 趙綺娜，〈從越南國籍法案之交涉看我國對越南華僑政策（1956-1957）〉，《東南亞研究論文系列》，第52期（2001年9月），頁19。

[92] 「關於幫產問題案」（民國49年9月16日），〈越南政府撤銷中華理事會館（四）〉，《外交部》，國史館藏，典藏號：020-011007-0095-0077~0078。

[93] 「會館公產交涉事」（民國49年12月12日），〈越南政府撤銷中華理事會館（四）〉，《外交部》，國史館藏，典藏號：020-011007-0095-0319~0320。

將研究幫產歸還各幫自行管理」，以及日後每逢南越總統大選，阮文紹、阮高奇等人，為爭取華裔選票，也曾表示要「發還華僑幫產」，但選舉結束後，便將華僑問題束之高閣，未積極處理，流於口頭上的形式善意。[94]

　　綜觀本案件之交涉，從南越的角度觀之，第133號法令自是其華僑越化政策的一環，因為該制度對南越而言，代表二種象徵，其一是華人自成的小團體，其二是法國統治越南的殖民體制，故理事會制度遭到廢除是無可避免的。

　　從中華民國的角度觀之，這次交涉案雖無法挽回中華理事會制度，但在積極交涉後，確保了會館公產，進而不會失去僑心，尤其是中二組的報告一再向外交部建議，一旦失去僑心，僑民將轉而支持共黨，將不利於我國在南越反共工作，使外交部面對此案不敢大意，也使府院黨等高層甚為關切此案件的交涉。

　　從沈昌煥的角度觀之，本案是其任職外交部長後，與南越的第一個交涉案，尤其在面對袁子健的樂觀態度時，沈昌煥仍堅持行政院的決議，不斷向袁子健施加壓力，向南越進行交涉，使這次的中越交涉案能保住會館公產，使僑民權益得以確保，也不影響中越兩國的外交關係，正是其在1946年日記所提到的兼顧「兩國邦交」與「華僑權益」的實例。

---

[94] 「楊文明接見黃南雄陳敦陞之談話內容」（民國52年11月18日），〈越南新政府對華僑之態度〉，《外交部》，國史館藏，典藏號：020-011007-0162-0029。海外出版社編，《越南華僑與華裔》（臺北：海外出版社，1970年），頁7-8。

沈昌煥穩固中泰邦誼的努力（1960-1975）

許峰源[1]

一、前言

　　泰國舊稱暹羅，與中國往來的歷史悠久。至近代，中國和暹羅尚未建立官方外交關係，隨著愈來愈多華人移居東南亞、泰國，在當地擁有雄厚的經濟實力，使中國屢因華僑問題與泰國交涉，以保障華僑權益，爭取海外華人的認同。[2]1946年1月23日，中華民國與泰國簽訂《中華民國暹羅王國友好條約》，雙方互設使館、派駐大使，建立對等關係。1949年底，中華民國撤退臺灣，與堅守共產主義的中華人民共和國（以下簡作中共）隔海對峙，除了在聯合國爭取中國代表權，亦在軍事與外交層面頻起衝突，成為冷戰時期全球關注的區域之一。

　　1950年起，泰國以「親美反共」為外交政策的圭臬，藉此爭取美國援助，開啟國內建設。在國際事務方面，亦與美國如出一轍，堅守聯合國的精神，對中共及其有邦交國家，表面維持和平狀態，實際採取防衛姿態。泰國雖對鄰近東南亞國家採取睦鄰政策，但是排斥共產政權。1955年，泰國加入東南亞公約組織，共同牽制亞洲共產勢力，即以該公約尋求自保。[3]越南戰爭爆發後，泰國受到美國影響，結合亞洲反共力量，阻遏共產勢力的擴散。

---

[1] 國家發展委員會檔案管理局應用服務組研究員、天主教輔仁大學全人教育中心／進修部歷史系兼任助理教授。

[2] 參見李道緝，〈近代海外華人國家認同的塑造：以中暹建交談判為例（1969-1937）〉，《政大史粹》，第1期（1990年6月），頁1-33。

[3] 國防部情報參謀次長室編，《泰國簡介》（臺北：國防部情報參謀次長室，1963），頁11-12。

　　泰國屬農業發展國，民眾多從事農事生產，農產品以稻米最重要。據1952年統計資料，泰國稻米生產約佔全國耕地90％，年產量500萬噸，充作國民食糧外，亦有剩餘轉為出口。工業方面，1950年代尚處於萌芽階段，除了接受美國援助從事基礎建設，也鼓勵外國投資設廠。貿易方面，輸出品以稻米、橡膠、錫礦、木材為主，輸入品以布匹、汽油、五金、機械、醫療物資與民生必需品為大宗，每年入超甚鉅。華僑方面，旅居泰國華僑約380萬人，佔泰國人口近1/6，又以潮州籍約60％為首位，其餘廣東、客家、海南、福建、臺灣及江浙籍共佔40％。總體而言，華僑經商有術，對繁榮泰國經濟發展之貢獻甚多。[4]

　　泰國原為君主專制國，自1932政變後頒佈憲法，改採君主立憲制。1957年，沙立・他那叻元帥（Sarit Thanarat，1908-1963）自英國返回泰國發動政變，實施戒嚴法令，廢止憲法，解散議會，停止政黨活動。翌年初，沙立出任國務院院長，頒佈臨時憲法，成立制憲議會，起草新憲法，左右泰國政權。新政府在憲法頒布前，各項法令須以國務院院長沙立名義，呈奏泰國國王蒲美蓬・阿杜德（Phumiphon Adunyadet，1927-2016）頒佈，加上泰王支持沙立發動政變，因此沙立對蒲美蓬極為尊重，使泰國得以維持君主立憲體制。泰國民眾崇敬泰國王室，泰王是國家的象徵，也是安定國內秩序的重要力量。[5]

　　1963年6月，蒲美蓬率眾訪華，受到各方矚目，時值沈昌煥（1913-1998）首次擔任外交部長，負責規劃迎接與接待事宜。1964年9月16日，沈昌煥應馬來西亞總理東姑拉曼（Tunku Abdul Rahman，1903-1990）邀請，進行非正式訪問，趁機前往泰國會見政府高層，啟動雙邊實質合作關係。1966年9月，沈昌煥出任駐梵蒂岡大使，至1969年2月轉任駐泰國大使，立即協助安排國防部長蔣經國（1910-1988）以中華民國總統特使的身分訪問泰國，在此之後也致力穩定中泰玉米貿

---

[4]　國防部情報參謀次長室編，《泰國簡介》，頁19。
[5]　亞東太平洋司編，「泰國簡介」（1964年8月），〈沈部長訪泰〉，《外交部檔案》，檔案管理局藏，檔號：0053/12.21/5。

易,與協助「泰王山地計畫」落實泰北山地開發,使原本種植罌粟的
地區,改種植溫帶果樹與高冷蔬菜。1972年5月至1978年底,沈昌煥
第二度擔任外交部長,正值中華民國退出聯合國及其周邊組織之際,
同時各國紛紛斷交的挑戰紛至沓來,儘管設法穩固中泰關係,最終仍
於1975年7月1日劃下休止符。中泰斷交後,雙邊仍維持經濟與技術合
作,民間交流與客貨運航線仍有往來,不僅中泰玉米貿易繼續暢行,
最被世人稱道的「泰王山地計畫」也賡續執行。1994年,當李登輝
(1923-)總統出訪東南亞各國時,遭到中共強大勢力的圍堵,但是
泰王蒲美蓬仍高度禮遇李氏出訪泰國,凸顯臺灣與泰國之間不平凡的
經濟與技術合作關係,已凌駕於兩岸對峙的國際政治情勢之上。

　　1960年至1978年間,亞洲處於冷戰格局與兩岸對峙局勢,沈昌
煥先後出任外交部長、駐梵蒂岡大使、駐泰大使,再度接任外交部
長,決策中華民國重要外交實務。1960年至1966年,沈昌煥首次擔
任外交部長期間,美國總統艾森豪(Dwight David Eisenhower,1890-
1960)、日本首相佐藤榮作(1901-1975)、泰國國王蒲美蓬等友邦
元首相繼訪問臺灣,可謂政府遷臺後最風光的時期。1972年至1978
年,沈昌煥第二次擔任外交部長之際,中華民國喪失聯合國代表權,
加上日本、美國與諸多友邦紛紛斷交,國際地位一落千丈,兩岸情勢
劇烈動盪。至目前為止,有關沈昌煥在外交方面的表現研究甚微。若
以雙邊國家關係為例,1969至1972年間沈昌煥出任駐泰大使,如何維
繫中泰邦誼,耕耘雙邊經貿、技術合作事宜?甚至,在擔任外交部長
時,何以經營中泰關係,強化雙邊合作實務?本文主要運用國史館典
藏《蔣中正文物檔案》、《蔣經國文物檔案》,和國家發展委員會檔
案管理局(以下簡作檔案管理局)典藏《總統府檔案》、《外交部檔
案》,以及中央研究院近代史研究所檔案館典藏《外交部檔案》等檔
案資料,再運用《中央日報》、《聯合報》、《經濟日報》、《自立
晚報》報刊紀錄,梳理沈昌煥在中泰外交關係的表現,從而窺探臺灣
與泰國的外交、經貿與技術合作關係。

二、泰王蒲美蓬訪臺與沈昌煥出訪泰國

1950年起，中泰基於共同反共的大前提下，雙方友好關係甚篤。中泰兩國在1946年簽訂《中暹友好條約》的基礎，再於1951年9月29日簽訂《中泰空運臨時協定換文》，拓展臺北至曼谷兩地之間的交通航運路線，並依據規定可延展至泰國以外的其他地點，此項規定不僅裨益臺灣與泰國之間客運、貨運往來，更成為中華民國拓展東南亞、歐洲國際貿易網絡的根基。[6]

在國際場域方面，中華民國與泰國基於共同反共的目標，再加上兩者均接受美援影響，雙方經常在聯合國及重要國際組織互助合作，共同抵禦共產勢力。例如，中華民國爭取泰國在聯合國與重要國際組織會議，支持中華民國捍衛中國代表權。與此同時，中華民國也經常支持泰國出席聯合國周邊組織。泰國政府嚴格取締國內共產黨，查封左傾華文報紙和僑校、禁止中共貨物輸入泰國，嚴厲處理共諜案，這些反共實務也經常透過臺灣提供協助。自中共在北京建國後，許多中國難民陸續從各省及寮國、緬甸逃往泰國北部。泰國指定地區並設立難民村，收容與安頓這些難民，引起中華民國的關切。如何解決是項問題，也成為中泰之間的當務之急[7]

中泰透過中央官員互訪活動，增加彼此瞭解，進而強化雙邊合作關係。1956年6月，中華民國外交部長葉公超（1904-1981）率團訪問泰國，隨後泰國外交訪問團訪臺，分享彼此經驗。1957年，泰國國防部長他儂上將（General Thanom Kittikachorn）訪華，其在沙立主政時期擔任副閣揆，沙立病逝後繼任組閣。另外，泰國農林部、實業部、財政部、教育部長及樞密院長等也相繼應邀到臺灣訪問，臺灣則有國

---

[6] 周琇環編，《戰後外交工作報告（民國三十九年至四十二年）》（臺北：國史館，2001），頁246。

[7] 外交部亞東司編，「泰國經濟概況與中泰貿易情形」（1963年5月），〈泰王蒲美蓬訪華案〉，《外交部檔案》，檔案管理局藏，檔號：0052/712.3/30。

防部參謀總長王叔銘（1905-1998）、國防部參謀總長彭孟緝（1908-1997），以及經濟部部長楊繼曾（1898-1993）等人相繼率團訪問泰國，足以見證中泰關係綿密，雙方官方往來熱絡。又1960年前後，中華民國接受各國派至臺灣實習及參加訓練的外國官員計2,000餘名，其中泰國佔500多人，位居各國之首，凸顯兩國密切的合作關係。[8]

中泰交往事例，最被外界關注即為1963年泰王蒲美蓬率團訪華。蒲美蓬是泰國宗教信仰衛護人，有權力任命佛教高級教務人員、主持重要宗教儀式，同時也是武裝部隊總司令，影響力自不待言。泰王蒲美蓬暨王后詩麗吉常受邀至各國訪問，1959年12月訪問越南共和國，1960年2月訪問印尼，3月訪問緬甸、6月訪問美國，7月訪問英國、德國，8月訪問葡萄牙、瑞士，9月訪問丹麥、挪威、瑞典、義大利，10月訪問梵蒂岡、比利時、法國、盧森堡、荷蘭；11月訪問西班牙，1962年訪問巴基斯坦、馬來亞聯邦、紐西蘭及澳洲。[9]1963年5月底，蒲美蓬與詩麗吉赴日本訪問後，6月5日轉往臺灣，進行4天參訪行程。6月5日中午，專機抵達臺北松山機場，蒲美蓬在隆重歡迎儀式後，接見泰國在臺各地僑胞。下午，蒲美蓬夫婦先後接見外交部長沈昌煥暨夫人黎佩蘭、副總統兼行政院長陳誠（1898-1965）暨夫人譚祥（1906-1989）。傍晚，前往總統府拜會總統蔣中正（1887-1975）暨夫人蔣宋美齡（1897-2003），及接受國宴款待。翌日，蒲美蓬參觀忠烈祠、臺灣省立博物館、石門水庫等地，近距離考察臺灣水利建設。詩麗吉王后關懷弱勢兒童與婦女照護，轉赴華興育幼院、婦聯總會、松山婦聯五村、手工業中心參觀，瞭解臺灣兒童與婦女救助事業發展概況。7日，蒲美蓬、詩麗吉前往臺中空軍基地欣賞特技表演，隨之轉往臺灣省政府參觀，再赴霧峰觀賞故宮博物院的文物與國寶，最後折返臺北。8日早上，蒲美蓬、詩麗吉前往士林官邸向蔣中正總

8　外交部亞東司編，「泰國經濟概況與中泰貿易情形」（1963年5月），〈泰王蒲美蓬訪華案〉，《外交部檔案》，檔案管理局藏，檔號：0052/712.3/30。

9　「泰國國王蒲美蓬暨王后詩麗吉陛下訪問中華民國日程」（1963年6月5日至8日），〈泰王蒲美蓬訪華案〉，《外交部檔案》，檔案管理局藏，檔號：0052/712.3/30。

統夫婦辭行，中午前抵達松山機場搭乘專機返回泰國。[10]蒲美蓬訪問
臺灣共計4天，留下深刻印象，特別注意臺灣水利與農業建設，待日
後接見中華民國赴泰國訪問團，極力爭取臺灣扶助泰國農業發展，增
加泰國農業生產。

自1964年起，在全球共產社會集團中，中共與蘇聯嫌隙日深，尤
其蘇聯屢遭中共打擊漸居下風，使中共漸漸插手東南亞事務，寮國、
越南共產活動決策也常出中共左右。中共在東南亞勢力逐漸坐大，
對臺灣威脅日益嚴重。除此之外，法國總統戴高樂（Charles André
Joseph Marie de Gaulle，1890-1970）標榜獨立自主外交，希冀領導第
三勢力而與美國與蘇聯集團抗衡，主動與中共建立友善關係，[11]使中
華民國在「漢賊不兩立」策略下與法國斷交。

東北亞方面，1960年起日本經濟陷入逆勢，工商業界迫切與中
共貿易，日本政府只好在政治、經濟分離原則下行事。1963年，中華
民國基於反共國策，堅決反對任何友邦與中共貿易，與日本關係惡
化。1964年2月，日本出自於政經分離原則，未與中共建交，為和美
國與中華民國保持友善關係，由政壇元老吉田茂（1878-1967）率團
訪華。中華民國促請日本堅守反共原則，勿淪為中共所操縱利用，計
劃建置亞洲反共市場，讓日本向相關國家輸出貨物，緩和工商危機，
放棄與中共貿易。只是，日韓關係僵持，成為籌組亞洲共同市場的
障礙。8月，總統府秘書長張群（1889-1990）訪問日本，分別與吉田
茂、首相池田勇人（1899-1965）及外相椎名悅三郎（1898-1979）交
換籌組亞洲共同市場意見，又前往韓國訪問，試圖為恢復日韓正常關
係鋪路。然而，日本不熱衷是項計畫，中華民國建構亞洲共同市場必
須另謀出路。9月10日，蔣中正總統接見菲律賓記者時，呼籲亞洲自
由國家抵抗共產主義，應形塑聯合陣線。同日，外交部長沈昌煥前往

---

[10] 「泰國國王蒲美蓬暨王后詩麗吉陛下訪問中華民國日程」（1963年6月5日至8日），
〈泰王蒲美蓬訪華案〉，《外交部檔案》，檔案管理局藏，檔號：0052/712.3/30。
[11] 周琇環編，《戰後外交部工作報告（民國四十六年至五十三年）》（臺北：國史
館，2006），頁612。

東南亞，至馬來西亞、泰國與菲律賓訪問。從長遠來看，該行程延續
張群訪日本與韓國的理念，試圖結合東南亞國家一起建構亞洲共同市
場，另外也與蔣中正計劃建置的亞洲反共防禦聯盟一脈相承，號召東
南亞國家大張旗鼓，共同抵禦中共勢力往東南亞擴展。[12]

　　9月10日下午，沈昌煥應馬來西亞總理東姑拉曼的邀請前往訪問，
偕同人員計有中國農村復興委員會秘書長謝森中（1919-2004）、行
政院國際經濟發展委員會副秘書長陶聲洋（1919-1969）、駐泰國大
使館公使鄺耀坤、外交部太平洋司司長劉宗翰（1915-）、外交部秘
書廖碩石等5人，搭機先飛抵泰國曼谷，先在下榻飯店聽取駐泰大使
劉馭萬（1897-1966）簡報，從中瞭解泰國近況。[13]翌日，沈昌煥拜會
泰國外交部長乃他納，舉行雙方首次會談，隨後離開曼谷並搭機轉
往馬來西亞。馬來西亞在1963年完成獨立，未與中共建交，報刊因此
大篇幅報導沈昌煥訪問馬來西亞攸關雙方建交活動。沈昌煥公開向外
界表示該次訪問，係屬非正式官方拜訪，強調雙方尚未有實質邦交關
係，但已有不少商界、新聞界、教育界團體往來，甚至馬來西亞也派
官員訪華。另外，也強調訪問目的在於促進雙方農業與技術合作，並
已確定馬來西亞將有50名農業專員前往臺灣各地觀察，1965年又有
200餘名農業人員繼續赴臺灣考察，交換彼此技術與分享經驗。在雙
邊合作基礎，臺灣也將派6至8人組織農業技術調查團前往馬來西亞展
開調查工作，協助甘蔗種植與土壤研究等作業，將在農業技術合作跨
出首步，日後再視情況增加各類合作事宜。[14]

　　9月16日中午，沈昌煥等人離開吉隆坡，折返曼谷，繼續為期4
天的訪問行程。當日下午，會晤泰國僑團領袖、各國駐泰使節，拜訪

[12] 〈張岳軍秘長日韓之行的繼續，看沈昌煥外長馬菲行〉，《自立晚報》，1964年
　　9月12日，版4。
[13] 〈沈昌煥外長抵泰國訪問〉，《自立晚報》，1964年9月11日，版1。〈沈昌煥外
　　長昨啟程，前往泰菲訪問〉，《中央日報》，1964年9月11日，第1版。
[14] 「沈外長舉行記者招待會，昨發表書面談話」，〈沈部長訪泰案〉，《外交部檔
　　案》，檔案管理局藏，檔號：0053/12.21/5。〈馬來西亞面對侵略，自由世界應
　　予支援，沈外長昨離吉隆坡轉往曼谷，強調此行業已增進中馬瞭解〉，《聯合
　　報》，1964年9月17日，版1。

泰國外交部長乃他納，舉行第二次會談。17日上午，沈昌煥赴泰國皇宮致敬，並且拜訪國務院院長他儂、兩位國務院副院長巴博上將、萬親王，彼此晤談甚歡。他儂囑託沈昌煥回國後代為向蔣中正總統等人問候，也提及1957年訪臺記憶猶新，希望雙方能進一步加強技術合作實務。巴博副院長重視中泰友誼，計劃將於中華民國國慶日期間訪問臺灣，觀察臺灣各地建設。萬親王與沈昌煥是舊識，經常聽聞泰國人士讚賞臺灣農工業發展卓越，亦爭取機會訪問。[15]18日上午，沈昌煥拜訪泰國建設部長乃樸，其曾擔任東南亞條約組織秘書長，兩人隨即交換寮國、越南、柬埔寨、馬來西亞觀察心得，更體認到中泰合作之重要性。緊接著，沈昌煥視察聯合國亞洲暨遠東經濟委員會駐曼谷總部，緬甸籍秘書長宇寧率員迎接，盛讚臺灣農工業進步，感謝中華民國對委員會長期支持和協助。19日下午，沈昌煥和乃他納進行第三次會談，討論中泰外交關係、技術合作實務，交換各項意見。20日上午，沈昌煥舉行記者招待會，表達訪問泰國行程收穫豐碩，裨益中泰雙方彼此之間的瞭解，以及各項技術合作實務的展開。記者會結束後，沈昌煥立刻搭機前往菲律賓進行訪問。[16]

當沈昌煥抵達馬尼拉後，立即向蔣中正總統等人彙報訪問泰國實際情況，認為泰國在內政上雖然堅決反共，但卻與蘇聯及部分亞非中立國家維持外交關係，由此可見泰國在國際社會並未堅持極力反共的立場。泰國有東南亞公約組織的保障，必要時又有美國提供援助，在心理層面有安全感。根據泰國社會發展情形，主要以發展經濟為首要

[15]「收泰國沈昌煥電」（1964年9月17日），〈沈部長訪泰菲馬案〉，《外交部檔案》，檔案管理局藏，檔號：0053/12.21/6。

[16]「收泰國沈昌煥電」（1964年9月18日），〈沈部長訪泰菲馬案〉，《外交部檔案》，檔案管理局藏，檔號：0053/12.21/6。「部長訪泰經過」（1964年12月15日），〈沈部長訪泰案〉，《外交部檔案》，檔案管理局藏，檔號：0053/12.21/5。〈沈外長、泰總理舉行首次會談，中泰外長強調加強合作〉，《新生報》，1964年9月18日，版1。〈中泰外長會晤商東南亞局勢，沈外長定明日離泰赴菲〉，《中央日報》，1964年9月19日，版2。〈商自由國家區域合作，中泰兩國外長昨第三度會談，沈外長今離泰赴菲律賓訪問〉，《中央日報》，1964年9月20日，版1。

目標，因此中華民國希冀拉攏泰國參加反共陣營，似乎不太可能。泰國對中華民國的態度友善，尤其關注臺灣農工產業與技術進步，爭取中華民國予以經濟、社會及農工技術之協助，成為雙方特殊的合作關係。[17]

待沈昌煥結束菲律賓訪問，隨即返回臺灣。9月30日，沈昌煥在立法院外交委員會詳細報告出訪經過與心得，說明訪問馬來西亞、泰國、菲律賓是1950年代以降中華民國加強與亞洲國家合作的表現，團結東南亞自由國家共同反共，也是臺灣一貫的外交方針，多年來為拉攏鄰近友邦，無論是公開的、秘密的、政府間、民間等各種方式都不遺餘力設法嘗試。沈昌煥依據觀察結果，強調泰國對反共結盟不感興趣，除該國參加東南亞公約組織，聯合國遠東區域委員會常在曼谷舉行會議，使曼谷已成為東南亞國際政治中心，也讓泰國產生特殊的安全感。除此之外，泰國與蘇聯有邦交關係，也願意與其他共產國家保持友誼。[18]由此可見，蔣中正計劃建構亞洲自由國家組織共同防禦聯盟，經沈昌煥出訪探測以及歸納結果，總結泰國甚難於短期內加入反共聯盟。

三、安排蔣經國特使訪問泰國

1966年6月1日，沈昌煥卸下6年外交部長職務，在短暫休息後，在9月又受政府重用，被派往梵蒂岡出任中華民國駐教廷大使，以維繫臺灣與教廷友善關係，直至1969年3月離任。1969年2月19日，外交部駐外大使職務輪調，命原本駐教廷大使沈昌煥轉任駐泰大使，駐教廷大使遺缺由駐日大使陳之邁（1908-1978）接任，新任駐日大使則由駐泰大使彭孟緝擔任。[19]沈昌煥先前擔任外交部長期間，曾於1964

[17] 「收菲律賓沈部長電」（1964年9月21日），〈沈部長訪泰菲馬案〉，《外交部檔案》，檔案管理局藏，檔號：0053/12.21/6。

[18] 「立法院外交委員會報告」（1964年9月30日），〈沈部長訪泰菲馬案〉，《外交部檔案》，檔案管理局藏，檔號：0053/12.21/6。

[19] 〈總統命令〉，《經濟日報》，1969年2月20日，版1。

年9月前往東南亞訪問馬來西亞、泰國、菲律賓，近距離觀察泰國政
治情勢，對中泰關係有獨特見解，此乃政府屬意其轉任駐泰大使的重
要考量。

　　3月，沈昌煥赴泰國接任大使，主要任務在於穩固中泰關係，憑
恃前揭訪問泰國的經歷，賡續強化雙邊經貿關係。4月25日，沈昌煥
根據國際消息，察覺泰國試圖與中共貿易，即拜訪泰國經濟部長彭差
納，瞭解事情原委。彭氏強調泰國尚未考慮與中共進行雙邊貿易，隨
即尋求協助，當時泰國玉米盛產，亟待往外銷售，希望臺灣能夠購買
泰國玉米40萬噸，隔年再增為60萬噸，藉此增進雙方貿易發展。沈昌
煥出於穩固中泰關係的前提，允諾彭差納協助聯繫玉米貿易，同時提
議泰國可從臺灣輸入更多器械，以平衡貿易往來。[20]沈昌煥出任駐泰
大使，關切該國與中共經貿動態，瞭解其政經發展狀況，致力促成中
泰雙邊經貿往來，強化兩國合作關係。

　　5月，東南亞公約組織將在曼谷舉行理事會，會議討論焦點，集
中於亞洲和平安全。在理事會開會前夕，會員國意見分歧，醞釀改
組、解散組織，各方爭議頻起。值此之際，中華民國特使、國防部長
蔣經國計劃5月訪問泰國，該次出訪源起1968年泰國國務院長他儂元
帥邀請蔣氏隔年4月至5月間訪問泰國。蔣經國應允訪問，當時駐泰大
使彭孟緝留意泰方消息，蒐集各類資料，規劃蔣經國訪泰事宜。[21]12
月，外交部長魏道明（1899-1978）籌備蔣經國出訪韓國、泰國行
程，請彭孟緝協助聯繫。1969年1月，彭孟緝認為蔣經國訪泰有助穩
健中泰關係，擬定訪泰計畫，籌劃接待事宜，安排活動節日，並針對
泰國現況、經濟發展以及華僑事務等資料送交外交部參考。[22]彭孟緝

20　〈泰國向我保證，無意與匪貿易〉，《經濟日報》，1969年4月26日，版1。〈泰
　　國經濟部長表示未考慮與共匪貿易，希望我多自泰輸入玉米，保證向我採購機械
　　產品〉，《聯合報》，1969年4月26日，版1。
21　「駐泰大使彭孟緝上將使節會議報告書」（1968年8月），〈蔣經國訪泰（一）〉，
　　《蔣經國總統文物》，國史館藏，數位典藏號：005-010100-00021-08。
22　「致駐泰彭大使部長箋函」（1968年12月21日）、「收中華民國駐泰國大使館代
　　電」（1969年2月12日），〈蔣經國特使訪泰〉，《外交部檔案》，中央研究院
　　近代史研究所檔案館藏，檔號012.21/0017。

與泰國敲定蔣經國訪泰日期，泰國朝野至為重視，強調將以高於部長級貴賓禮節隆重接待。爰此，外交部觀察他儂可能親自迎接，建議總統府以蔣經國為中華民國總統特使的身分出訪泰國，以示慎重。[23]

後來，沈昌煥轉任駐泰國大使，接手辦理蔣經國訪泰事宜，再次與泰國確認訪問日期、公布時機、行程安排，以及對雙方會談、服裝禮儀和會場布置等事務與泰方商議。歷經2個月籌劃，各項事務大致完備。5月6日，中華民國為凸顯中泰友好關係，蔣中正總統正式派遣蔣經國擔任訪問泰國特使，賦予重要使命。[24]12日，蔣經國率隨員5人啟程，以中華民國特使身分前往泰國訪問，是日中午抵達曼谷，他儂院長親至機場迎接，儀式隆重場面盛大。蔣經國在貴賓室發表談話，極力穩固中泰友好關係。[25]午後，至泰國皇宮致敬，再轉往拜訪他儂。[26]13日，先後與巴博副院長、外交部長乃他納會面，聲明共同反共立場，呼籲團結抵禦中共。14日，蔣經國前往皇宮晉見泰國國王蒲美蓬，呈遞國書，並代表中華民國總統致意。[27]15日、16日，蔣經國接續與泰國官員與華僑代表會面，交換意見。17日上午，蔣經國公開發表談話，強調中泰之間應建立厚實的外交關係，聯合抵禦中共勢力，隨後向他儂院長辭行，搭機返回臺北。[28]

---

[23] 「外交部簽呈」（1969年4月7日），《外交部檔案》，中央研究院近代史研究所檔案館藏，檔號012.21/0017。

[24] 「總統令：特派蔣經國為訪問泰國特使」（1969年5月6日），〈訪問特使派任〉，《總統府檔案》，檔案管理局藏，檔號：0046/2141102/0301/001/022。

[25] 「國防部部長蔣經國特使訪問泰國抵達機場談話」，〈蔣經國訪泰相關資料〉，《蔣經國總統文物》，國史館藏，數位典藏號：005-010205-00018-005。〈蔣經國特使抵泰訪問〉，《經濟日報》，1969年5月13日，版1。

[26] 「總統特使蔣經國訪泰日程、注意事項及工作分配表」，〈蔣經國訪泰（二）〉，《蔣經國總統文物》，國史館藏，數位典藏號：005-010100-00022-018。「泰國沈昌煥電」（1969年5月13日），《外交部檔案》，中央研究院近代史研究所檔案館藏，檔號012.21/0017。

[27] 「泰國沈昌煥電」（1969年5月14日）、「泰國沈昌煥電」（1969年5月15日），《外交部檔案》，中央研究院近代史研究所檔案館藏，檔號012.21/0017。

[28] 「國防部部長蔣經國特使離泰談話」，〈蔣經國訪泰相關資料〉，《蔣經國總統文物》，國史館藏，數位典藏號：005-010205-00018-005。「泰國沈昌煥電」（1969年5月16日），《外交部檔案》，中央研究院近代史研究所檔案館藏，檔號012.21/0017。

　　1969年初，亞洲瀰漫一股結束越戰的浪潮，臺灣注意亞洲政治情勢變化。2月底，蔣經國先出訪韓國，穩固反共陣營。是年5月，泰國曼谷將召開東南亞公約組織理事會，中華民國除關切越戰問題，更重視反共意識結盟的東南亞公約組織的存廢。5月初，蔣經國訪問泰國，中泰雙方聲明堅決反共，並爭取其他亞太國家共同合作，[29]致力穩固反共集團的勢力，頗具重要意義。

四、處理中泰玉米貿易紛爭

　　沈昌煥除安排蔣經國特使訪問泰國，力穩雙邊外交關係，亦致力促成雙邊貿易實務。臺灣畜牧業發達，玉米是重要飼料來源，業者亟需進口國外玉米，充作飼料原料。1970年9月，經沈昌煥居中聯繫，臺灣與泰國簽訂《中泰玉米協定》，透過協定促使雙邊貿易正常化。始料未及的是，未至4個月泰國即片面廢止協定，震驚行政院、外交部、經濟部等部會。該事件衍生商務糾紛，縱使沈昌煥緊急協調，仍被指責未妥善聯繫，損害中泰邦誼。

　　該糾紛導源協定簽訂前，臺灣業者高估玉米需求量，向泰方訂購大量玉米。待簽約後，臺灣從各方進口的玉米量大增，而泰國玉米價格遠高於國際市場。臺灣飼料業者進口存貨壓力倍增，價格亦不勝負荷，要求泰國玉米延期裝運。泰國出口商依照約定辦理，未同意臺灣業者訴求，沈昌煥聯繫經濟部國際貿易局再向泰方洽商，方延緩玉米出口作業。1971年1月、2月，泰國玉米裝船之際，國際貿易局要求臺灣業者履約，避免再起爭議。但雙方業者爭議不斷，臺灣無法按時履約。事件爭議愈來愈嚴重，再經沈昌煥與泰國方面接洽，同意臺灣2月份信用狀在當月10日前開達，亦嚴格要求臺灣依照協定按時履約。

---

[29] 「沈昌煥電蔣經國此次兄訪泰已為中泰關係開一新頁」，〈一般資料─各界上蔣經國文電資料〉，《蔣中正總統文物檔案》，國史館藏，數位典藏號：002-080200-00667-050。王景弘，〈在曼谷看蔣部長訪泰，泰京將進入「外交熱季」〉，《聯合報》，1969年5月11日，版2。

值此之際，泰國玉米價格突然漲高，依照協定泰國出口商應按芝加哥行情售予臺灣，每噸估計虧損美金3元，遂以臺灣信用狀未如期開達，與臺灣多次延遲玉米裝船為由，以致無法履行約定，請泰國政府終止協定。[30]對此，臺灣進口業者抨擊泰方毀約，主要是受到玉米價格上揚，終止協定後即可不受約束，再透過自由市場機制，提高玉米出口價格。

　　沈昌煥促成中泰玉米貿易，極力注意雙邊商務關係，除了穩固中泰關係，也與圍堵泰國與共產國家往來相關。1970年12月23日，泰國外交部副部長沙牙宣稱鼓勵泰商與不敵視泰國的共產國家發展貿易，聲明泰蘇貿易協定、民航空運協定將在近期簽訂。另一方面，南斯拉夫與泰國維持外交關係，正爭取在曼谷派駐專使；羅馬尼亞也與泰國洽商，準備在曼谷設立商務專員辦事處。[31]25日，蘇聯與泰國在曼谷簽訂貿易協定，首批35,000噸玉米將運往蘇聯。[32]沈昌煥留意泰國與共產國家強化外交實務，甚至透過經貿賺取外匯，尤其早在其1964年訪泰期間已觀察泰國與蘇聯素有往來，隨著泰國玉米大量傾銷蘇聯，將進一步強化泰蘇關係。在此情勢之下，沈昌煥確保中泰玉米貿易正常化，希冀透過經貿穩定發展，從而穩固雙邊關係。

　　1970年底，沈昌煥關注玉米貿易糾紛，和泰國貿易院商洽出貨時程後，順延玉米出貨。貿易院隨即指示泰國出口商應維持中泰合作關係，國務院致函臺灣玉米進口業者，特許12月配額可延至2月15日前輸運，1月配額可至2月底前輸運。與此同時，沈昌煥爭取經濟部、外交部協助，強調若片面廢止《中泰玉米協定》，將嚴重影響雙邊經貿與外交關係。1971年1月初，中泰玉米貿易再生事端，前揭臺灣採購

---

[30]　「經濟部致行政院秘書處函（副本）：為中泰玉米協定糾紛之原因、經過、影響及有關赴泰洽商改進中泰玉米貿易事函請查照轉陳由」（1971年5月19日），〈中泰玉米貿易（一）〉，《外交部檔案》，中央研究院近代史研究所檔案館藏，檔號：032.2。

[31]　「泰國沈昌煥23日電」（1970年12月25日），〈中泰玉米貿易（一）〉，《外交部檔案》，中央研究院近代史研究所檔案館藏，檔號：032.2。

[32]　「泰國沈昌煥電」（1970年12月30日），〈中泰玉米貿易（一）〉，《外交部檔案》，中央研究院近代史研究所檔案館藏，檔號：032.2。

泰國玉米信用證尚未開達，臺灣業者又要求泰方將1月至4月分配額各延期2個月。1月9日，泰國貿易院開會討論，認定臺灣違約，拒絕任何要求，將依照協定向臺灣索取賠償。[33]

甫經沈昌煥聯繫後，經濟部長孫運璿（1913-2006）要求臺灣業者將1970年12月信用狀全數開發，但業者認為虧損甚巨，再請求泰國方面延期交貨日期。之後，國際貿易局長汪彝定（1920-）與業者協商，請泰國將1月、2月份玉米延期1個月裝運，信用狀在當月25日前開出，至於5月、6月玉米如數交貨，強調臺灣無意減少玉米採購量，希望按照協定以最低量進口，準備派員接洽。[34]但雙方開列條件差距甚大，難以取得共識。

1月22日，泰國出口業者聲明無法容忍臺灣剝削，要求泰國政府廢止《中泰玉米協定》。沈昌煥立刻和泰國高層會談，維持雙方貿易往來。同日，海外航務聯營總處東南亞航線組致電外交部長魏道明，說明泰國一旦放棄《中泰玉米協定》，有損臺灣國際信譽，更讓已派往泰國輸運船隻徒勞返還，損失超過美金60萬元。緊接著，抨擊沈昌煥未能善盡職守，導致毀約事件，請魏道明儘快命令沈昌煥向泰國交涉，維持中泰玉米貿易，避免貽害航運業。[35]這份電文不僅發至外交部，同時也呈請總統府、行政院、經濟部與交通部等單位注意。

沈昌煥對這項前揭指責，予以澄清，向總統府、行政院、經濟部、交通部回應真相，強調雙邊貿易的執行，臺灣業者不照協定履約，例如12月間臺灣依約須採購8萬噸玉米，卻只購買1萬1千噸。泰

[33] 「泰國沈昌煥電」（1971年1月10日）、「泰國沈昌煥電」（1971年1月26日），〈中泰玉米貿易（一）〉，《外交部檔案》，中央研究院近代史研究所檔案館藏，檔號：032.2。
[34] 「經濟部致中華民國駐泰大使館沈大使昌煥函（副本）」（1971年1月21日），〈中泰玉米貿易（一）〉，《外交部檔案》，中央研究院近代史研究所檔案館藏，檔號：032.2。
[35] 「海外航務聯營總處東南亞航線組代電：懇電令駐泰大使竭力向泰政府交涉維持中泰玉米協定由」（1971年2月12日），〈中泰玉米貿易（一）〉，《外交部檔案》，中央研究院近代史研究所檔案館藏，檔號：032.2。

國貿易院一再通融延期，也函請臺灣業者勿再拖延，卻始終未見有改善。1971年1月21日，泰國函請臺灣業者限期辦理，否則將廢除約定。由於事態嚴重，沈昌煥緊急再與泰國高層交換意見，詳述臺灣困難，獲得同情。翌日，泰國貿易院致函臺灣業者，重申泰國與沈昌煥之間協議，也強調臺灣若不按協定執行，將索取賠償和停止交易。在此之後，臺灣業者仍未履約，泰國以沈昌煥言語不實，準備停止協定。[36]中泰玉米貿易衝突激烈，引起行政院長嚴家淦（1905-1993）注意，強調玉米乃臺灣畜牧業必備的原料，命令經濟部會商外交部，全盤評估事件對外交、經濟、貿易衝擊，設法補救。[37]

2月19日，泰國貿易院對外發布聲明，取消《中泰玉米協定》，強調臺灣業者無法履行約定的義務，應負起全部責任。[38]同日，汪彝定緊急前往泰國，經沈昌煥協助，拜訪泰國部長首長、主管，會商後達成尚未了結的各案，將尋求共識，謀求解決辦法。雙方咸認為1970年簽約後窒礙難行，係達成協議時間過遲，影響倉儲與市場價格，往後如欲再簽約，應在7月間完成。另外，中泰進出口商有百餘家，溝通困難，將設法改善。[39]汪彝定與沈昌煥與泰國官方達成共識，認為糾紛乃雙方業者短視近利造成，在國際貿易常發生此類情形，將由雙方業者自行依照國際慣例解決，兩國政府毋須介入，強調中泰經貿關係不因該次事件受到影響，無損兩國外交情誼。[40]

[36] 「泰國沈昌煥電」（1971年2月17日），〈中泰玉米貿易（一）〉，《外交部檔案》，中央研究院近代史研究所檔案館藏，檔號：032.2。

[37] 「行政院秘書處函（副本）」（1971年2月17日）、「致駐泰沈大使電：關於中泰玉米協定事」（1971年2月18日），〈中泰玉米貿易（一）〉，《外交部檔案》，中央研究院近代史研究所檔案館藏，檔號：032.2。

[38] 「泰發表玉米廢約聲明」（1971年2月20日），〈中泰玉米貿易（一）〉，《外交部檔案》，中央研究院近代史研究所檔案館藏，檔號：032.2。

[39] 「泰國沈昌煥電」（1971年2月25日），〈中泰玉米貿易（一）〉，《外交部檔案》，中央研究院近代史研究所檔案館藏，檔號：032.2。

[40] 「經濟部致行政院秘書處函（副本）：為中泰玉米協定糾紛之原因、經過、影響及有關赴泰洽商改進中泰玉米貿易事函請查照轉陳由」（1971年5月19日），〈中泰玉米貿易（一）〉，《外交部檔案》，中央研究院近代史研究所檔案館藏，檔號：032.2。

　　行政院關切中泰玉米貿易，之交通部多次召開「大宗物資計劃採購與運輸配合聯繫會報」，討論日後泰國玉米運輸事宜。[41]5月16日，泰國貿易院主席乃乍侖率團訪臺，進行中泰玉米貿易會談，除了與國際貿易局會商，亦與業者交換意見。最後，乃乍侖與汪彝定達成協議：第一，為穩固兩國玉米產銷，雙方認為本年仍宜簽訂玉米合約。第二，為改善過去一年間玉米合約執行不順利情況，雙方認為今年訂約時應慎重檢討有關規定，以期貿易順利進行。第三，如泰國本年能依約交貨，臺灣將儘可能向泰國進口玉米。第四，關於價格，將由雙方談判決定。第五，皆認為雙方進出口業者應分組經營，以利貿易之進行。第六，雙方同意本年玉米合約之談判，應由雙方相關人員在7月舉行。[42]中泰雙方希冀透過是項協議，使雙邊玉米貿易不致再起紛爭。

　　7月25日，沈昌煥請政府擬定相關辦法，重啟中泰玉米貿易，督導國內進口商，避免重蹈覆轍。[43]29日，中華民國代表團團長林芳伯前往泰國協商，與乃乍侖達成進一步的協議，自1971年10月至1972年4月將採購泰國40萬噸玉米，價值約美金2,500萬元，占泰國玉米出口總量四分之一，係屬重大合約，在雙邊經貿關係甚具意義。[44]自此之後，中泰玉米貿易維持穩定合作，儘管1975年中泰斷交，該年7月玉米貿易持續進行而未受到影響。[45]

---

[41]　「交通部致經濟部函（副本）：關於進口泰國玉米之船運事宜，請查照惠予一併轉陳由」（1971年3月3日），〈中泰玉米貿易（一）〉，《外交部檔案》，中央研究院近代史研究所檔案館藏，檔號：032.2。

[42]　「經濟部呈行政院（副本）：為泰國玉米代表團訪問我國乙案報請鑒核由」（1971年5月26日），〈中泰玉米貿易（一）〉，《外交部檔案》，中央研究院近代史研究所檔案館藏，檔號：032.2。

[43]　「泰國沈昌煥25日電」（1971年7月26日），〈中泰玉米貿易（一）〉，《外交部檔案》，中央研究院近代史研究所檔案館藏，檔號：032.2。

[44]　「行政院令經濟部（副本）」（1971年9月16日），〈中泰玉米貿易（一）〉，《外交部檔案》，中央研究院近代史研究所檔案館藏，檔號：032.2。

[45]　「泰國大使館17日電」（1975年7月18日），〈中泰玉米貿易（一）〉，《外交部檔案》，中央研究院近代史研究所檔案館藏，檔號：032.2。

五、落實泰王山地計畫

　　1932年，泰國實施君主立憲制度，國王並未管理實際政務。1946年，泰國國王蒲美蓬即位，經常前往各地探視，關心民眾生活，尤其關懷泰北山地耕種情形，對於英國教導山地居民砍伐樹林，種植罌粟深惡痛絕，試圖教導民眾改種高經濟價值作物，取代鴉片生產，卻不知道何種農作物適合泰北山地。儘管鼓勵當地民眾栽種其他適合作物，卻危及民眾經濟來源。1959年11月，泰國政府明令禁止種植罌粟以及販售鴉片，但是泰北山地氣候寒冷、土地貧瘠，這些山地部落缺乏農業技術與知識，未能知曉可種植何種作物取代罌粟，每年仍上山播種罌粟以維持生計。[46]

　　1969年，蒲美蓬以泰國農業技術尚未發展出移植與改良作物，以適應泰國北部山地的技術，欲借重其他國家協助，改善泰北山地生產習性，遂邀請駐泰國各國共同研商，解決問題。英國、美國、日本、韓國紛紛選派農業專家，前往泰北山地勘察，提供改善的建議，隨後又贈送溫帶水果苗株試種，雖然果樹生長良好，卻始終無法開花結果。1970年1月31日，蒲美蓬接見駐泰大使沈昌煥與陸軍總司令于豪章（1918-1999）將軍，其曾於1963年訪華，特別留意臺灣農業發展，對農業水利與技術留下深刻印象，談及泰北山地種植罌粟危害社會，聽聞臺灣在高山地區成功種植落葉果樹，走向經濟轉型，商請提供技術支援。沈昌煥深知蒲美蓬在泰國地位崇高，極力促成臺灣提供援助，強化中泰農業技術合作。在沈昌煥的努力後，政府鑒於國軍退除役官兵於臺灣中部山區成功栽種溫帶果樹，令行政院退除役官兵輔導委員會（以下簡作退輔會）派員前往援助泰國。退輔會選派富有栽培溫帶果樹經驗的福壽山農場副場長宋慶雲（－2006）前往泰國，評估農業技術合作計畫可行性。1971年2月，宋慶雲前往泰北山地實地

---

[46] 李珆萱，〈斷中有「續」：退輔會農技援泰北（1969-1977）〉（花蓮：東華大學歷史學系碩士論文，2018），頁14。

考察後，試圖將臺灣經移植泰北，陸續將臺灣桃樹、李樹、柿樹、梅樹、梨樹、蘋果樹苗1,280株，運往泰北山地種植。[47]

1971年夏季，宋慶雲在泰北培育溫帶水果之際，蒲美蓬以泰北山地自英國於該地教導民眾種植罌粟、生產鴉片，每當種植罌粟花2至3年後，土壤養分消耗殆盡，嚴重破壞土地，指示畢沙迪親王設法在這些區域轉型種植果樹。畢沙迪主持泰北山地計畫，親自率員至臺灣參觀農業試驗研究所、大學農學院農場，並且循著橫貫公路沿線參觀高山農場，極為讚賞福壽山農場與梨山一帶成功生產桃、李等水果。畢沙迪返回泰國後，立即向中華民國提出「發展泰國北部山區農業及改善人民生活建議書」，請求臺灣技術支援。[48]

是年10月，中華民國退出聯合國，國際聲勢一落千丈，友邦接續斷交，陷入外交危機。外交部鑒於泰國在東南亞地位日益重要，堅強反共策略，使中泰關係有繼續加強的必要，促成中泰農業技術進一步的合作。11月27日，退輔會主任委員趙聚鈺（1913-1981）會同秘書長劉誠、第五處處長劉慶生、榮民工程事業管理處處長嚴孝章以及公共關係科科長翟乾瑞等5人前往泰國實地訪視，至12月4日返回臺灣，擬具調查報告。據調查報告指出其任務有三：第一，考察泰國退伍軍人輔導制度，加強中泰兩國退伍軍人組織聯繫與合作。第二，參觀泰王山區開發計劃區域，研究提供建議與協助。第三，視察退輔會在泰國承建的公路工程，慰問施工的榮民和員工。其訪問泰國期間，參觀泰國皇宮並晉見泰王蒲美蓬，商談中泰農業技術之合作，以及視察泰北山地作物種植情形。趙聚鈺配合泰國方面需求，策訂支援泰北山地農業開發計畫，時間為期4年，每年選派農業技術人員常駐泰北山區，指導當地民眾種植高經濟價值溫帶果樹以及高冷地蔬菜，希冀透過農業種植技術的推廣，以及種植面積與日俱增，增加當地民眾收入而改善生活條件，進而達到肅清煙毒以及保護山地森林的目的。趙聚鈺訪問泰國期間，備受泰國王室暨政府官員熱烈歡迎與

[47] 沈克勤，《使泰二十年》（臺北：臺灣學生書局，2002），頁5。
[48] 沈克勤，《使泰二十年》，頁8-10。

接待，甚至蒙受泰王親自授勳，顯示泰國對中泰農業技術合作關係的重視。[49]

1972年5月，沈昌煥再次接任外交部長，致力維繫與各國外交關係，以泰國國王蒲美蓬重視泰北山地開發計畫，繼續協助聯繫退輔會予以全力支援，陸續提供泰國各項農業技術援助。1975年，中泰斷交後，蒲美蓬仍希望透過農業技術合作，維繫臺灣與泰國王室關係，之後更親自邀請趙聚鈺等人前往泰國商談。臺灣支援泰北山地第1期計畫在1977年到期，在蒲美蓬期許退輔會繼續支援的前提下，中華民國為加強中泰友誼，啟動第2期泰北山地計畫，從1978年至1981年期間，除了擴大農業技術合作範圍，也致力推廣溫帶果樹與高冷蔬菜種植技術，邀請泰國農業專家、技術人員至臺灣觀摩、研習。第3期泰王山地計畫從1981年7月至1985年6月，分4年實施，新增造林計畫、生態維持、集水區經營，對泰國水土保護與土地利用等層面貢獻良多。由此可見，中泰縱使已經斷交，但臺灣援助泰王山地計畫成果豐碩，助益泰國產業升級與技術提升。1994年2月16日，李登輝總統偕同外交部長錢復、經建會主委蕭萬長訪問泰國，受到中共強大勢力打壓。然而，蒲美蓬無懼中共的反對，熱烈接待李登輝總統等人，並且再次盛讚臺灣農業技術人員陸續將優良技術輸往泰北山地，以高超農業技術改善泰北民眾生活，殷切希望中泰農業技術繼續交流與合作。在此之後，中華民國海外技術合作委員會與泰國皇室山地計畫基金會協商，簽定《中泰農業技術合作協定》，雙方繼續進行合作與技術交流。臺灣繼續派農業技術團隊前往泰國，從事溫帶果樹及蔬菜種植的研究，進行造林及茶葉的生產與改良、水果與蔬菜加工，以及加強農業技術人員的訓練。[50]

---

[49] 「收行政院國軍退除役官兵輔導委員會函」（1973年1月29日），〈泰王山地計畫〉，《外交部檔案》，中央研究院近代史研究所檔案館藏，檔號：031.32/0001。

[50] 沈克勤，《使泰二十年》，頁13-31。

六、結語

1949年，中華民國撤退至臺灣後，為防堵中共勢力擴張，極力固守聯合國中國代表權。1950年代，泰國為爭取美國援助，反對國際共產勢力，經常在聯合國協助中華民國穩固中國代表權。在特殊的合作關係下，中華民國亦經常扶助泰國爭取重要席位。除國際層面的相互合作，1951年9月29日中泰簽訂《中泰空運臨時協定換文》，耕耘臺北至曼谷的交通航線，甚至經泰國中華民國客運、貨運拓展至東南亞與歐洲地區，凸顯中泰航線價值。在此合作的基礎上，雙方因時制宜，屢屢修訂空運協定，嘉惠雙邊客運、貨運網絡。

1960年代，東南亞國際形勢變動，中華民國致力維繫中泰關係。1963年6月初，泰王蒲美蓬與詩利吉皇后訪臺，見證中泰友好情誼，也陸續開展中泰經貿往來和農業技術合作。1964年，中華民國面臨中法斷交、日本拓展中共民間貿易等挑戰，試圖建構亞洲自由國家貿易網絡，形塑圍堵中共勢力防線。值此反共氛圍，外交部長沈昌煥出訪東南亞，近距離考察馬來西亞、泰國與菲律賓政情，評估強化設立亞洲自由國家貿易網絡以圍堵中共防線的可能性。沈昌煥歸納馬來西亞方完成獨立，尚未成氣候；泰國有特殊安全感，與蘇聯有邦交關係，甚難加入聯盟；菲律賓時值大選，無力旁及圍堵中共防線。儘管目的未達成，但沈昌煥卻觀察東南亞各國關注臺灣農業技術，希望爭取協助，臺灣可轉以技術援外模式，穩固與東南亞國家外交關係，達到抗衡中共的目的。

1969年至1972年間，沈昌煥轉任駐泰大使，致力維繫中泰關係，其間安排1969年5月蔣經國特使訪問泰國，團結亞洲反共力量。與此同時，沈昌煥協助臺灣與泰國簽訂《中泰玉米協定》，之後卻是不斷遭遇亂流，迫使泰國廢除協定。在這緊張的情勢下，沈昌煥致力排除萬難，重啟雙邊玉米貿易。在農業技術合作，泰國國王蒲美蓬爭取臺灣協助泰北山地種植果樹，以汰除罌粟、鴉片毒品對社會的危

害，經沈昌煥居間聯繫退輔會，協助泰國啟動「泰王山地計畫」，將臺灣農業技術輸往泰國。1972年6月1日，沈昌煥再次接任外交部長，當時中華民國已退出聯合國，在風雨飄搖與動盪的時局下，設法維繫友邦關係，力穩中泰外交邦誼。是以，在沈昌煥的關注下，中泰玉米貿易與「泰王山地計畫」事務順利推展，也加強雙邊互訪，及技術人員培育。至1975年7月1日，中泰兩國宣布斷交，雙邊仍繼續商洽玉米交易，維持貿易伙伴關係；另外，「泰王山地計畫」也賡續落實，臺灣溫帶水果、高冷蔬菜遍植泰北，使當地罌粟逐漸絕跡。時至今日，「泰王山地計畫」仍深植泰北人心，為臺灣當年耕耘留下見證。

　　從沈昌煥擔任兩任外交部長與駐泰大使期間的努力，足見其經營中泰外交與經濟發展之獨特見解，致力穩固中泰友好關係。今日，臺灣與泰國雖已無正式官方外交關係，但雙方經貿網絡與技術交流頻繁，實乃日後臺灣拓展新南向策略的重要基礎。

論戰後臺日經濟構造與外交官沈昌煥的活動（1960-1972）

洪紹洋[1]

一、前言

綜觀1960年代的臺日經濟，或可從資本流動與商品貿易兩個層面進行分析。。1960年代臺灣的外資政策因投資法規鬆綁，日資始大舉來臺投資。[2]在商品的流動上，1961年9月底，臺日兩國間採行的貿易計畫與易貨記帳結束，臺灣對日本的逆差逐漸惡化。[3]然臺日兩國在經貿往來的經濟運行過程，經常有官員進行針對特定事務進行協商，但經濟官僚與外交官的對日活動參與與分工情形為何，為較少被討論的部分。

關於戰後臺日關係的研究，首推川島真等人所著《日臺關係史》，但這本專書中偏重在外交與政治的說明，對兩國間經濟往來的考察較少。[4]廖鴻綺對1950-1961年臺日兩國政府共同主導的記帳式貿易進行政策性討論。[5]林滿紅透過大量臺灣商人資料的耙梳與整理，指陳戰後臺灣商人的對日貿易，深具殖民地商貿網絡的延續色彩。[6]

---

[1]　國立陽明大學人文與社會教育中心。

[2]　劉進慶著，王宏仁、林繼文、李明峻譯，《臺灣戰後經濟分析》（臺北：人間出版社，1992），頁256-272。

[3]　廖鴻綺，《貿易與政治－臺日間的貿易外交（1950-1961）》（臺北：稻鄉出版社，2005）。

[4]　川島真、清水麗、松田康博、楊永明，《日臺關係史》（東京：東京大學出版會，2009）。

[5]　廖鴻綺，《貿易與政治－臺日間的貿易外交（1950-1961）》（臺北：稻鄉出版社，2005）。

[6]　林滿紅，2009年3月，〈臺灣の対日貿易における政府と商人の關係（1950-1961年）〉，《アジア文化交流研究》，第4號，頁509-533。

　　近年來，本人對戰後各個階段的臺日經濟進行研究，並撰寫數篇論文，其中包含1945-1949年臺日貿易回復前的考察，[7]還有半官方和帶有官方色彩的組織在臺日經濟間所扮演的角色。[8]另外，並從外資的資本積累的觀點出發，討論1950年代日本資本如何在臺灣於脫離殖民地之後，在國際經濟的背景下前來投資。[9]在政治史的討論上，日本學者清水麗著重臺日斷交前後的兩國政府間的政治、經濟與交通政策的互動進行討論。[10]值得注意的是，清水麗的著作指出1960年代中期後，甚至至臺日斷交前後的臺日關係決策，指出外交單位的外交部長和駐日大使可供著墨的空間有限，多由總統蔣介石與張群透過檯面下之管道進行實質上的政策協商。基於上述的認知，本文希望能關注外交與經濟官僚的參與過程，並以1965年8月，臺日兩國在外交上剛從外交冰點脫出，並以經濟上的日圓貸款達到高潮的背景下分析經濟官僚的參與，還有外交部長沈昌煥訪日時的談話。接著，再就臺日斷交時沈昌煥的發言與文書往返，探討其在臺日關係中扮演的角色。

二、日臺經濟中的政治與兩岸分治要素

　　戰後臺日經濟的交流，除了經濟部門的企業、商品與資金的往來外，臺日間尚透過中日合作策進委員會和中日文化經濟協會等半官方組織的居中牽線，前者促使兩國間重大投資議案之實現，後者則聽取來臺日資所遭遇之困難。值得注意的是，臺日兩方人士共同創辦的中

---

[7]　洪紹洋，〈戰後初期臺灣對外經濟關係之重整（1945-1950）〉，《臺灣文獻》，第65卷第3期（2015年9月），頁103-150。
[8]　洪紹洋，〈中日合作策進會對戰後臺灣經建計劃之促進與發展〉，《臺灣文獻》，第63卷第3期（2012年9月），頁91-124。洪紹洋，〈戰後臺日交流下的中日文化經濟協會〉，《中央大學人文學報》，第63期（2017年4月），頁149-183。
[9]　洪紹洋，〈1950年代臺日經濟關係的重啟與調整〉，《臺灣史研究》，第23卷第2期（2016年6月），頁165-210。
[10]　清水麗，〈蔣經國・李登輝時期日臺關係之轉變：日華・日臺雙重結構之遺產〉，《當代日本與東亞研究》第1卷第5號（2007.12），頁1-16。

日合作策進委員會，不僅作為日資來臺的平臺，還促成1965年的日圓貸款。

此外，臺日兩國間的交流，不時受到中共要素的影響而停頓。雖言戰後日本面對臺灣與中共的交流提倡以政經分離的精神，但自1960年代以後中共對日本的態度日驅強硬，要求日本能夠政經不分離，承認中華人民共和國之國體。以下，將先大幅徵引過去本人之論著介紹中日合作策進會的成立與在臺日經濟部門中扮演之角色，再論述戰後日本與中共間的經濟往來，並觀察當中官員所扮演的角色。

（一）中日合作策進委員會與日圓貸款

中日合作策進委員會的成立，源於1956年8月日本副總理石井光次郎訪問臺灣時，張群與其認為臺日之間的交流不能光仰賴政府間的協商管道，應共同籌設一組織，為政府間的談判議題先行鋪路。張群將此構想向總統蔣介石報告並獲得認可後，即開始籌備。在此基礎下，1957年「中日合作策進委員會」成立，並設有政治、經濟、文化三組委員會。[11]

值得注意的是，戰後日本雖作為敗戰國，但伴隨1950年代的經濟復興階段，開始試圖以對外出口商品、資本財與投資公共工程，促使日本資本走向海外。作為開發中國家的臺灣，在本國資金尚未充沛前，僅能仰賴從國外取得資金進行設備投資。1965年日本政府提供給中華民國政府的日圓貸款，中日合作策進委員會即扮演居間協調的橋樑。

稍詳言之，1961年策進會召開第六次會議時，臺灣側的代表即向日本探詢是否能提供民間部門信用貸款與進出口金融貸款，或類似日本提供東南亞日圓貸款的可能。同年召開第七次會議時，臺灣代表明確向日本明確提出除能以日本海外協力基金等機構貸款給臺灣外，還

---

[11] 洪紹洋，〈中日合作策進會對戰後臺灣經建計劃之促進與發展〉，《臺灣文獻》，第63卷第3期（2012年9月），頁94-95。

希望日本輸出入銀行能提供500萬美元的長期貸款，作為公民營事業
向日本採購資材的款項。[12]

　　1962年行政院外匯貿易審議委員會主任委員尹仲容赴日與首相池
田勇人等官員進行會談時，正式向日本政府提出貸款之可行性。但在
協商階段時，因日本的倉敷螺縈株式會社向中共出口維尼龍設備，還
有周鴻慶事變的發生，臺日兩國間的關係陷入僵局。此外，又遭遇負
責對日交涉的尹仲容過世，日圓貸款的提案遂告中斷。[13]

　　1964年2月日本前首相吉田茂為化解臺日兩國緊張關係訪臺，提
出願意促成日圓貸款。隨後日本又派遣外相大平正芳來臺，兩國外交
才逐告正常。同年8月，總統府秘書長張群訪問日本時，日本除承諾
願意提供長期低利貸款外，並提出即將召開的第九次中日合作策進委
員會議日本將以三井財團之重役佐藤喜一郎擔任團長。此外，顧問岸
信介和石井光次郎等大老皆允諾出席。經由此人事佈局，或能顯現出
日本方面對日圓貸款的重視性。[14]

　　1964年佐藤榮作繼任內閣總理大臣後，提出將對臺灣與東南亞各
國的經濟援助採取更積極的方針。1964年12月，中日合作策進委員會
召開第九次會議，日本方面也提出願意協助臺灣發展第四期經建計劃
中所需的資本和技術。這次會議日本方面參與的代表多為日本工商界
要員，包含三井銀行、三菱商事、三菱電機、伊藤忠商事、石川島播
磨重工業和經濟團體聯合會等代表。上述日本事業集團多派員參加的
原因，是寄望日圓貸款簽署後的市場機會。[15]

　　另一方面，當時日本政府對於該以贈與或貸款的形式援助臺灣，
也就實施方法進行爭論。時任外務省經濟協力局局長西山勉指出，中

---

[12] 洪紹洋，〈中日合作策進會對戰後臺灣經建計劃之促進與發展〉，《臺灣文獻》，
　　第63卷第3期（2012年9月），頁110。
[13] 洪紹洋，〈中日合作策進會對戰後臺灣經建計劃之促進與發展〉，《臺灣文獻》，
　　第63卷第3期（2012年9月），頁110。
[14] 洪紹洋，〈中日合作策進會對戰後臺灣經建計劃之促進與發展〉，《臺灣文獻》，
　　第63卷第3期（2012年9月），頁111。
[15] 洪紹洋，〈中日合作策進會對戰後臺灣經建計劃之促進與發展〉，《臺灣文獻》，
　　第63卷第3期（2012年9月），頁111。

華民國於聯合國中擔任常任理事國，若提供贈與性的經濟援助，將有失妥當。最終，外務省決議以貸款的形式提供臺灣玨住。1964年10月，外務省派遣經濟協力課課長岡田晃及大藏省財務調查官村井七郎訪問臺灣，與國際經濟合作發展委員會副主任委員李國鼎針對日圓貸款相關事宜進行協商。經過兩次的會談，日方明確表示願意與臺灣政府簽訂5年共計1億5,000萬美元的貸款。[16]

1965年3月日本內部的外務、大藏、通產省和經濟企畫廳達成對臺灣貸款之協議後，同年4月26日，由時任經濟部長的李國鼎與日本駐華大使木村四郎七代表兩國政府就日圓貸款的簽訂在臺北換文。[17]

從日圓貸款簽署過程的討論，或可知悉作為半官方組織的中日合作策進委員會，在兩國重大經濟往來的過程中，先以非官方的策進會為中介進行檯面上的意見交換與協商後，才步入官方的正式談判。

（二）臺日交流的摩擦──中共問題與檯面下之外交斡旋

1972年日臺斷交以前，臺日間的經貿往來不時受到日本與中共的交流而暫停。過去川島真等人的的研究，提出長崎國旗事件、維尼龍工廠和周鴻慶事件等，均曾短暫影響臺日間的經濟關係。[18]這些事件中，臺灣政府曾短期抵制對日的經貿往來，但仍在臺日兩國間供需體系的現實面而告恢復。從外交角度的觀點出發，需要由外交官員進行折衝。

基本上，戰前日本對中國大陸除了軍事上的侵略外，在經濟層面上也有諸多的貿易往來與開發事業的實施，並在生產資源與產品銷售市場有著密切連結。戰後日本除了與臺灣有著熱絡的經貿往來外，戰

---

[16] 洪紹洋，〈中日合作策進會對戰後臺灣經建計劃之促進與發展〉，《臺灣文獻》，第63卷第3期（2012年9月），頁111-112。

[17] 洪紹洋，〈中日合作策進會對戰後臺灣經建計劃之促進與發展〉，《臺灣文獻》，第63卷第3期（2012年9月），頁112。

[18] 川島真、清水麗、松田康博、楊永明，《日臺關係史》（東京：東京大學出版會，2009），頁71、76-78。

前與日本經濟不論是從物資供需或軍事侵略而有密切連結的中國大陸市場，戰後在冷戰對峙的背景下，日本因隸屬美國反共陣營，使得日本與中共間的經貿規模較小。綜觀戰後日本企業與中共的商業往來，在美國的主宰下受到諸多限制，但其對廣大的中國市場仍有諸多之期待。

回顧戰後日本對中共的貿易，可追溯自1949年8月，當時日本尚在盟軍總部的管理下，與中共進行貿易時需先經盟總同意，才能從香港進行轉口式記帳貿易。當時因每筆交易均需經盟總批准，故雙邊貿易額並不高。1949年12月，盟總同意日本政府頒佈新的進出口貿易管理令，規定除戰略物資外，其他物資可由民間以易貨原則的方式進行自由買賣。但1950年6月韓戰爆發後，盟總開始禁止日本將重要物資出口至中國，禁運項目並逐漸增加：同年12月中共加入戰局後，實施出口限制的地區從中國擴展至北韓、香港、澳門。1951年1月起，盟總僅同意出口雜貨、纖維製品、農水產品和部分民生機械等出口至中國。[19]

1952年4月，戰後日本貿易恢復自主，民間團體為擴展對中國貿易，成立「中日貿易促進會」、「日中貿易促進會議」等組織。同年6月，以國會議員帆足計為首等與中共簽署「日中貿易協定」，泛稱為即為第一次「日中貿易民間協定」。1953年韓戰停滯，日本因韓戰創造出大量的需求逐漸萎縮，日本的國會議員開始謀求與中共交流，並組織「中共通商議員視察團」，於同年10月19日與國際貿易促進委員會主席南漢宸簽署第二次貿易協定。[20]

大致上，1950年代日本與中共間由日本民間主導共簽署四次日中民間貿易協定。其中，1958年中國政府因發生在日本的長崎國旗事

---

[19] 中華民國駐日大使館綜述，〈本館及前駐日代表團因應日匪貿易經過〉（1958年4月4日），《中日間關於日匪第四次民間貿易協定交涉之說帖》，外交部檔案，檔號：005.24/0002，影像號：11-EAP-00593，藏於中央研究院近代史研究所檔案館。

[20] 中華民國駐日大使館綜述，〈本館及前駐日代表團因應日匪貿易經過〉（1958年4月4日），《中日間關於日匪第四次民間貿易協定交涉之說帖》，外交部檔案，檔號：005.24/0002，影像號：11-EAP-00593，藏於中央研究院近代史研究所檔案館。

件，使得日中貿易與人員交流呈現斷絕之現象。[21]

　　1960年中國認定友好商社，於每年春天與秋天參加在廣州的交易會，進行貿易上的磋商。1962年12月，簽署關於友好貿易的議定書，中國方面由中國國際貿易促進會簽署，日本則有日中貿易促進會、日本國際貿易促進協會、日本國際貿易促協會關西本部三個團體簽署友好貿易議定書，宗旨環繞在中國與日本間的團體提出日中關係必須要政經不可分離。[22]

　　值得注意的是，戰前擔任滿洲重工業總裁，戰後擔任岸信介內閣幕僚的高崎達之助，1962年10月率領包含鋼鐵和化學肥料產業界的經濟代表團訪問中國，並在11月9日與周恩來指定的代理人廖承志簽署「中日長期貿易綜合備忘錄」，確認日本將以整廠設備輸出至中國。1963年7月，日本輸出入銀行提出融資條件，預定將倉敷嫘縈的維尼龍工廠設備出口至中國。臺灣政府呈現強硬的態度，在日本外務、通商產業、大藏大臣集體認可輸出入銀行融資的隔日（8月21日），總統府秘書長張群向日本駐臺灣大使木村四郎七提出蔣介石總統之抗議。經過多次波折，臺灣並在9月21日召回大使。[23]

　　臺日外交呈現低盪的波折中，10月7日又出現中國油壓式機械代表團翻譯周鴻慶來日，私自潛逃至蘇聯大使館尋求庇護，最終仍被日本遣返回中國。[24]

　　臺日關係陷入低點時，1964年2月吉田茂訪臺與蔣介石進行三次會談，3月張群並整理「中共對策要綱案」交付吉田以尋求確認。此一內容除了反共面的宣示外，經濟上包含日本對中國以侷限民間貿

---

[21] 國分良成、添谷芳秀、高原明生、川島真，《日中關係史》（東京：有斐閣：2013），頁84-85。

[22] 國分良成、添谷芳秀、高原明生、川島真，《日中關係史》（東京：有斐閣：2013），頁85-86。

[23] 國分良成、添谷芳秀、高原明生、川島真，《日中關係史》（東京：有斐閣：2013），頁88-89。

[24] 國分良成、添谷芳秀、高原明生、川島真，《日中關係史》（東京：有斐閣：2013），頁90。

易，政府應慎重地避免給予經濟援助。[25]

　　值得注意的是，當臺灣召回大使後，臺灣與日本間的關係要如何重新修好？在清水麗的論著中，曾指出1960年代以後的臺日關係，是透過「蔣介石－張群」體制來處理對日政策，甚至連外交部長都沒有實質參與，從1952-1956年擔任大使的董顯光、1959-1963年擔任大使的張厲生、1966-1969年擔任大使的陳之邁等，均未深入參與對日政策的決策。[26]

　　1992年慶祝陳建中八十大壽出版的文集中，擔任國民黨中央黨部第六組主任陳建中翻譯的陳昭凱回憶當1964年日本將周鴻慶遣返回中國時，中華民國政府在對日交涉無效時召回駐日大使館高級人員。在兩國的外交管道陷入對話斷絕時，政府派遣陳建中前往東京處理大使館的重要事務，日方人士並以「地下大使」視之。[27]

　　當時陳昭凱以陸軍武官的身份協助陳建中翻譯，每日早晨召集仍留守日本的各單位人員舉行會報，並與自民黨親臺派聯繫。另外，並與自民黨中反對池田派的人士如岸信介、石井光次郎、福田糾夫、賀屋興宣等聯繫。這段時間政府與外務省次官毛利松平進行約15次的商談。大致上，陳建中從日本年邁政界人士，到中生代議員如藤尾正行、毛利松平等，遊說對象從自民黨內部出發、逐漸影響社會輿論的方法進行。[28]

　　當時陳建中曾一度返臺向蔣介石報告，並請示是否需會見池田首相的後臺吉田茂，促使池田改變政策。蔣介石不僅同意，並希望邀請

[25] 國分良成、添谷芳秀、高原明生、川島真，《日中關係史》（東京：有斐閣：2013），頁90-91。

[26] 清水麗，〈蔣經國‧李登輝時期日臺關係之轉變：日華‧日臺雙重結構之遺產〉，《當代日本與東亞研究》第1卷第5號（2007.12），頁1-16。

[27] 陳昭凱，〈吉田茂訪華與中日關係的轉機〉，陳建中先生八秩華誕文集編輯委員會編，《彩繪人生八十年－陳建中先生八秩華誕文集》（臺北：中日關係研究會，1992），頁116-117。

[28] 陳昭凱，〈吉田茂訪華與中日關係的轉機〉，陳建中先生八秩華誕文集編輯委員會編，《彩繪人生八十年－陳建中先生八秩華誕文集》（臺北：中日關係研究會，1992），頁116-118。

吉田到日月潭。當陳建中會見吉田茂時，吉田安排北澤直吉眾議員參與會談。最終在1964年2月，吉田茂以日本特使身份攜帶首相池田勇人親筆函訪臺，達成對中共認識與對策之協議。該協議內容經池田勇人同意後，在4月4日告知總統府秘書長張群，兩國並在4月4日同日發表，即為吉田書簡。[29]

　　從經濟上的部分來看，吉田書簡宣示日本與中共的貿易以民間貿易為限，避免給予中共政府性質的援助。之後，日本外務省大臣大平正方與證物次關毛利松平訪臺，恢復兩國正常的外關係。[30]

　　以往對周鴻慶事件的討論，並未針對以國民黨第六組主任的陳建中進行討論。透過陳建中的居中協調，顯現出當時臺日關係誠如清水麗的研究是直接跳躍過外交部系統，而是由總統蔣介石與黨務系統，與日本間的知臺派人士直接聯繫，進而化解兩國間的外交危機。

　　總的來說，發生在1963-1964年間的維尼龍工廠與周鴻慶事件，外交系統均被排除在決策單位之外。臺日關係面臨因中共造成的危機，係直接由國民黨第六組的黨務系統介入化解。至於在經濟事務方面，則是直接由經濟決策機關進行協商。

　　在臺日關係稍微緩和的背景下，1965年8月外交部長前往日本訪問，在又臺日外交的實質面以檯面下的方式運作，又加上1965年7月起日本對臺提供日圓貸款的背景下。究竟從沈昌煥訪日的會晤與談話過程，對於兩國實質外交和經濟層面，是否能夠透露出相關資訊？

---

[29] 陳昭凱，〈吉田茂訪華與中日關係的轉機〉，陳建中先生八秩華誕文集編輯委員會編，《彩繪人生八十年－陳建中先生八秩華誕文集》（臺北：中日關係研究會，1992），頁118-120。

[30] 陳昭凱，〈吉田茂訪華與中日關係的轉機〉，陳建中先生八秩華誕文集編輯委員會編，《彩繪人生八十年－陳建中先生八秩華誕文集》（臺北：中日關係研究會，1992），頁120。

三、外交官沈昌煥與臺日經濟

（一）1965年外交部長沈昌煥訪日言論

　　1965年8月12-19日，外交部長沈昌煥一行訪日。如表1所示，訪日成員中除了外交部官員外，尚有行政院國際經濟合作發展委員會秘書長陶聲洋，負責經濟事務的協調。沈昌煥訪日的時間點，臺日兩國間同時帶有經濟與政治的色彩。從經濟的角度來看，日本在同年7月起開始對臺實施經濟援助；在政治的觀點來看，兩國間剛從兩岸對峙背景中的維尼龍工廠與周鴻慶事件，經由吉田茂訪華後脫出臺日間的低盪關係。作為外交部長的沈昌煥，在對日會晤人士與發表言論時，仍秉持外交官的立場提倡兩國間的反共與政治交流，對於經濟事務的商討，似未見到過多的著墨。

　　在沈昌煥訪日前的1965年7月，中華民國駐日本大使館先就日本朝日新聞、產經新聞和每日新聞等對沈昌煥訪日的相關報導彙整，指出臺日兩國間因維尼龍工廠整廠輸出與周鴻慶事件等兩國間的負面影響，將透過沈昌煥訪日恢復正常。另一方面，1964年7月大平正芳前外相訪臺與沈昌煥會談時，已確認兩國間均支持美國的東南亞政策，不與主張中立國為伍；又，日本也確認支持中華民國在聯合國的代表權，大平氏亦邀請沈昌煥訪日。基本上，中華民國駐日本大使館建議沈昌煥訪日應避免觸及日本與中國間的政策敏感問題，部長與外相椎名悅三郎會談時，應集中在越南局勢與對中共出口之問題。[31]

---

[31]　中華民國駐日本國大使館（代電），〈關於日本各報報導部長蒞訪消息情形，謹報請鑒譽參考核〉，（1965年7月20日），日政（54）字第1973號，《沈部長訪韓日》，外交部檔案，檔號：012.21/0010，影像號：11-EAP-05662，藏於中央研究院近代史研究所檔案館。

表1　1965年外交部部長沈昌煥訪日隨行成員

姓名	當時職務	經歷
李士英（1912）	國防部顧問、外交部顧問、政論家總主筆	中國駐英軍事代表團秘書，重慶掃蕩報編輯，南京和平日報總主筆，國防部政治部秘書，國民黨中央設計委員會委員，監察院秘書長，中央日報總主筆
陶聲洋（1919）	國際經濟合作發展委員會秘書長、外交部顧問	上海聖約翰大學畢業，留學德國。德國工廠工程師，第十兵工廠代工務處長，美援會副主任，工業發展及投資中心執行秘書
劉宗翰（1915）	外交部亞東太平洋司司長	中央政治大學畢業。駐加爾各達隨習領事（1942-1945）、仰光副領事（1946-1947）、埃及阿歷山大領事（1947-1949）、開羅大使館二等秘書（1949-1952）、瓜地馬拉城總領事（1952-1954）、瓜地馬拉公使館代辦（1954-1957）、泰國大使館參事（1957-1959）、南非約翰尼斯堡公使銜總領事
崔萬秋（1904）	外交部亞東太平洋司副司長	日本廣島文理科畢業。駐日代表專門委員、駐日大使館參事
廖碩石（1919）	外交部秘書處專任秘書	湖北漢口協同神學院畢業（1941）、外交部駐里斯本公使秘書、駐南非約翰尼斯堡領事館副領事（1957-1963）
周隆岐（1924）	外交部專員	日本東北帝國大學。駐長崎領事館領事、駐大阪總領事館副領事

資料來源：《沈部長訪韓日》，外交部檔案，檔號：012.21/0010，影像號：11-EAP-05662，藏於中央研究院近代史研究所檔案館。

　　大致上，從沈昌煥在日本進行的公開談話或與官員的會談，仍將主軸集中在反共。

　　1965年8月12日，沈昌煥出發前往松山機場發表之部分談話內容：

> 　　中國與日本為歷史悠久的鄰邦，文化經濟關係非常密切，兩國並同屬民主陣營，成為西太平洋防線的重要環節，尤其休戚相關，安危與共。
> 　　目前共匪正在東南亞擴大軍事侵略，在東北亞加緊政治滲透，亞洲情勢異常嚴重，中華民國與日本自有進一步加強合作

互助的必要。

在訪日期間，本人將訪晤佐藤總理大臣、椎名外務大臣、日本政府其他首長及各界領袖人士，就當前世界大局，亞洲危機以集中日關係等項重大問題，充分交換意見。[32]

在抵達日本羽田機場時，又發表以下之言論：

日本亞洲情勢極端緊張，自由世界之安全遭受嚴重威脅，日本與中華民國均為民主陣營之成員，同屬西太平洋集體安全體系的重要環節，利害關係至為深切，兩國崇尚自由民主，重視個人尊嚴的理想，以及所負維護亞洲安定及世界和平的任務，亦復相同。本人認為日本與中華民國兩國間之合作互助，對於兩國相互間的基本需要與長遠利益，完全相符。

至於日本與中華民國之處境不盡相同，近年以來在彼此交往之中，若干困難之發生自所避免。去年貴國元老政治家吉田茂先生、大平正方外務大臣及中日合作策進委員會諸先生相繼訪臺，中日雙方以同舟共濟之精神，推誠相與，使兩國關係進入一互諒、互信、互助的新階段，深盼本此基礎，繼續同心協力，共謀兩國友好關係之增進，並由中日兩國之團結和座椅促進亞洲之安定繁榮與世界之正義和平」。[33]

總的來說，外交部長沈昌煥所發表的公開言論，係以鞏固兩國間的外交關係為前提出發，並著重加強反共的論述。

1965年8月18日，外交部長沈昌煥與日本外務大臣椎名悅三郎發表的聯合公報，強調目前世界大局，尤其是亞洲情勢與有關中日兩國

---

[32] 〈沈部長訪日臨行在松山機場發表談話〉，《沈部長訪韓日》，外交部檔案，檔號：012.21/0010，影像號：11-EAP-05662，藏於中央研究院近代史研究所檔案館。
[33] 〈沈部長抵達東京羽田機場時發表談話〉，《沈部長訪韓日》，外交部檔案，檔號：012.21/0010，影像號：11-EAP-05662，藏於中央研究院近代史研究所檔案館。

共同利益之問題，坦誠交換意見，沈昌煥並曾與日本福田大藏大臣、三木通商產業大臣、藤山國務大臣等人會晤，並就兩國間相互關心的問題會談。[34]

沈昌煥與椎名悅三郎認為1952年中日和平條約簽署後，依據條約持續的友好關係對加深兩國間的相互理解，增進雙方共同利益，與確立亞洲和平與安定具有重大意義。此外，1964年吉田茂前總理大臣、大平正芳前外務大臣訪臺，與臺灣總統府秘書長張群訪日，已經在兩國間重新奠定友好親善關係之基礎，兩國均同意今後應就此項緊密關係，給予維持與發展。[35]

8月18日沈昌煥發給外交部的電文中，說明其在抵達日本後即與駐日大使魏道明討論發表聯合公報之事。當時臺灣政府為澄清日方對吉田書簡及日本輸出入銀行對中國借款之運用問題之觀點，似有發表聯合公報之必要。此外，沈提出日本因國內環境有所顧忌，決定僅就吉田茂訪華和張群訪日重新奠定的友好關係加以確認。[36]

1965年8月16日，沈昌煥與日本通產大臣三木武夫談話，臺灣方面參與者有魏大使和陶聲洋秘書長。三木氏提出臺日關係應（一）維持友好關係；（二）以遠大眼光及精密計畫行之；（三）在經濟文化方面，均密切合作，俾世界人士均對中日兩國尊重。沈昌煥提出中日經濟合作情形新進展甚速，但仍有若干具體問題有與通產省商討之必要，故偕同行政院國際經合會秘書長陶聲洋來日停留數天。[37]

---

[34] 〈中華民國外交部長沈昌煥日本國外務大臣椎名悅三郎聯合公報〉（1965年8月18日），《沈昌煥部長訪日接見各界談話記錄》，《沈部長訪韓日》，外交部檔案，檔號：012.21/0010，影像號：11-EAP-05662，藏於中央研究院近代史研究所檔案館。

[35] 〈中華民國外交部長沈昌煥日本國外務大臣椎名悅三郎聯合公報〉（1965年8月18日），《沈昌煥部長訪日接見各界談話記錄》，《沈部長訪韓日》，外交部檔案，檔號：012.21/0010，影像號：11-EAP-05662，藏於中央研究院近代史研究所檔案館。

[36] 發文者：沈昌煥，地點：日本，〈外交部收電〉（1965年8月18日），《沈部長訪韓日》，外交部檔案，檔號：012.21/0010，影像號：11-EAP-05662，藏於中央研究院近代史研究所檔案館。

[37] 〈部長與日本通產大臣三木武夫會談記錄〉（1965年8月17日），《沈昌煥部長訪日接見各界談話記錄》，外交部檔案，檔號：012.21/0013，藏於中央研究院近代史研究所檔案館。

其次，三木氏指出先前訪問歐洲時印象最深者為國際貿易有走
向「長期延期付款」之趨勢，五年分期付款已逐漸成為通例，並有採
行七年或十年分期付款的辦法。至於在五年以下者多僅為商業性質，
不能視為援助。至於中共貿易，依然遵循國際禁運條例，將禁止銷日
貨品運送至中共。日本國際貿易局對於此點相當注意，但日本一般國
民對日本政府並不考慮以延期付款與利進出口銀行資金對中共貿易的
之行為並無法理解，僅希望能夠擴大日本與中國之外交關係。雙方商
談到最後，沈昌煥仍對日本與中共間的商業往來提出較為不滿的言
論。[38]

總的來說，外交部長沈昌煥在與日本的經濟官僚會談時，對於臺
日經濟的議題並未深入著墨，僅在面會中提及陶聲洋將辦理臺日經濟
間的重要事務，並未在經濟方面給予過多的宣示，最終仍將焦點放在
反對日本與中共的商業往來層面。

（二）1972年臺日斷交中的發言

1972年7月，田中角榮就任日本首相，致力發展對中共的關係，
中共仍希望能夠發展至具有正式外交關係的「國交正常化」階段。同
年9月29日，日本與中共發表「中日聯合聲明」，宣布日本與中共建
交，同時中華民國宣布與日本斷交前，沈昌煥發表諸多談話。

首先，1972年7月20日沈昌煥對日本官員發表「國交正常化」，
並宣稱將在日本與中共關係正常化時與中華民國斷絕外交關係等議題
提出譴責性聲明：

> 日本政府首長近曾迭次發表日本與共匪所謂「國交正常
> 化」的談話。

---

[38] 〈部長與日本通產大臣三木武夫會談記錄〉（1965年8月17日），《沈昌煥部長
訪日接見各界談話記錄》，外交部檔案，檔號：012.21/0013，藏於中央研究院近
代史研究所檔案館。

　　我們應鄭重提醒日本當局，戰後中華民國與日本重建友誼，並根據此種精神與日本締訂和約。日本政府首長最近言論實已違反日本歷年來關於尊重國際信義及條約義務的信譽。

　　毛共政權對日本一貫施予侮蔑，並積極推動滲透顛覆活動，倘日本政府竟與之談判「建交」；勢將嚴重影響日本在國際間的信譽及其與中華民國之友好合作關係。

　　我們希望日本政府對於此一重要問題，能夠高瞻遠矚，明辨是非，並就其對日本本身的基本屬害及整個亞洲安全的嚴重後果，作客觀的正確估計，以免為毛共的政治陰謀所乘。[39]

　　1972年7月31日日本駐華大使宇山厚，前往外交部拜會部長沈昌煥，就奉召返國述職情形及日本政府對有關中日關係之見解說明。沈昌煥告知大使中華民國政府的基本立場，並嚴正表示臺灣政府為日本政府推進所謂「日匪關係正常化」的行動，堅決反對。對日本政府所做的種種解釋，也不能接受。[40]

同年8月8日，擔任行政院院長的蔣經國也發表談話：

　　最近日本政府一再聲稱，將與共匪進行所謂的「國交正常化」，並表示日本與共匪關係正常化時將與中華民國斷絕外交關係。日本首相及外相並計畫於九月間訪問大陸匪區，此乃對於中華民國政府與人民最不友好之態度，中華民國政府茲特予以嚴正之譴責。

　　中華民國政府乃中國唯一合法政府，保有中國大陸地區之主權，且二十餘年以來，對臺、澎、金、馬及其他領土有效行

---

[39]　〈聲明稿〉（1972年7月20日），第162號，《蔣經國院長及部長對日譴責聲明》，外交部檔案，檔號：005.29/0015，影像號：11-EAP-00655，藏於中央研究院近代史研究所檔案館。

[40]　〈新聞稿〉（1972年7月31日中央社發佈），《蔣經國院長及部長對日譴責聲明》，外交部檔案，檔號：005.29/0015，影像號：11-EAP-00655，藏於中央研究院近代史研究所檔案館。

使主權。凡此，絕不因其他國家採取之行動而受任何影響。我政府自將採取一切必要措施以保衛國家主權及人民利益。[41]

（三）臺日對外經貿外交的執掌分工

　　經由以上的簡短討論，或可理解當時外交部長對日關係的首要任務是作為反共之宣傳。論及戰後臺灣的經貿外交，以往廖鴻綺討論的臺日間以談判為主的記帳式貿易最為重要，當時駐日大使館並設有商務參事瞿荊州，協助對日的經貿往來。從本質上來看，記帳式貿易的緣起歸因於戰後各國在外匯欠缺下，透過記帳式的方法以較低的成本取得物資。在1961年以前臺日的記帳式貿易，透過經貿外交體系的談判制度，外交體系上扮演的角色或許稍強。但之後臺日貿易走向正常化之後，臺灣對日本間的貿易逆差伴隨兩國間發展程度的差距日漸嚴重，又加上臺灣內部在美援中止的前提下，欲取得公部門生產單位的設備更新資金。關於臺灣島內的生產設備與經濟發展策略，並非外交體系的官員所能熟稔，經濟官僚在對日關係中扮演的角色進而強化。

　　1960年代臺日經濟往來的重要官員，有李國鼎與陶聲洋等經濟官僚促成日圓貸款。基本上，臺日經濟的協商主要仍以經濟官僚負責。例如在李國鼎口述歷史中，曾提及日圓貸款的協商過程中，其在1964年底訪日時與大藏省參事會談，並達成共識。在日圓貸款決定後，國內立法委員因仇日的反對心態，則由財政部長嚴家淦進行說明與疏通。[42]此外，1965年2月在日圓貸款的協商過程中，亦是由張繼正和經合會秘書長陶聲洋前往交涉，並在4月完成簽約。[43]

---

[41] 〈新聞稿〉（1972年8月8日），《蔣經國院長及部長對日譴責聲明》，外交部檔案，檔號：005.29/0015，影像號：11-EAP-00655，藏於中央研究院近代史研究所檔案館。

[42] 李國鼎口述、劉素芬編著、陳怡如整理，《李國鼎：我的臺灣經驗》（臺北：遠流出版事業股份有限公司，2005），頁133-135。

[43] 李國鼎，〈不虛此行〉，《陶故部長聲洋紀念集》（1970年9月），頁44。

　　在臺日經濟交流的過程中，仍透過帶有官方體系的中日合作策進委員會進行初步接觸，當中日本的經濟小組由日本的經團連與商社代表所組成。當時臺灣政府在欠缺資金的前提下，在該委員會中的經濟委員會希望能爭取日方資金協助經建計畫。陶聲洋在每次全體會議舉行前，均協調經濟方面的提案安排與會議中商討，讓日本方面能夠瞭解我方所需。在擔任經濟部長後，仍參加第十四次會議。[44]為何陶聲洋能夠被賦予臺日借款的重任，在於其來臺後曾擔任美援工程與美援計畫執行的稽核工作，並在1960年擔任美援會財務處副處長，並籌組工業發展投資研究小組與兼任執行秘書。1963年美援會改組為國際經濟合作發展委員會後先擔任副秘書長，1965年擔任秘書長。1969年又升任經濟部部長。[45]

　　究竟外交官在臺日經濟的往來過程中，能夠扮演怎樣的角色？基本上，臺日經濟的交流包含物資往來、資金流動、企業投資等面向，需要專業的經濟官僚作為兩國事務的協商。從1960年代中期起，臺日政府間面臨停滯時，其實質應對係由蔣介石直接透過國民黨的網絡關係，與日本方面的官員與國會議員，透過遊說與溝通的方式來進行調停與認識，似乎外交官所能著墨的空間相當有限。

　　總的來說，戰後臺日雖在1952年締結外交關係，日本面對中共交流時最初以政經分離的雙重渠道與臺灣和中共進行交流。但伴隨日本面對中共的潛在市場為利基，又加上1960年代後中共陸續強勢要求日本需以政經不分離的態度面對中共交往，最終日本與中共在1972年9月建立外交關係。從1972年夏季沈昌煥與蔣經國的談話中，僅能從道德面進行勸說，臺灣並無有力的政策工具作為應對。

　　從戰後的歷史過程觀之，有些國家與他國面臨糾紛與爭端時，係以封鎖、禁運、斷絕貿易或課徵高額關稅的方法來作為制裁。但戰後作為開發中國家，且帶有經濟小國性格的臺灣，在資本財與生產原料與日本形成強烈的依賴關係，且在內部經濟體系需仰賴對外經貿才

---

[44] 谷正綱，〈敬悼陶聲洋兄〉，《陶故部長聲洋紀念集》（1970年9月），頁29。
[45] 《陶故部長聲洋紀念集》（1970年9月），頁10。

能持續運作的特質下，並無力扭轉外交上的節節敗退，僅能以務實面的方式求得生路。1960年代至臺日斷絕外交關係前沈昌煥的多數發言中，是以反共為前提的拉攏日本友邦為主軸，臺日間實際的交流，則是透過國民黨和經濟部門為中心來進行運作。

四、結語

　　1960年代作為開發中國家的臺灣，經濟開始邁向高度成長之階段時，日本資金透過官方的日圓貸款系統，乃至民間部門的外來投資與技術移轉方式進入臺灣。在日圓系統的實施前，係以臺日間的半官方外交組織作為平臺，由臺灣官員與日本經濟與政界人士進行初步之磋商，才進入政府間實質的商談。至於在民間部門渠道上，臺灣的資本家與日本商社形成緊密的投資合作，使其能夠從商業活動走向工業部門，或讓事業經營者達成產業升級之路。

　　日本民間資本對公部門所提供的提攜活動，除了臺灣生產事業與公共建設在資金與設備上的對日依賴外，除了關注兩國官方的往來外，似應進一步注意到檯面下的協商活動。當時經濟團體聯合會參與中日合作策進委員會先行瞭解我方的需求，接著才從日本方面企業家層次升級為兩國官方的對話。

　　以往從經濟史的脈絡來看臺日經濟，多著重商人、企業和物資往來的層面，較少從經濟官僚、黨務人士、外交官等面向著眼討論不同官員在臺日經濟交流中所扮演的角色。若從外交史的脈絡來看1960年代臺日之間的關係，能夠發現在經濟與危機處理上分別由經合會和黨務系統分別處理。本文關注的外交部長沈昌煥的角色，在臺日關係的經略上，可說著重於對日本官方與民間進行反共的宣導，並在1972年力挽狂瀾的試圖避免日本與中共建交。

沈昌煥與中華民國的「體育外交」

任天豪[1]

一、前言

　　沈昌煥（1913-1998）在冷戰時期的中華民國外交界中，最富盛名的外交家。其影響力之大，甚至可使致力反攻事業、對中共深惡痛絕的蔣中正（1887-1975），都願默許放棄以「匪」稱之的習慣，可見一斑。[2]而沈昌煥在中華民國外交史中，亦有所謂「夫人派」或「外交教父」等稱號，也可窺見其與蔣中正伉儷的淵源，及由此而來的影響力程度。然而，冷戰期間的中華民國外交，也是中華民國自失去大陸領土以來，逐漸在國際上「被邊緣化」的一段過程。故此包括沈昌煥在內的外交從業人員，肩上承受的壓力之大，可想而知，也顯示沈昌煥等外交人員的舉措，在中華民國外交史上所可能代表的意義。

　　外交人員的表現，向為近代中國在國力不濟的情況下，猶能勉力維持國勢的重要原因；而在中華民國退居臺灣一隅、更需國際支持的情勢裡，也能見到外交人員堅守國家利益的奮鬥。可見對於外交人才的行動與表現，應有具體探究的價值。另一方面，冷戰時期的中華民國對外情況，固然可謂是處於「每況愈下」的態勢之中，卻仍不乏某些足以振奮時人之舉，體育或即其中之一。尤其自1968年後所揚起的棒球旋風，日漸形成1970年代臺灣民眾狂熱追逐三級棒球賽果的黃金時代，從而凝聚中華民國在風雨飄搖之時的民心士氣，一定程

---

[1]　國立臺中科技大學通識中心助理教授。

[2]　據學者陳三井教授之口述成果所示，此原係陳建中（1911-2008）之建議，但在外交領域則是由沈昌煥呼應、落實，故應可視為沈昌煥的影響力之一例。見陳三井，《八十文存：大時代中的史家與史學》（臺北：秀威出版，2017），頁178-182。

度上成為穩定臺灣局勢的因素之一。可見體育與政治、外交間，實有難以忽視的關係，甚至也可承認，體育確是一種與政治、外交相容（compatible）的活動。[3]是以對於各類體育活動，為何、如何與外交工作達成實踐的機會，即是具有探討意義的議題。

　　過去在對中華民國時期的外交官研究上，實難稱之豐富，此可能與歷時距今較近，相關資料較難取得的因素有關。是故本文嘗試以較多檔案資料留存、足以印證其表現的重要外交官「沈昌煥」為對象，盼能藉以先行建構對其行止的認識。而對同一時期的臺灣體育發展史之研究，則雖不是全無關係體育外交者，數量仍舊有限。尤其與對岸已以體育外交為核心，延伸至其他領域所作的研究成果相較，更顯不足。[4]概括言之，學術方面或以林國棟在1987年完成之碩士論文〈當前我國體育外交之研究〉，是最早且最貼近題旨的成果。[5]不過坊間許多通俗讀物，不時涉及體育外交的意涵，如謝仕淵等人之成果，其亦撰有集學界與業餘專家共撰的知識普及性史事集成。[6]惟各該成果即使暫先不問學術成分高低，其在提及外交部分，大抵僅涉及體育活動在成為對外事務之內涵後，在國內產生的事件情形而已。對體育構成「外交」一環的背景，較無深探時代需求的處理，也因而較難觸及冷戰期間中華民國政治、外交因應的境況及內涵。故而應屬偏向文化

---

[3] Stuart Murray, Geoffrey Allen Pigman, "Mapping the relationship between international sport and diplomacy," *Sport in Society: Culture, Commerce, Media, Politics*, 17:9 (2014), 1100.

[4] 例如將體育外交置入「公眾外交」（public diplomacy）脈絡加以論述的研究，見陳娜娜、韋宏浩，〈論中國體育外交——公眾外交的有效路徑〉，《體育科技文獻通報》，2010年第11期（北京，2010.11），頁113-115。或探討中共運用體育外交的歷程及內涵，乃至「觀念變革」（conceptual changes）的研究，如尹曉亮、劉連發，〈我國體育外交演進的歷史邏輯與觀念變革〉，《體育與科學》，第37卷4期（南京，2016.07），頁53-58。其餘成果，此處不贅。

[5] 林國棟，〈當前我國體育外交之研究〉（臺北：國立臺灣師範大學體育研究所，1987）。

[6] 如謝仕淵曾撰《臺灣棒球一百年》，廣及冷戰時期中華民國運用棒球運動凝聚國內民心、促進國際名聲的歷程，見謝仕淵，《臺灣棒球一百年》（臺北：玉山社，2017）。謝仕淵亦曾與知名棒球評論家曾文誠等人，合撰《臺灣棒球百年史》等書，見謝仕淵、曾文誠，《臺灣棒球百年史》，（臺北：中華民國棒球協會，2006）。不過，目前國內對牽涉外交的體育活動，大抵仍以棒球為主，其他運動更不突出。

史或社會史的成果，而非政治外交史的研究。亦即對此議題，應仍具有探究的空間。是以本文欲以檔案為主要史料，[7]就沈昌煥在面對中華民國產生、需要體育外交的時局，採取何種態度與行動，從而造成當時外交發展的影響情形，做為體現沈昌煥在當時外交局勢下，如何在較少被研究者注意到的體育面向上，提供符合國家、政府需要的貢獻。[8]

二、沈昌煥與中華民國外交領域

中華民國的外交實自清季開始進行西方式的改革以來，便已具有相當程度的延續性。而「外交官」此一群體，則在經歷晚清的第一代、第二代外交官之後，逐步進入以職業外交官為主體的新世代外交官時代。隨後在國民政府建立並繼而在戰後改組為中華民國政府以後，具有能與政黨規劃配合、卻亦兼具專業外交素養的外交官，已是此時外交官群體的骨幹，沈昌煥即為其一。

與北京政府時期國際名聲最高的幾位外交官，如顏惠慶（1877-1950）、顧維鈞（1888-1985）、王正廷（1882-1961）、施肇基（1877-1958）、伍朝樞（1887-1934）、陳友仁（1878-1944）等第三代中國外交官相同的是，沈昌煥係自美國密西根大學政治學碩士畢業。此除體現沈昌煥具有足能體會西方社會情況的海外留學經驗之外，政治科學的修業內容也表示其應有充分的知識從事外交工作。這使沈昌煥具備擔任外交官的優良基礎，且也反映中國外交官自清季以來的發展，至此應已達成相當之「專業化」。

---

[7] 本文所引用之《外交部檔案》如係庋藏於國史館者，蓋為筆者透過「國史館與中研院近史所數位檔案資源整合計畫」，於中研院近史所檔案館查詢而來。故典藏號均係由該檔案館所設之館藏號，未必與國史館原本檔號相同，謹此敬告學界先進。

[8] 惟必須說明的是，著名的中共「乒乓外交」確應係當時體育外交的重點對手。但本文基於過去對中華民國體育外交的研究甚少，且本文篇幅有限之故，謹大致先就1970年代以前的狀況略做闡述；其他有關1970年代後中共展開乒乓外交的探討，不是本文區區數紙所能承載，只能簡要敘述，還請與會先進見諒。

　　然沈昌煥的學識背景，也有值得關注之處，或與其日後的發展有關。蓋其大學係自光華大學畢業，而該校之創設，「是為了反對聖約翰大學」而來，而聖約翰大學則在當時，一因屬於教會學校，不願學生過於激進；二又偏向左派、對具保守派性質的國民政府較不友善。據周聯華（1920-2016）牧師回憶，「當時一群愛國學生（按：即聖約翰大學中的中國學生）要在旗杆上升國旗，外國校長不准，硬把國旗拉下來，引起學生的不滿，就脫離了聖約翰」。這批學生後來獲得時任實業部長的張壽鏞（1876-1945）、及致力教育的使外前輩王豐鎬（1858-1933）等人支持，成為光華大學首批學生的骨幹。[9]由此可知，畢業於光華大學的沈昌煥，不免在此校風影響下，深具愛國情操。此或也成為其致力外交工作，爭取國家權益的背景之一。亦可見沈昌煥的愛國表現較與左派思維疏遠，與其同樣愛國熱誠十足卻偏向左翼陣營的表叔潘光旦（1899-1967）不同。且由沈昌煥就讀燕京大學時期所撰寫的〈西北紀遊〉諸文，也可看出其對中國的關懷之誠。[10]無怪其思維堅定之特性，可被學者認定「對於兩蔣的的國家定位與大陸政策堅定效忠，一生堅守反共與反臺獨立場」，而能據以做為分析當代政治人物言論內涵，並足以體現「分析的合理性與有效性」的座標。[11]

　　在美求學完畢並歸國後，沈昌煥曾先短暫任教於中山大學，此後便即進入國民政府服務。其係先任交通部公路運輸總局，及軍事委員會運輸統制局公路總局之秘書，方才進入外交領域，歷任外交部專員、援緬遠征軍聯絡人、駐印度專員公署秘書等有關外交工作之職務。由於其在1945年後進入軍事委員會委員長侍從室，故此能和蔣中

[9] 　以上概見周聯華，《周聯華回憶錄》，轉引自石永貴，〈沈昌煥與外交部〉，《僑協雜誌》，第145期（臺北，2014.03），頁27。
[10] 潘光旦與沈昌煥的親誼，原係潘光旦〈談留美生活〉中所提及，轉引自《近代中國》雜誌為介紹沈昌煥〈西北紀遊〉所作的前言，見沈昌煥，〈西北紀遊〉，《近代中國》，155期（臺北，2003.09），頁216。
[11] 石之瑜，〈「復興基地」論述的再詮釋：一項國家認同參考指標的流失〉，《遠景基金會季刊》，第4卷第4期（臺北，2003.10），頁46。

正建立關係。[12]大陸風雲變色後，沈昌煥在中華民國政府遷臺後仍忠誠追隨，遂在臺灣服務，隨其職務逐漸提升，影響力也日益增高，日後亦為人稱之「外交教父」。此一稱號除體現其地位之崇外，也與其在黨、政雙方均曾歷任要職，且與黨國高層、乃至蔣宋美齡（1897-2003）關係深厚的背景有關。

　　事實上，沈昌煥的職務常在公職與黨職間交替，且很多時候即使擔任公職，同時也會兼任黨務工作。其與國民黨的淵源應係自其由美返臺後，便自1941年開始即在國民政府中供職，並於日本投降後不久起，便即先後於國民政府主席辦公室及軍事委員會委員長侍從室裡擔任秘書，可以想見其與蔣中正的關係之深，也無怪其會與黨務有所關聯。亦因如此，在1950年代最初的2、3年內，沈昌煥係在國民黨內任職，此後方才轉往外交部，逐步成為中華民國外交圈中的要角。1953年12月月中旬開始擔任外交部政務次長，經手事務既繁且重，包括形式上較難與外交工作有所牽連的體育活動。

三、沈昌煥與中華民國體育領域

　　一般而言，沈昌煥與體育界的關係的確不甚深刻，蓋其歷來職務大多偏向外交或機要部門。然因其亦曾兼具黨職，故部分黨務運作或宣傳、訓練等性質的業務，難免也會經手。例如當時尚與國民黨關係密切的中國年反共救國團，便曾以沈昌煥為團務指導委員，從而促使沈昌煥與體育活動建立些許連結。此由該組織的會議記錄多需呈送沈昌煥等情，可為例證。

　　如1954年年底，救國團團務指導委員會召開會議，其中便討論該組織對推動體育活動的看法及目標。會議意見認為，「體育及音樂訓練，目的在培養國民精神，今後應互為表裡加強實施，明年度舉辦學

12　李國鼎，《我的臺灣經驗——李國鼎談臺灣財經決策的制定與思考》（臺北：遠流出版公司，2005），頁613。

校體育及音樂教員訓練時，須特別注意訓練的效果」。[13]此可見體育在此時救國團思維中的性質，具有為政治目標服務的意涵。故而即使人員本身非為相關領域出身，仍有加以認識及運用的需要。於是，時為外交部政務次長的沈昌煥，工作中所面對到的事務，自也可能觸及體育。

　　另則，體育活動之所以成為外交領域關注之一環，一方面或與各大型國際賽事開始受到重視的趨勢提高，以致其具有「影響國際視聽」之價值的情況有關，另方面則可能也與大型國際賽事的規模，使其亦具進行「中國代表地位」的宣傳機會，因而必須審慎面對。也因如此，體育活動形同在其初始的內涵中，便已存在一定程度的「對匪鬥爭」性質。尤在經過風雲變色的1949年之後，中華民國對能否保持中國代表地位的趨勢益感憂慮，遂開始對各種可能增加中共國際空間的事務，均投以一定壓力。是以諸如奧運等涉及國家身分認同的國際體育活動，自也不會輕忽。

　　1952年赫爾辛基奧運會，是冷戰開始後的首屆奧運，也是蘇聯第一次參與的夏季奧會。在冷戰初期、且美蘇方經韓戰齟齬的敏感時刻裡，兩岸的中國代表權之爭所可能牽涉的問題，不免更引國際疑慮。於是在為避免無謂爭議的情況下，奧委會突然決定無論兩岸何方，均不允邀請與會。[14]此事對中華民國影響較大，蓋其原已獲得正式邀請，卻因此無法與會，不啻未戰先敗。故外交部在獲知不被邀請後，乃積極向奧委會陳情，同時亦致力向各邦交國遊說，阻止中共運作成功而能先獲參與。[15]最後中華民國因中共受邀而聲稱拒絕與會，然在兩岸競逐的戰場上實可謂先輸一著。只是此事開始時間早於沈昌煥入職外交部，故當其進入外交部並得以參與此事時，實已難再改變結果。

---

[13] 引自「沈昌煥保存之團務指導委員會第4次會議記錄」（1954年12月29日），「不當黨產處理委員會」網站：https://www.cipas.gov.tw/stories/49，查詢時間：2018/6/14。

[14] 「關於我參加世運會事」（1952年6月16日），〈奧運及亞運等雜卷〉，國史館藏，《外交部檔案》，典藏號：11-36-08-01-048。

[15] 「關於世運會事（分洽26國）」（1952年7月11日），〈奧運及亞運等雜卷〉，國史館藏，《外交部檔案》，典藏號：11-36-08-01-048。

　　於是在1956年墨爾本夏季奧運的前一年時，又傳出中共有意參與的消息，中華民國自然不敢輕忽。[16]此時仍為外交部政務次長的沈昌煥，對國際社會已然透露接納中共之意的趨勢感到憂慮，故對此事頗為重視。於是，外交部乃擬定因應中共可能參加墨爾本奧運的策略，並積極向友邦傳遞訊息、尋求支持。惟整體而言，由於中華民國大抵將抵制重點放在中共入會資格、中共選手係屬職業選手而與規章不符等兩項程序性問題上，故對奧委會內其他成員國而言，恐是較難配合之處。

　　例如澳大利亞便曾表示，雖然能夠「深切了解與同情」，但除仍「須遵照國際奧林匹克委員會之議決行事，殊難獨斷」之外，也只能一方面透露加拿大有意「提出蘇俄運動員為職業選手，受國家操縱之異議」的情報，建議中華民國盡速與加「切取聯繫」；二方面開始積極「搜集中共操縱及收買運動員之具體證據，向該委員會（按：即國際奧委會IOC）提出，或可配合加拿大代表之行動，將俄共、中共排斥於會外，取消其參加資格」。此除顯示其只能給予中華民國情報協助，其餘均需中華民國自救。尤其澳方還建議「勿專自政治性之觀點著手，而應根據世運會規則」，依法論法，才能引起「國際奧林匹克委員會之同情、注意，而予以重新考慮」。[17]言下之意，乃謂中華民國勿以諸如反共等政治語彙做為主力，以免弄巧成拙。可見中華民國倘若訴諸政治路線，澳大利亞或許不會支持。而如日本、菲律賓等被中華民國視以東亞反共盟友的國家，態度則雖也是「雖願予以同情考慮」，仍認為因中華民國「過去之失敗，係由於我國籍之國際奧林匹克委員會內委員未參加會議所致」。[18]也就是說，各國已然表

<hr>

[16] 「關於中共參加奧林匹克運動會事」（1955年5月5日），〈第16屆澳大利亞墨爾本奧運會（二）〉，國史館藏，《外交部檔案》，典藏號：11-36-08-01-002。

[17] 「駐澳大利亞使館代電」（1955年5月17日），〈第16屆澳大利亞墨爾本奧運會（二）〉，國史館藏，《外交部檔案》，典藏號：11-36-08-01-002。

[18] 「關於國際奧林匹克委員會第50屆會議事，函達查照核辦儘速見復由」（1955年5月31日），〈第16屆澳大利亞墨爾本奧運會（二）〉，國史館藏，《外交部檔案》，典藏號：11-36-08-01-002。

達中華民國自身缺失鑄成此一後果的認知，對此結果愛莫能助。雖然就過程言之，包括日本在內的各國當時實非真心相助中華民國，而對中共入會暗中支持，故無論孔、王二人有無與會，對最終票數未必真有影響。然因缺席一事終究授人以柄，中華民國只能無奈接受此一結果。[19]

　　中華民國雖未能在此時的奧運會籍之爭中取勝，但從沈昌煥等外交界人士，致力透過外交力量抵制中共參與體育賽會的過程來看，外交與體育仍確實有千絲萬縷的關連。而當國際體育賽事會因兩岸關切的中國代表權議題影響之時，即使非為體育出身的外交官仍需正面應對體育活動，體育便即成為此間外交人員的職務內容之一，沈昌煥亦不例外。

四、體育做為一種外交可能及沈昌煥的努力

　　也因如此，體育乃成為中華民國外交的一種可能途徑，無論在積極面的拒絕中共參與，抑或在消極面的確保自身資格。尤其透過類似賽事壓縮中華民國國際空間的價值既高，中共在前述的奧運會籍之外，對參與其他大型國際賽會抱持高度意願，亦屬合理之事。故除全球性的奧運之外，亞洲運動會（以下簡稱亞運）也是兩岸體育外交的競逐戰場之一。亞運與中華民國淵源甚深，脫胎自1912年由其倡議的「遠東運動會」，故對中華民國來說自有特別意義。然美好時光不過

---

[19] 有關兩岸在奧運會籍等問題上的競爭，可詳見張啟雄的一系列研究，如張啟雄，〈1952年赫爾辛基奧運會中國代表權之爭──名分秩序論觀點的分析〉，「辛亥革命九十週年國際學術討論會」會議論文，臺北：中正文教基金會，2001年10月6-9日；張啟雄，〈東方型國際秩序原理之型模建構與分析──1956年墨爾本奧運前後中國代表權之爭〉，收入張啟雄主編，《戰後東北亞國際關係》（臺北：中央研究院亞太區域研究專題中心，2002），頁85-146；張啟雄，〈1960年前後中華民國對國際奧委會的會籍名稱之爭〉，《中央研究院近代史研究所集刊》44期（臺北，2004.06），頁103-153；張啟雄，〈「法理論述」vs.「事實論述」：中華民國與國際奧委會的會籍認定交涉，1960-1964〉，《臺灣史研究》第17卷第2期（臺北，2010.06），頁85-129。

僅到1957年左右，中共參與的壓力便已成為中華民國必須審慎以待的問題。尤其需要關切的是，亞運牽涉到的甚且不只中國代表權誰屬而已，實亦包含各「東亞盟友」如何對待中華民國的價值判斷問題。

彼時外交部獲得消息，指日本邀請中共參與第三屆亞運會，而中共似已「決定應邀參加」。此事原本只是駐日使館在〈日本新聞簡報〉中的一則報告而已，但在其洋洋13條內容中，此事卻似乎受到外交部的特別關注，特別加註強調「此事應請中央委員會（按：指國民黨中委會）、教育部全國體育協進會等有關機關及早籌商應付辦法」。[20]此顯示中共有意參加亞運會一事，確是造成中華民國外交單位憂心產生延伸效果的問題。

由於駐日使館報告此事時，沈昌煥似因他事公出，故此事原本大致是在外交部與駐日使館等單位間，進行事務性的資訊往來。頂多國民黨方面曾因此事，特邀部長葉公超（1904-1981）赴黨討論而已。[21]然在此事發生近一個月之後的3月初時，沈昌煥已返部中辦事，即對此事較多關注。於是，外交部乃確立態度，表示「1951年在新德里舉行之第一屆亞運會、又1954年在馬尼拉舉行之第二屆亞運會」時，中共「均未應邀參加」。故「依照亞運會會章第11條之規定，申請入會，須提交該會執行委員會決定。又依照第29條之規定，參加亞運會之邀請書，應由組織委員會依照理事會之命令向各已被承認之會員組織發出之。該館所報各節，如屬確實，則顯與該會會章上述有關規定不符」。

外交部確立以會規為依據的原則後，應也在沈昌煥有所參與的情況下，擬出後續因應辦法。首先，外交部要求駐日使館需「切實查明此項報導是否正確」，才能在確實與否的基礎上實施後續行動。如果此事屬實，則需先「查明日方係以何種方式向匪方邀請」，再「向日

---

[20] 「日本新聞簡報」（1957年2月7日），〈第三屆亞運會（一）〉，國史館藏，《外交部檔案》，典藏號：11-36-08-02-006。按該報告封面書寫之年代為「四十五年」，應在當時歸檔時即已誤植，實應係民國46年。

[21] 「國民黨中央委員會第五組函」（1957年2月23日），〈第三屆亞運會（一）〉，國史館藏，《外交部檔案》，典藏號：11-36-08-02-006。

方申述會章之規定,並強調我方堅決反對之意」,確立前述依照會規行事的「依法」原則。此外,亦或基於雙方邦誼,外交部不願採取強迫態度,故僅採取「向日方表示我亟盼日方即打消邀請匪共之意圖,並停止一切邀匪之活動」的溫和途徑。面對此一「我政府及有關方面極為重視」的事件,沈昌煥及外交部上下,乃是敏銳地在國家利益及邦誼關係之間尋求和諧處置的可能。[22]

概括而言,沈昌煥對此事的參與,大抵是在意識形態方面的確立上,涉及技術性質的具體行動,大抵不太過問。因此,在駐日大使館向日方探詢詳情的過程中,沈昌煥無甚涉入;然當外交部掌握一定內情後,沈昌煥即開始發揮影響。例如至4月下旬時,外交部已得知中共並未實際申請參與該屆亞運,日本也沒有主動協助申請之意;但因日方對中共加入之事,至少抱有「或恐難以拒絕」的態度,不啻一項警訊。故此,在外交部意識到日方不欲堅定拒絕立場的基礎上,乃擬定一要求「中華全國體育協進會」盡速與外交部聯繫商洽的電文,即由沈昌煥批示盡快進行;[23]又如日本《東京新聞》傳出日方體協將派代表訪問中共,且將研商包括參與第三屆亞運會的消息時,[24]沈昌煥亦迅速指示駐日使館,需立即要求日方「發表正式聲明」,表明「日體育界派員赴匪區,與日本體協無關,亦無權討論亞運會事宜」等。[25]沈昌煥所關切並介入的工作,係在各種有關中共透過該次亞運會提高對日關係及國際能見度的可能性上,加以牽制或打擊,避免中華民國所在意的中國代表地位受到傷害。此一性質的工作有時難免會被繁瑣的事務性工作疏忽,正需要沈昌煥此類嫻熟實務又洞悉政權需

---

[22] 以上概見「關於日本邀請匪共參加亞運會事」(1957年2月27日),〈第三屆亞運會(一)〉,國史館藏,《外交部檔案》,典藏號:11-36-08-02-006。

[23] 「關於第三屆亞洲運動會事,電請查照核商見復由」(1957年4月25日),〈第三屆亞運會(一)〉,國史館藏,《外交部檔案》,典藏號:11-36-08-02-006。

[24] 「体協代表 中共を訪問 出発期日近く決定 団長は松沢一鶴氏が確定的」(1957年5月8日),〈第三屆亞運會(一)〉,國史館藏,《外交部檔案》,典藏號:11-36-08-02-006。

[25] 「關於日本體育界派員赴匪區事」(1957年5月23日),〈第三屆亞運會(一)〉,國史館藏,《外交部檔案》,典藏號:11-36-08-02-006。

求的人物，才能游刃有餘地處置。

　　此次亞運會對中華民國而言，最需關切的並不僅只中國代表權問題，另尚包括日本此　束亞首要盟及如何定位中華民國的問題。蓋在隔年年初時，外交部獲得來自日本的消息，謂「國際業餘運動聯盟」（IAAF）要求該屆亞運組委會，「在亞運會中改用臺灣一詞」稱呼中華民國，使中華民國甚為憂心。[26]此一突發事件顯示日本對中華民國掌握「中國」地位的資格可能有所動搖，自屬前述牽涉「政權需求」之事務，當然引起沈昌煥等外交部高層的關注。

　　事實上，該「國際業餘運動聯盟」之譯名乃係檔案中之原文，且檔案中僅有「IAAF」之縮寫而無全稱；而外交部當時所引用之日方英文報導，則稱該組織為「International Amateur Federation」。故其是否即是今日「國際田徑總會」（International Association of Athletics Federations, IAAF）前身的「國際業餘田徑總會」（International Amateur Athletics Federation, IAAF），當時其實尚難確定。然而即使如此，外交部仍舊立刻採取行動，可見此事代表的意義，在於任何削弱中華民國代表中國資格程度之主張，都須致力消除。而該組織雖未經中華民國駐外單位確認，惟由駐日使館向第三屆亞運會組委會負責人田畑政治（1898-1984）探詢時，經田畑以「國際田徑賽聯盟」稱之可知，確即具有長期淵源且重要國際地位的「國際業餘田徑總會」。[27]

　　駐日使館對此事的說明，是因該總會內已有「中國」與「臺灣」兩個成員，各自之「國內管理機構」分別位處「北京」與「臺北」，故該總會認為應將管理單位訂於北京之一方稱為中國，而將臺北一方稱為臺灣。然此區分自然大違中華民國的正統定位，無法被其接受，是以要求田畑積極處理，包括主動向媒體澄清中共無權參加亞運會等。田畑表示澄清之事尚能做到，其他如直接拒絕中共參加則仍需斟

26　「駐日大使館致外交部電」（1958年2月22日），〈第三屆亞運會（二）〉，國史館藏，《外交部檔案》，典藏號：11-36-08-02-007。

27　「駐日大使館致外交部密函」（1958年2月22日），〈第三屆亞運會（二）〉，國史館藏，《外交部檔案》，典藏號：11-36-08-02-007。

酌，蓋需先召開組委會討論後才能定奪。此事由於中華民國曾在前述
聯盟中同意以「臺灣」為參加名義，致使此時難以否認，只能消極抵
制。[28]但此過去所鑄下之「失誤」，卻即造成中華民國此後的困局。
於是，正因中華民國在與中共分治兩岸的初期，基於正統之爭而欲壓
縮中共國際空間之舉的後果，使沈昌煥也難有具體表現。然而面對此
一現實，仍然盡力維護國權的沈昌煥，終究能在體育外交的範疇中體
現價值。

五、體育做為一種外交行動及沈昌煥的貢獻

由於中華民國無法有效防堵中共利用國際賽事擴張自身地位的
行動，在隨冷戰日漸朝向不利局勢的趨勢下，益難護衛自身的正統需
求，從而走向「求生存」的發展路線。[29]然因歷來為爭正統所倡行的
理念及口號均已深入民心，形成一種難以扭轉的輿論壓力，也令統治
當局面臨「雙向綁架」的形勢——即統治者以特定意識形態「綁架」
民眾，但自身卻又被其製造的論述結果「綁架」，驅使自身走向難以
輕易轉向的路線。於是，即使此後中華民國其實已有在地化的知覺與
行動，論述形式看似仍與過去相同。只是此時即使照樣宣稱，卻未必
會切實執行。不過，沈昌煥的舉措，則是在當時的政府官員中，相對
「言行合一」的例子。

不可否認的是，因體育項目繁多，故在各類單項運動之中，面
對兩岸政權的態度可能有所不同。例如亞洲的棒球運動因受過去日
本統治時之影響，使得日、韓等國與身處臺灣的中華民國之間，擁
有較深的淵源。[30]或許也因如此，中華民國在派員參賽的過程中，尚

---

28 「駐日大使館致外交部密函」（1958年2月22日），〈第三屆亞運會（二）〉，
　國史館藏，《外交部檔案》，典藏號：11-36-08-02-007。

29 參見任天豪，〈冷戰發展與東亞傳統——戰後中華民國的「正統」與「生存」知覺
　試析〉，《國立臺中科技大學通識教育學報》第4期（臺中，2015.12），頁43-58。

30 Keiji Kawai, Brent McDonald, "An Indispensable but Fragile Geopolitical: Baseball in
　Japan Korea and Taiwan," in Rob Hess, eds. *Soft Power Politics- Football and Baseball*

能堅持定位，要求日本方面必須承諾絕不邀請中共。[31]然而在其他單項方面，或許就得視諸各組織內部的權力狀態，及此狀態所導致的處置態度，未必能夠堅決如許。由於中共在推動乒乓外交前，已有相當實力，中華民國已處被動。思考另闢蹊徑之舉加以對抗，或也是種可行方式。故此，時任駐澳大利亞大使的沈錡（1917-2004）乃向外交部建議，與其用自身未必強大的桌球隊伍訪外以為因應，不如選擇更有吸引力的體育項目，派遣球隊赴外交流訪問，以免「相形見絀，並被誤會我亦追隨共匪推行乒乓外交」。[32]此時沈昌煥尚在駐泰大使任上，故與該決策關係有限。但沈昌煥對此決定應頗認同，故也特別去電外交部，表示其已向當地中華總商會洽商，獲其同意經手主辦並安排球場，門票盈餘還可贊助球隊。[33]過不多時，沈昌煥即被召回，二度擔任外交部長。

　　概括來說，在沈昌煥繼任外交部長後，尚未付諸實踐的國泰女籃訪外案，應會成為其業務之一，不過此事大多由常務次長蔡維屏（1911-1997）主持。雖然如此，在沈昌煥對此事的一個指示上，仍能看出沈昌煥在體育外交方面的貢獻。蓋在原則上，此事的目的不是沒有意義，但球員為數眾多的女籃隊赴外，經費方面便需審慎籌措。按照最初規劃，整個活動共需超過150萬新臺幣，國泰女籃自身僅需負擔8萬，其他部分便將由行政院、外交部、教育部、僑委會及新聞局等各機關支應。[34]然此費用畢竟不小，各部會討論甚多，致使該案

　　on the Western Pacific Rim, (London: Routledge, 2017), 119-120.

[31]　「關於第三屆亞洲棒球運動會實行委員會邀請我派代表參加事報請鑒核由」（1959年5月26日），〈國際體育競賽（二）〉，國史館藏，《外交部檔案》，典藏號：11-36-08-11-020。

[32]　「呈為擬派遣女籃訪澳以對抗匪乒乓外交陰謀事」（1971年12月15日），〈國泰女籃隊訪問澳紐印尼（一）〉，國史館藏，《外交部檔案》，典藏號：11-36-08-09-034。

[33]　「駐泰國大使館致外交部電」（1972年4月21日），〈國泰女籃隊訪問澳紐印尼（一）〉，國史館藏，《外交部檔案》，典藏號：11-36-08-09-034。

[34]　「關於國泰女子籃球隊訪問澳、紐等國，請核撥專款支應事」（1972年5月無日），〈國泰女籃隊訪問澳紐印尼（一）〉，國史館藏，《外交部檔案》，典藏號：11-36-08-09-034。

一直未能實施。相較各部會心有餘而力不足的態度，沈昌煥則是在「其他有關機關雖經本司（按：係外交部情報司）初步接洽，尚無任何願意承擔經費之表示」的情況下，主動表示「可於各機關籌款發生困難時，援本部補助亞東隊之前例，補助該隊新臺幣30萬元」的政府官員。[35]其對當時期以體育翼助外交並抑制中共擴張的心意之誠，可見一斑。

早在1950年代後期、所謂乒乓外交猶尚未出現之時，時任外交部政務次長的沈昌煥，便已面對此事的「萌芽」事件。此係因為中華民國原本並非「國際桌球協會」（International Table Tennis Federation, ITTF，現稱國際桌球總會）成員，雖曾在1955年12月提出加入申請遭拒，[36]但至1959年時，國內之「中華全國桌球委員會」仍再向該組織叩關，並將於該年3月開始討論。此時恰因日本桌球協會會長足立正（1883-1973）對中華民國能否加入「甚有關懷，表示願全力支持」，甚至已命赴會之日本代表加以支持。[37]此事讓外交部不無振奮，也令各外館對其駐地政府運作。惟此時因中共在該組織之勢力較大，故不僅中華民國無法如願在會中討論加入問題，[38]甚至中共還成功爭取到1961年在北京舉辦世錦賽的資格。[39]由於沈昌煥在此事發生後不久，便已外調至西班牙任大使（按：係於1959年6月至隔年6月間擔任該職），故能因應之處有限。但也表示自1960年6月回國接任外交部長後，所面對到的中共體育外交壓力，或較其出使前的程度更高。

---

[35] 「國泰女子籃球隊訪問澳紐及東南亞各國協調會議參考資料」（1972年6月17日），〈國泰女籃隊訪問澳紐印尼（一）〉，國史館藏，《外交部檔案》，典藏號：11-36-08-09-034。

[36] 〈國際桌球協會無理拒我入會申請〉，《聯合報》（臺北），1956年2月27日，3版。

[37] 「日方建議我國參加世界桌球協會一案電希核辦具覆由」（1959年2月25日），〈申請加入國際桌球協會及亞洲桌球賽正名問題〉，國史館藏，《外交部檔案》，典藏號：11-36-08-04-007。

[38] 「舒梅生致條約司呈」（1959年4月8日），〈申請加入國際桌球協會及亞洲桌球賽正名問題〉，國史館藏，《外交部檔案》，典藏號：11-36-08-04-007。

[39] 「下屆世界桌球賽竟選定在匪區舉行」（1959年4月5日），〈申請加入國際桌球協會及亞洲桌球賽正名問題〉，國史館藏，《外交部檔案》，典藏號：11-36-08-04-007。

　　即使如此，沈昌煥仍在明晰國家主張的立場上，做出符合當時國家態度的決策。例如自前述會議允許中共籌辦1961年世錦賽後，中華民國思及是否要對即將而來的亞洲桌球賽事（1960年舉辦於孟買）採取抵制，以表達中華民國的不滿。由於中華民國原即亞洲桌球總會（Table Tennis Federation of Asia, TTFA）成員，但因中共不在其中，且印度對中華民國的態度亦較淡薄。故有意逐鹿領導權的菲律賓，乃向中華民國提出要求，以「盼能在臺舉行」次屆亞洲賽事的期許，商請中華民國支持菲律賓，並建議中華民國接受對非中華民國邦交國之球員「發給簽證」，以便順利申辦。不過，沈昌煥或許念及此舉一旦成立，則恐牽連日後的政府反共態度，造成額外政治影響。故其特別對發給簽證一事，裁示曰：「此點如有顧慮，則不宜接受，希鄭重。」[40]由此手書內容，可以看出沈昌煥最為在意者，仍係中華民國基於反共需求所必須堅守的各種相關價值觀。而也是在沈昌煥的堅持下，中華民國得以正式國號參與該屆桌球亞錦賽。對因國際局勢不利而常游移在「中華民國」與「臺灣」兩名稱、概念間的中華民國，此次的「正名」結果，不啻為堅持中國正統的一次勝利，甚至也引起菲律賓僑界的關注。[41]參加該屆賽事的總領隊，同時亦為中華全國桌球委員會總幹事的駱水源（1908-？），便在其報告書中，盛讚「此番我國代表隊在國際外交戰場上，能獲得光榮的全面勝利，青天白日滿地紅的國旗，又在菲律賓黎剎國家運動場上飄揚，使成千成萬僑胞歡呼喝采」。[42]

　　撇開官樣文章的範式寫作所涉及的宣傳性質，駱水源的報告內容，仍體現此一體育賽事對中華民國外交表現的意義所在。畢竟名稱

---

[40] 「菲律賓大使館致外交部電」（1963年1月26日），〈申請加入國際桌球協會及亞洲桌球賽正名問題〉，國史館藏，《外交部檔案》，典藏號：11-36-08-04-007。

[41] 如當地華文之 *The Fookien Times*（菲律賓《新聞日報》）即有報導，見「鄭周敏今日凌晨交涉成功　中華民國得用正名參加亞杯桌賽　和平盃如不取銷越南退出混合打」（1963年2月7日），〈申請加入國際桌球協會及亞洲桌球賽正名問題〉，國史館藏，《外交部檔案》，典藏號：11-36-08-04-007。

[42] 「六屆亞協大會中華民國名稱交涉成功並取消「和平盃」前後詳情」（1963年2月7日），〈申請加入國際桌球協會及亞洲桌球賽正名問題〉，國史館藏，《外交部檔案》，典藏號：11-36-08-04-007。

問題原就涉及中華民國的自我定位，亦牽涉他國對中華民國如何認知、是否支持的意義。故沈昌煥的堅持所造就的結果，正代表中華民國政權念茲在茲的中國代表地位，並未在「友邦」（菲律賓）的權宜考量下遭到犧牲。一方面將自身定位予以固實，另方面在已然不利的國際氛圍中再下一城，將中華民國得以堅持的時間再度延長。在中華民國因應中共行動所進行的體育外交中，沈昌煥未必需要實際執行；但憑其對政策內涵的掌握，即已達成符合政府所需的貢獻了。

六、結語

　　中華民國的「體育外交」所以不被研究者重視，除因中共「乒乓外交」的聲勢甚強，而直觀上似乎未見中華民國有何因應能耐的歷史認識所致之外；中華民國內部的體育組織發展不甚順暢，或許也是導致研究者難於見到明顯效益，促發研究誘因的原因之一。事實上，即使在1970年代以前，體育外交的需求其實已經逐漸提高，國內的體育人士或組織，仍不乏投機心態者。[43]此顯示中華民國欲以「體育外交」途徑，面對中共藉由體育挹注官方影響力的手段，本身即有一定難度。此一背景，除令體育外交未能被研究者明確察覺外，也顯示中華民國外交工作的挑戰甚多，體現時局艱難的程度。

　　此種艱難，也不免影響各個「反共盟友」對中華民國的態度，甚至包括中華民國在東亞最為強大的盟友「日本」。蓋其除不斷期能以「政經分離」的方式加強與中共的關係，[44]導致中華民國正統需求

---

[43] 「體育活動的一筆濫賬」（1961年5月4日），〈國際體育競賽（二）〉，國史館藏，《外交部檔案》，典藏號：11-36-08-11-020

[44] 張啟雄與葉長城的研究指出，日本之「政經分離」與「政經一體」是戰後日本對兩岸「中國」政權的政策運用，及兩岸對日本達到程度的期許，兩者實有互動關係。係因日本為符合兩岸的對日要求，方才以政經分離的方式遊走於兩岸之間。參見張啟雄、葉長城，〈「政經分離」vs.「政經一體」的「名實論」分析：戰後日本對兩岸政策的形成與轉變（1952-1972）〉，《亞太研究論壇》第35期（臺北，2007.03），頁122-193。故政經分離其實非僅應對中共，中華民國也是對象。但對與之擁有邦交並視之為反共盟友的中華民國而言，政經分離則只是日本

受損之外，日本欲以體育強化對中（共）關係的態勢也很明顯，至少
也是中華民國及沈昌煥均能察覺的。例如1961年時，日本除曾主動嘗
試邀請中共多次派遣「體育使節團」或「中國體育總會幹部」訪日以
外，甚至還讓中共能在參與夏季奧運的資格必定會被中華民國抵制的
情況下，猶能透過此種模式，「解決」中共無法名正言順與日交流的
窘境。[45]也就是說，中華民國不只因為中共的體育外交而在外交局勢
上受挫，連冷戰中的東亞反共盟友，亦有面臨「被挖牆腳」的風險，
不免更令其疑懼。因此，體育交流挾帶實質外交關係進展的內涵，便
是中華民國不能不戒慎恐懼的問題。沈昌煥雖然未必事必躬親地面對
所有體育外交活動，但始終把握住中華民國政權的核心關懷，護持中
華民國利益。就此表現來看，已可謂為有效因應體育外交趨勢的優秀
外交官，及外交主事者了。

　　整體來說，沈昌煥所牽涉的體育外交事務，主要在其對中共利
用體育增進對外關係的因應過程中，確立符合政府需求的決策依據方
面，而非具體的、實質的行動。也因如此，一般較難注意到其與體育
外交的關係。不過某些側面證據，可以顯示沈昌煥確實應有理解及參
與的情況。例如在1962年時，國民黨曾討論是否要在國內舉辦第三屆
亞洲杯足球賽的地區預賽。當時的想法，係「基於確保我國在亞洲及
國際足協之地位，敦睦與亞洲各國間之國民外交」等原因，應予舉
辦。[46]此事經國民黨中五組致函沈昌煥，請其配合辦理，包括支援經
費等。[47]可見無論透過外交系統或黨務系統，沈昌煥都能在中共有所
行動的情況下，觸及體育外交性質的工作。只是不可否認的是，由於
缺乏充分的一手史料，目前尚難論斷沈昌煥對「體育外交」的操作，

　　一種親近中共的態度，與中華民國無涉。
[45] 「日匪將派球隊及體育使節團互訪」（1961年4月27日），〈國際體育競賽
　　（二）〉，國史館藏，《外交部檔案》，典藏號：11-36-08-11-020。
[46] 「商討我國應否主辦第三屆亞洲杯足球東區預賽問題會議記錄」（1962年1月12
　　日），〈國際體育競賽（二）〉，國史館藏，《外交部檔案》，典藏號：11-36-
　　08-11-020。
[47] 「國民黨中五組致沈昌煥函」（1963年1月17日），〈國際體育競賽（二）〉，
　　國史館藏，《外交部檔案》，典藏號：11-36-08-11-020。

有密切的淵源。但其戮力服務的時局中，面臨著中共透過包括體育在內的各式非正式管道，滲透進入中華民國所關切的對象及領域之中。亦即沈昌煥即便未必理解到「體育外交」的路線，其外交處置仍已具有體育外交的性質。而且確保中華民國不因中共體育外交模式而造成己方「失分」的認識與決策，即已對當時中華民國日漸衰微的外交局勢，付出了具有正面價值的貢獻。

沈昌煥與中法斷交（1963-1964）

王文隆[1]

一、提要

　　沈昌煥先生為戰後中華民國政府在任最久的外交部長，也因此歷經了中華民國外交諸多關鍵時刻，中華民國政府與法國的斷交即為其一。沈昌煥雖是堅持反攻大陸國策的職業外交官，但在中法斷交前後，卻因美國從旁干預，而使得他沒能貫徹國策在外交場域的執行，最後使得中華民國駐法使館黯然關閉。本文將以外交部檔案、外交部週報、中央日報、美國外交文書以及相關人士的回憶錄為本，重新拼湊沈昌煥處理中法斷交前後的思維，並自史料中找尋其批示以窺看其指示，希望能將此一事件前後沈昌煥所下的判斷與影響。

二、前言

　　沈昌煥先生無疑是中華民國政府遷臺之後，在任期間最長，經歷事件最多，擔負最沉重工作的外交部長，也是自1950年代到1970年代都位居外交核心的卓越外交家。也正因為沈昌煥歷經了中華民國政府遷臺之後的重大事件很多，身當與諸多國家官式關係斷絕，非官式關係建立的重任，型塑了當前中華民國外交的樣貌，因而討論沈昌煥在其間的決斷與角色，必是戰後中華民國外交史上值得探討的課題。

　　沈昌煥在任部長間很長，但相較於其他在戰後服務於中華民國政府的官僚，將焦點集中於沈昌煥個人的相關研究其實並不多，這或

---

[1] 南開大學歷史學院副教授。

許與沈昌煥為人低調很有關聯,他在世時曾有諸多機構或是新聞機關
希望能採訪他,留下紀錄,但都被婉拒。因而與沈昌煥直接相關的出
版品,僅有外交部協助出版的兩套言論集,以及臺大政治系教授石之
瑜協助編輯,由沈昌煥先生公子沈大川先生於2001年出版的《寧靜致
遠 美麗人生:沈昌煥先生紀念文集》所錄回憶,與2003年石之瑜教
授編輯出版的《臺灣最後一位保守政治家:沈昌煥在「復興基地」的
見證》一書。[2]官式的言論集所收皆為沈昌煥作為官方代表的對外談
話,回憶錄中則收錄了諸多與沈昌煥有過緊密互動的師友、僚屬或
是近親的回憶,披露在史料中未能見得的公私生活,能體現沈昌煥
這一個人的方方面面。而沈昌煥先生唯一留下的1946年的日記,由國
史館出版,成為現存能研究沈昌煥先生的唯一直接史料。就研究成果
方面,就筆者所知,僅一篇碩士論文以沈昌煥先生為題。〈中華民國
對日外交:以沈昌煥部長前期的對日外交為主軸(1960-1966)〉一
文,所著重的是沈昌煥其外交理念的內容與實際操作間的關聯,強調
「反共」在沈昌煥領導外交部時的影響,使得中華民國政府在當時踩
穩「漢賊不兩立」的立場,堅持「王業不偏安」的主張,支持政府動
員戡亂集反攻大陸的國策。[3]此外,關於沈昌煥先生的研究,大概就
是散見在涉及戰後中華民國外交的相關討論裡,畢竟他身為部長,所
處理的業務與決策繁多,但能見的也就是片段式的敘述,以事件為主
而不以人物為主。

　　沈昌煥在任部長期間,正為中華民國外交在國際間益發辛苦之
時,斷交與危機頻傳,如何應付與處置,實為當時沈部長所關注的重
點,也為了避免創造對我方不利的前例,沈部長對於斷交後的處理也
常費盡心思。本文將以1964年中法斷交為例,討論在與一國斷交的前
後,做為部長的沈昌煥如何處置與應對。在討論開始之前,本文先對

---

[2]　石之瑜(編),《寧靜致遠 美麗人生:沈昌煥先生紀念文集》。台北:沈大川
　　出版,2001;石之瑜,《臺灣最後一位保守政治家:沈昌煥在「復興基地」的見
　　證》。台北:翰蘆出版社,2003。
[3]　陳嘉伶,〈中華民國對日外交:以沈昌煥部長前期的對日外交為主軸(1960-
　　1966)〉。台北:中國文化大學日本研究所碩士論文,2009。

沈昌煥進入外交核心的歷程作一背景陳述。

三、升轉進入外交部核心

沈昌煥畢業於上海光華大學，爾後赴美國密西根大學攻讀新聞學，返國後擔任外交部專門委員、駐印度公署秘書等職，抗戰末期調往軍事委員會委員長侍從室，後自1946年9月起擔任國民政府專門秘書，1948年4月，接任外交部禮賓司司長。[4]

在中華民國政府遷臺之前，沈昌煥擔任公職的最高級別是行政院新聞局局長，在政府於1949年1月28日宣布自南京南遷廣州後，他於次日辭職，轉往中國國民黨所轄黨務系統下工作，隨同總裁蔣中正前往菲律賓、大韓民國，襄贊碧瑤會議、鎮海會議的召開，並負責翻譯工作。1949年7月之後，沈昌煥也受命擔任中國國民黨改造委員會委員，並擔任中央改造委員會第四組副組長。1952年8月8日，沈昌煥升任第四組主任，在此工作了兩年，於1954年8月18日轉任外交部政務次長，直到1959年3月19日轉任駐西班牙大使才離開臺北。[5]

沈昌煥任駐西班牙大使，在當時中華民國的外交來說算是一個突破。在此之前，西班牙的佛朗哥（Francisco Franco）政府雖在1952年6月27日恢復與中華民國政府間的邦交，並許中華民國政府在首都馬德里設置大使館，但台北當局一直無法派任全權大使，僅能由駐義大使于焌吉兼代，另派一等秘書桂宗堯暫代館務。1956年9月起，因桂宗堯轉任駐秘魯大使館一等秘書，還一度由參事胡世熙兼代館務，層級降得更低。1959年3月，沈昌煥受命為駐西班牙大使，並經西班牙政府同意，於當年6月抵達馬德里視事。[6]然而，沈昌煥停留在馬德里的時間實際上並不多，1959年8月底，他與王世杰、劉鍇、胡慶育

---

[4] 〈沈昌煥繼長外部禮賓司〉，《中央日報》，1948年4月11日，第二版。

[5] 關於沈昌煥這段時間的動態，散見於：林桶法，《1949大撤退》。台北：聯經出版公司，2009。

[6] 〈沈昌煥大使　今赴西履新〉，《中央日報》，1959年5月24日，第一版。

一同被任命為出席聯合國第14屆大會全權代表，於同年9月隨首席全權代表蔣廷黻與會，直到年末的12月中才重返馬德里。[7]不過不及半年，1960年5月31日，行政院發布人事命令，沈昌煥升任外交部長，時年47歲，也是他第一度擔任外交部長。[8]

沈昌煥首度擔任外長時，國際政治悄然變化，焦點在非洲。

1960年前後，非洲新興國家大量出現，僅1960年一年，自年初到年末，就有16個非洲國家宣布獨立，並加入聯合國，這直接衝擊了我國在聯合國裡中國代表權的投票。為了瞭解非洲各國，外交部自1959年年中起便考慮籌組訪問團前往非洲實地勘察，籌組期間，駐西班牙大使沈昌煥於1959年7月獲悉此事，去電外交部建議在考察團中，增添常年在聯合國託管委員會任職的楊西崑，希望能憑藉他在第三世界國家豐沛的人脈，協助代表團拓展在非洲的關係。[9]雖日後外交部所組織的考察團中，楊西崑並未參加，但沈昌煥對於楊西崑在非洲業務的熟稔極具印象，在日後處理非洲事務上，倚賴楊西崑協助的地方非常地多，也因此在沈昌煥出任外長不久後，便於1960年7月發布人事命令，調楊西崑擔任亞西司司長，主管蘇聯、中東及非洲業務。[10]

原本，非洲事務基本是跟各殖民地之母國接洽，若是獨立國家也僅歸亞西司負責，然為了因應非洲國家的大量獨立與參與國際政治的景況，在沈昌煥第一度任外長期間，於1963年4月24日，依據修正通過的《外交部組織法》，將非洲業務劃出亞西司，另設非洲司獨立管轄，由楊西崑兼任司長。[11]或也因為非洲業務的吃重，且外交部在此

---

[7] 〈出席聯大完成任務 王世杰離美返國 沈昌煥回歐任所〉，《中央日報》，1959年12月17日，第二版。

[8] 〈行政院局部政組完成 總統昨日明令發表 六部會首長新人選 內政部部長連震東 外交部部長沈昌煥 司法行政部長鄭彥棻 交通部長沈怡 田炯錦長蒙藏委員會 周書楷長僑委會〉，《中央日報》，1960年5月31日，第一版。

[9] 「聞政府擬派湯公使武訪問非洲各國，以做爭取各該國於獨立後與中華民國建立邦交之伏筆」，〈楊特使繼曾參加喀麥隆獨立慶典並訪非案〉，《外交部檔案》，中央研究院近代史研究所檔案館藏。

[10] 〈任命楊西崑為外交部亞西司司長〉，《總統府公報》1145（1960年7月28日），頁1。

[11] 〈外交部組織法〉，《總統府公報》1430（1960年7月28日），頁2-3。

期間多仰賴楊西崑對非之關係，因此在1963年10月12日，在沈昌煥的
支持下，發布楊西崑擔任外交部常務次長，晉升其位階，促其扛下對
非工作的重責。[12]

　　然而，就在中華民國政府要在非洲大展拳腳時，卻傳來法國邦誼
不穩的消息，要使沈昌煥部長加緊應付。

四、法非政局的變化

　　1958年6月1日，戴高樂（Charles de Gaulle）復出擔任法國第五共
和的第一任總理，隨即展開「抗美獨立」的外交政策。1960年2月，
法國成功試爆核彈，在國際社會的發聲份量大為增加，同年6月便開
始與美國在剛果（金市）危機（Congo Crisis）上大唱反調，戴高樂
公開批評美國違反聯合國憲章，假借名義干涉剛果（金市），甚而拒
絕1962年甘迺迪致函要求支持聯合國軍的請託。[13]戴高樂也一改對阿
爾及利亞的殖民政策，大量撤回法裔移民，結束戰爭。1962年法國公
民暨日後阿爾及利亞公民投票，通過埃維昂協議（Evian Agreement）
後，阿爾及利亞正式獨立。[14]由於中共是阿爾及利亞臨時政府對法戰
爭的主要援助國，阿爾及利亞的獨立，開啟了法國與中共關係改善的
大門。[15]

　　前法屬非洲國家於1961年9月7日在布拉薩（Brazzaville）召開12
國高峰會，會後發表憲章，組成一鬆散的非馬聯盟（Afro-Malagasy
Union，或稱布拉薩集團），成員包括了象牙海岸、上伏塔、尼日、
達荷美、查德、剛果（布市）、中非共和國、塞內加爾、茅利塔尼

---

[12] 〈任命楊西崑為外交部常務次長〉，《總統府公報》1484（1963年11月12日），
頁1。

[13] 張錫昌、周劍卿，《戰後法國外交史（1944-1992）》（北京：世界知識出版社，
1993），頁138-162。

[14] 詳見：http://www.business-dz.com/en/renseignements/algerie_histoire.htm。

[15] 關於法國非殖民化、中共與阿爾及利亞關係能參考：王蘇穎，〈阿爾及利亞民族
解放戰爭和戴高樂的非殖民化政策〉，收錄於：朱明權（編），《20世紀60年代
國際關係》（上海：上海人民出版社，2001），頁179-229。

亞、喀麥隆、加彭、馬拉加西等等十二國。[16]非馬聯盟依循著戴高樂的「合作政策」，與法國維持著特殊關係，法國依舊掌握了這些國家的經濟命脈，依舊駐紮軍事要地，甚而以軍事行動直接干預當地的政權。[17]而中華民國政府與非馬聯盟的關係一向良好，與其大部分成員皆有外交關係。

　　1963年，我國與中共在非洲的邦交國比數為19：12，僅有三個非洲國家與兩岸皆無邦交。但法國邦交不穩的消息，在臺北早有預聞。沈昌煥作為外交部長，在1963年6月間為了挽回頻危的對法關係，藉外長身分出訪非洲的機會，經法國巴黎轉機，抱著救火隊的心態，除了求見法國總統戴高樂之外，亦利用他自己專擅的新聞手法，透過媒體的轉述爭取法國輿論的同情。

　　中央社駐巴黎的記者龔選舞洽好躬逢其盛，不僅參與沈昌煥接受法國國營第一電視臺的採訪，也早了一步探知了沈昌煥與戴高樂會見的詳情。沈昌煥與戴高樂碰面之後回到下榻的喬治五世旅館，龔選舞憑著記者敏銳直覺，直奔旅館希望採訪。剛巧，沈昌煥的隨行秘書李善中之女，特地從倫敦飛往巴黎，希望見見多年不見的父親，因而李善中央請龔選舞「代班」隨行秘書四個小時，好讓他們父女能見個面，龔選舞答應了。不久後，我國駐法代辦高仕銘恰好持公文求見部長，高代辦將門一打開嚇了一跳，一看不是隨同的李善中而是中央社記者龔選舞，剛巧，沈部長正在休息，不便直接進入房內，經請示部長後，部長要高代辦將公文留下交龔選舞保管，高仕銘才不情願地將公文交給龔選舞退出而去。一小時後，部長起身批閱，一邊看文一邊念著，眼下看來法國已經要斷絕與我國的外交關係了，高仕銘所擬拍

---

[16]　而後此組織於1965年2月發展成「非馬共同組織」（Organisation commune africaine et malgache, OVAM），加入了多哥、盧安達及剛果（金市）三國，七月，茅利塔尼亞退出。1970年1月，模里西斯加入，改稱：「非馬模共同組織」（Organisation africaine, malgache et Mauritienne, OCAMM）。詳見：Basil Davidson著，蔡百銓譯，《非洲現代史》（臺北：國立編譯館，1995），頁286-288；Organisation commune africaine et malgache；http://www.crwflags.com/fotw/flags/int-uam.html。

[17]　張錫昌、周劍卿，《戰後法國外交史（1944-1992）》，頁134-138。

回臺北呈報總統的電報中，卻仍浮誇地要增添戴高樂在會談中倡言雙方邦誼永固等語，並不真實，便將內容調整，指出戴高樂雖盼沈昌煥代為問候二戰盟友蔣中正，但不諱言雙方關係正在逆轉，可見沈昌煥之作風相當務實。[18]

　　事情的發展不出沈昌煥所料，1963年10月，戴高樂派遣密使—法國前總理富爾（Edgar Faure）—赴北京與中共總理周恩來商談「關係正常化」的相關議題。周恩來明確表示，不能接受「兩個中國」以及如英、荷般拖泥帶水的半建交模式。[19]同年11月1日談判告終，商訂直接建交的方案，不提及我國，而以國際法客觀形勢自然地終結法國與我國之關係，周恩來接著於同年12月13日啟程訪非。

　　這段期間，外交部已經掌握情資，但似乎沒能阻止，在沈昌煥的指示下，僅能將相關的情資彙整上報，以及轉告駐美大使蔣廷黻試著商量對策。[20]蔣廷黻在1963年11月7日電部報稱，富爾與中共已經談妥，要建立全面且官方的關係。沈昌煥批見該份電報時，除了立刻將此內容呈報府院外，特別批註：法館何以無電報部。可見對於當時駐法使館對當此危局時的掌握，並不是很滿意。[21]他乾脆直接下令在臺北的歐洲司蒐集相關報端情報彙整，提高警覺。[22]

　　沈昌煥在各方所報消息陸續發到後，在一張便箋中寫下數點自我提醒外，也為指導方針：

(1) 消息不斷傳出，已引起國際間之注意。

(2) 友邦來詢、立法院質詢，輿論批評。

---

[18] 龔選舞，〈對我寄以厚望〉，收於：石之瑜（編），《寧靜致遠　美麗人生：沈昌煥先生紀念文集》（臺北：沈大川，2001），頁241-243。

[19] 關於此段記述可參考：成都信息港：http://www.cdbnet.com.cn/article/goabroad/english/ssyy/FriDec2710-02-52CST2002.shtml；陳敦德，《破冰在1964—中法建交實錄》（北京：世界知識出版社，2000），頁215-241。

[20] 「高士銘報部電」（1963年10月29日），〈法匪建交〉，《外交部檔案》，中央研究院近代史研究所檔案館藏，檔案號：11-EUR-1867。

[21] 「蔣廷黻報部電」（1963年11月7日），〈法匪建交〉，《外交部檔案》，中央研究院近代史研究所檔案館藏，檔案號：11-EUR-1868。

[22] 「中央通訊社參考消息央秘參1554號」（1963年11月10日），〈法匪建交〉，《外交部檔案》，中央研究院近代史研究所檔案館藏，檔案號：11-EUR-1868。

(3) 故中國政府重視中法友誼，萬分關切。

(4) 我基本國策，反對兩個中國及任何友邦與中共任何形式之承認，均視為對我不友好之行動，絕不能容忍。

(5) 此種傳說不得打擊中法友誼，結果增加中共聲勢，使自由世界共同目標亦受其重大損害。

自此能見沈昌煥所扛下的內外壓力是多麼巨大。[23]

五、中法斷交後的去與留

我國探得法國即將承認中共政權的風聲後，一方面由沈昌煥約見法國駐華代辦，提出備忘錄表達關切，另一方面亦命駐法使館防堵外，蔣中正也同意以其個人名義致函戴高樂。[24]此函於12月24日以致二戰戰友戴高樂的名義發出，呼籲不要輕率承認中共。[25]由於法國將成為西方大國中唯一與中共互設大使館的國家，且此事將挑戰美國作為西方龍頭的地位，因而美國對此亦關心備至。11月，美國國務卿魯斯克（Dean Rusk）訪法，特別向戴高樂詢及此事，戴高樂只說不會在當下承認中共，但是遲早將會與中共建立某種外交關係。他還語重心長的說，西方世界終會為了與中共提升關係而犧牲臺灣。[26]但戴高樂答應魯斯克，法國與中共互動的每個動作都會先知會美國。

---

[23] 「沈昌煥便箋」（無日期），〈法匪建交〉，《外交部檔案》，中央研究院近代史研究所檔案館藏，檔案號：11-EUR-1868。

[24] 「沈部長接見法國駐華代辦薩來德公使談話紀錄」（1963年12月10日），〈法匪建交〉，《外交部檔案》，中央研究院近代史研究所檔案館藏，檔案號：11-EUR-1869；「總統批」（1963年12月21日），〈法匪建交〉，《外交部檔案》，中央研究院近代史研究所檔案館藏，檔案號：11-EUR-1870。

[25] 蔣中正致戴高樂原件應於此：「蔣中正函戴高樂勸說不可輕率承認中共政權」，《忠勤檔案：蔣經國總統檔案》330，國史館藏，D2283外交類，檔號：3010.82/5044.01-002，目次號：78。另能參見：陳三井，〈中法斷交前的一段秘辛──法國專使團的艱困訪華行〉，收錄於：陳三井，《近代中法關係史論》（臺北：三民書局，1993），頁263-276。

[26] 詳見：195. Telegram From Secretary of State Rusk to the Department of State (Paris, December 16, 1963, 10 p.m.), *FRUS 1961-1963, Vol. XXII, China; Korea; Japan*, http://www.state.gov/www/about_state/history/frusXXII/151to197.html。

　　美國至遲於1964年1月15日透過法國駐美大使愛爾芳（Herve Alphand）確定，法國近日將與中共建立大使級關係。法國宣稱不會主動斷絕與我國的外交關係，除非我國主動斷交。詹森（Lyndon Baines Johnson）總統的國家安全特助彭岱（McGeorge Bundy）向詹森建議，要我國在法國宣布與中共建交後隱忍，維持與法國的外交關係一段時日，由於中共必然無法接受雙重承認，問題將回到法國身上，不能因為我國與法國斷交而稱了法國的意。[27]詹森表示贊同，並去信蔣中正，陳述不主動斷交方為最上策的理念。[28]

　　法國為西歐民主陣營大國，對舊法屬殖民地仍有影響，更是聯合國安理會的常任理事國之一，斷交與否的決定非同小可。美國此時與我國亦互動頻頻，不只魯斯克約見我國駐美大使蔣廷黻，再次確認我國於中（共）法宣布建交後，我外交人員仍會留在法國，美國國務院還於1964年1月24日派員與我駐美使館人員展開會議協商，且告訴我方人員說：「我們也有一場重要賭局，需要中華民國政府的協助，如果越來越清楚的是，我們不能共同盡力使法國與中共建交陷於困難，那麼美國在努力支持中華民國方面，將會失去重大利益。」[29]雖美國官員在口頭上對我國官員皆稱反對「兩個中國」（Two-China Policy），但實質上卻依舊期待我國「苦撐」，促成實質上的「兩個中國」。

　　戴高樂在1964年1月19日曾派由貝志高（Zinovi Pechkoff）所率專使團抵臺，謁見蔣中正轉交戴高樂的親筆回函，蔣中正期待法國能緩

---

[27] 詳見：1. Telegram From the Department of State to the Embassy in France (Washington, January 15, 1964, 6:01 p.m.); 2. Editorial Note, *FRUS 1964-1968, Vol. XXX, China*, http://www.state.gov/www/about_state/history/vol_xxx/01_10.html。

[28] 詳見：3. Telegram From the Department of State to the Embassy in the Republic of China (Washington, January 16, 1964, 5:46 p.m.) 附件587. Please deliver soonest following letter to President Chiang from President Johnson, *FRUS 1964-1968, Vol. XXX, China*, http://www.state.gov/www/about_state/history/vol_xxx/01_10.html。

[29] 詳見：6. Memorandum Conversation (Washington, January 24, 1964), *FRUS 1964-1968, Vol. XXX, China*, http://www.state.gov/www/about_state/history/vol_xxx/01_10.html。

一些時日承認中共，即便晚個半年都好，但專使團無法應允。[30]木已成舟，在阻擋不住法國承認中共的意圖下，1月27日，法國與中共分別在巴黎以及北京同時發表聯合公報：「中華人民共和國政府和法蘭西共和國政府一致決定建立外交關係。兩國政府為此商定在三個月內任命大使。」[31]建交公報依照富爾與周恩來的協議，文中全然不提法國與我國之關係如何處置，對臺灣定位也不曾提到。蔣中正壓下了主動與法國斷交的那口氣，外交部亦電飭駐法使館暫勿撤館。[32]但為了維持國內統治的穩定，避免國內錯認政府已經放棄「消滅共匪，解救同胞」的最高原則，外交部隨即於當日發表聲明重申反對「兩個中國」的立場，並再度宣示「反攻復國，拯救大陸同胞及反對任何兩個中國之觀念，為中華民國政府之既定國策。」[33]外交部對中共與法國建交一事，在態度上是極其悲觀的，認為縱不斷交撤館，依照國際慣例，法國一宣布承認中共，便構成對我斷交之事實，況且亦不足以阻擋中共與法國雙方互設使領館。[34]果不其然，1月28日中共外交部除發表聲明反對「兩個中國」外，尚宣示：「承認一個國家的新政府，不言而喻的意味著不再承認被這個國家的人民所推翻的舊的統治集團。」[35]排除我國在法國的外交地位。

實質上，蔣中正在美國的壓力下，並未打算與法國斷絕外交關係。行政院召開的緊急院會中也僅提到要「靜觀其變」，由是外交部

---

[30] 國史館編印，《中華民國外交志（初編）》（臺北：國史館，2002），頁678；「總統接見裴奇柯甫將軍談話紀錄」（1964年1月19日），〈法匪建交〉，《外交部檔案》，中央研究院近代史研究所檔案館藏，檔案號：11-EUR-1870。

[31] 〈中法聯合公報〉（1964年1月27日），詳見：中華人民共和國外交部網頁：http://www.fmprc.gov.cn/chn/2838.html。

[32] 「特急機密」（1964年1月27日），〈法匪建交本部各項通電〉，國史館藏，目錄號：172-4，檔案號：0810。

[33] 〈外交部抗議法國與中共建交，聲明反對兩個中國立場〉（1964年1月27日），收錄於：國史館編，《一個中國論述史料彙編──史料文件（一）》，頁155-156；《外交部週報》667期（1964年1月30日），第一版。

[34] 「急電極機密：外交部與蔣廷黻」（1964年1月24日），〈法匪建交本部各項通電〉，國史館藏，目錄號：172-4，檔案號：0810

[35] 「中共外交部發言人就中法建交事發表聲明，反對製造兩個中國」（1964年1月28日），《一個中國論述史料彙編史料文件（一）》，頁246-247。

始終不願主動斷交。外交部依循以往與中共在國際間的鬥爭經驗，揣測中共的動作，認為只要我國的外交機構持續在駐在國不離開，中共代表便不會派進去，若中共不顧我外交機構依然在駐在國行使外交職權，而派外交代表進駐的話，那中共就是改變了基本國策，接受了「兩個中國」，因而我國也必須有所因應接受「兩個中國」。[36]美方也透過蔣廷黻傳達要我依照既定計畫，受辱忍耐，困擾法國，穩紮穩打，切莫輕言斷交的建議。[37]然而中共立場並未改變。2月6日，中共國務總理周恩來接見法國新聞社記者時便提到：「法國宣布同中國建交之日起，蔣介石集團在巴黎的代表就已經喪失做為中國的外交代表的資格。這世人所共知的國際慣例。」[38]2月8日，我駐美大使館江易生公使與美國國務院助理國務卿葛林（Marshall Green）餐敘，葛林力勸我國堅守不退，迫使中共知難而退，並強調由法方主動宣布斷交為要，然而江易生對此較為悲觀，認為法國在中共壓力下，大有迫我閉館之勢。[39]法國僅對美國許諾不會主動中斷與我關係，若違背諾言，也無背信於我，所傷害的是美、法兩國的互信。

　　事情發展果如江易生所料，法國在遲遲等候不到我國主動宣布斷交的消息下，於2月10日一早令駐臺代辦薩萊德（Pierre Salade）通知外交部長沈昌煥，稱北京的外交官一到巴黎，我國駐法機構就失去他的合法性，並稱法國意向在戴高樂的函中已清楚表明。沈昌煥特別再問薩萊德，上述各節是否意味著法國擬與我斷交，薩萊德稱是。[40]

---

[36] 沈錡，《我的一生（三）》，（臺北：聯經出版公司，2000），頁271-272。

[37] 「蔣廷黻報部電」（1964年1月29日），〈法匪建交本部各項通電〉，國史館藏，目錄號：172-4，檔案號：0810；「急密」（1964年2月8日），〈法匪建交本部各項通電〉，國史館藏，目錄號：172-4，檔案號：0810。。

[38] 〈中共國務院總理周恩來說明與法國建交的重要並反對製造兩個中國的任何陰謀〉（1964年2月6日），《一個中國論述史料彙編史料文件（一）》，頁250-252。

[39] 「蔣廷黻報部電」（1964年2月7日），〈法匪建交本部各項通電〉，國史館藏，目錄號：172-4，檔案號：0810。

[40] 「特急極密」（1964年2月10日），〈法匪建交本部各項通電〉，國史館藏，目錄號：172-4，檔案號：0810。及12. Telegram From the Embassy in the Republic of China to the Department of State, *FRUS 1964-1968, Vol. XXX, China*, http://www.state.gov/www/about_state/history/vol_xxx/11_20.html。

美方完全被法國蒙在鼓裡，當日下午美國駐華大使賴特（Admiral
Jerauld Wright）還晉見蔣中正，再度傳達要我絕不撤出法國的意思，
蔣中正轉告賴特薩來德所言，認為法國已經要切斷外交關係了，賴特
沉默不語。在此逼迫下，方由外交部發表斷絕外交關係的聲明。[41]

六、中法斷交之後

　　沈昌煥在駐法使館去留的問題上，大概不甚認同屈從美方指導的
作法。

　　擔任部長的沈昌煥在此過程中，針對法館拍回的電報，如有覺得
應該呈報者，多會在電報的批示欄中寫上「呈府院」幾字，因而也使
得蔣中正能在此過程中及時掌握外館的情況，進而決定是否透過私人
書信往來的渠道，試圖扳回頹勢。而沈昌煥的忠誠，也能從他在1964
年2月初，代表外交部參加總統府宣外小組會議見得。該次會中，沈
昌煥除了報告與法國談判情況之外，該次會議亦提及在中共與法國建
交之際未立刻宣布斷交，實為美國因素干擾所致，往後如遭遇類似情
況，應與美方密切商談，且採取嚴正立場。[42]言下之意，往後中華民
國政府不會再試著創造美方寄望的「兩個中國」。

　　而關於對法斷交之後的安排，外交部也曾經開會討論。首先是針
對館產的安排，為了避免中共以繼承之名，直接接收我國在法國外交
館舍，除聘請當地律師協助外，基於聯合國教科文組織設於巴黎，而

---

[41] 〈外交部發表與法國斷絕外交關係聲明〉（1964年2月10日），《一個中國論述史
料彙編——史料文件（一）》，頁156-157；戴天昭，李明峻譯，《臺灣國際關係
史》（臺北：前衛出版社，2002），頁853；張錫昌、周劍卿，《戰後法國外交史
（1944-1992）》，頁230-231；〈我對法絕交通電〉（1964年2月10日），「法匪
建交本部各項通電」，國史館藏，目錄號：172-4，檔案號：0810。絕交通電擬稿
時間為23時30分，可見外交部對此事之忙碌與緊張。國交中斷後，因聯合國教科
文組織設於巴黎，而我仍為聯合國之會員國，故我國仍有外交人員駐法本土。我
駐法屬大溪地領事館則遲至1965年9月21日，始在巴黎方面的壓力下關閉。詳見：
《外交部週報》753期（1965年9月28日），第一版。

[42] 「總統府宣傳外交研究組致沈昌煥部長函」（1964年2月11日），〈法匪建交〉，
《外交部檔案》，中央研究院近代史研究所檔案館藏，檔案號：11-EUR-1872。

我國仍為聯合國之會員國，且有代表團長駐巴黎，因此便將該館財產改登記為駐聯合國教科文組織財產，並試著擴大該代表處的規模增聘人員。[43]除原駐巴黎的陳源代表之外，另派督學張兆為副代表前往巴黎，掛名教育部之下於巴黎成立歐洲語文中心。[44]

　　關於國內與法國往來簽證的辦理，則依照慣例由鄰國駐比利時大使館兼辦，而關於國內與法國間技術合作與獎助學金考試部分，沈昌煥的意見頗為強硬，在行政院國際經濟合作發展委員會建議維持委託法國訓練技術人員的條目上畫叉，並提示人員赴法前應受訓練等語，且認為教育部方面仍欲維持法國獎學金之公開招考並不妥適。[45]由此，能見沈昌煥對於國策執行的堅持，以及國家立場的堅定。

　　中法斷交是沈昌煥在任部長期間所經歷的第一個重要國家斷交的事件，在他的堅定處置下，大抵堅持了中華民國政府的立場，也或許因為他對於國家立場的清楚認識，使得1971年10月，中華民國政府被迫退出聯合國之後，重出江湖擔任外交部長，除了處理大量國家轉換承認之外，也處理了1972年的中日斷交與1979年的中美斷交。

　　值得一提的是中美斷交。中美斷交正式宣布前，中美間的關係已能嗅出變化，沈昌煥為了預擬政府應變措施，曾召喚秘書胡為真，口述中美關係發生變化時之因應措施共十點，其中包括可能要發布緊急狀態與軍事戒嚴，財經處理以及扛下責任辭職等。待1978年12月15日，美國宣布對臺斷交時，沈昌煥便去電胡為真，要他將該份文件取出，搭車直奔入直七海官邸謁見蔣經國總統。隨後，由蔣經國總統在總統府主持臨時高層會議，會中討論的應變措施，就是源於該份因應

[43] 「呈報商討中法斷交後各項有關問題會議之重要決議」（1964年3月5日），〈法匪建交〉，《外交部檔案》，中央研究院近代史研究所檔案館藏，檔案號：11-EUR-1872。

[44] 「速派張兆前往巴黎便箋」（1964年1月24日），〈法匪建交〉，《外交部檔案》，中央研究院近代史研究所檔案館藏，檔案號：11-EUR-1874；黃三（黃志鵬），《落葉不歸根》（台北：獨立作家，2007），頁100。

[45] 「呈報與法代辦談中法未了案件事」（1964年2月17日），〈法匪建交後我在法工作〉，《外交部檔案》，中央研究院近代史研究所檔案館藏，檔案號：11-EUR-1907。

規劃。[46]沈昌煥為中美斷交負起政治責任遞出辭呈,蔣彥士立刻被發布繼任外交部長,但處理中美斷交的兩份英文文稿,都還是當時的新聞局長宋楚瑜拿給沈昌煥商酌修改的。[47]由此也能見沈昌煥識見宏遠,備受高層倚重。

七、結語

　　法國是民主國家,在政治光譜中也被中華民國政府歸類為「自由陣營」的一員,且為安全理事會的常任理事國,曾在非洲擁有諸多殖民地,國際地位相當重要。然而,1964年1月時法國卻承認了中共,斷絕了與中華民國政府的外交關係,這對「自由中國」來說,不啻為一大打擊。當此重大事件中,主持外交部的沈昌煥對駐法使館的表現似乎不盡滿意,除了藉訪非之行在巴黎轉機的機會,親自接觸法國政要外,也要在臺北的歐洲司同仁蒐集相關情報以掌握實情,能說是一種盡量不傷害駐法同仁士氣,且能解決燃眉之急的處置辦法,能見沈昌煥性格上的體貼與務實。

　　沈昌煥一方面力持國家立場,抵拒「兩個中國」在法國出現的可能,這在處理中法斷交前後相關公文批示上都能查見。然而他的主張,卻遭逢美國這一最重要友邦的干擾,使得中共與法國宣布建立正式關係之後,雖官式地宣布斷絕與法國間的關係,可是中華民國政府駐法使館並未立刻撤出,美國透過駐華使館不斷傳遞希望中華民國駐法使館堅持不撤的策略。然而事實證明,拖延時間只會帶來屈辱,最終中華民國駐法使館在失去身分的情況下,只能黯然離開。這一次聽從美國作法的挫敗,或更加深了沈昌煥堅決其秉持國策,排拒「兩個中國」的外交方針。

---

[46] 胡為真,〈追隨煥公二三事〉,收於:石之瑜(編),《寧靜致遠　美麗人生:沈昌煥先生紀念文集》,頁419-420。

[47] 宋楚瑜,〈對自己負責的真誠〉,收於:石之瑜(編),《寧靜致遠　美麗人生:沈昌煥先生紀念文集》,頁401-402。

　　在中華民國外交工作上，處理不斷走下坡的外交是很不容易的，要頂得住相當大的內外壓力、輿論的抨擊與媒體的追逐。沈昌煥就是一個能值得信賴的職業外交官，也因而身當數度中華民國外交面臨危機的關鍵時刻。

故舊座談會紀要

陳三井：謝謝，今天大家都很開心，我很少看到一場研討會，在第一場就客滿，第二場也是盛況空前，為什麼呢？我想是因為沈昌煥先生在近代史上的貢獻，大家對這個題目很感興趣，也有開發研究的價值，這是第一點。第二點，在座各位有很多是沈昌煥先生的親朋好友或是過去的同事，藉此機會大家老友相聚，敘敘家常，也是很快樂的事情。最後一點，文化大學辦研討會，向來是一絲不苟，而且動員很多同學為大家服務，辦得很成功。今天看到這麼多貴賓蒞臨，大家都很高興，尤其是大川先生的開場白，十分精彩，接下來這場保證更精彩。各位貴賓，我很榮幸能和五年前一樣來主持沈昌煥先生的故舊座談會，今天是沈部長逝世20周年的紀念，今年10月也是他105歲的冥誕。各位還記得五年前在國史館，有一場同樣盛大的研討會。在那次研討會的座談會，請了郝院長、幾位外交部的同事，一起談跟沈昌煥先生的互動關係，今天雖然不是原班人馬，但我們有不同的安排。在還沒邀請貴賓發言以前，我跟各位報告，有人稱沈昌煥先生為昌公，有人稱他為煥公，這都沒關係，沈先生對中華民國、對黨、對國家、對社會、對外交的貢獻，我相信大家都比我清楚，我就不在這裏多囉嗦了。按照今天的安排，先請約定答應的引言人來為我們發言，最後，我補白一句，我一直呼籲我們的政治人物，特別是外交官要寫自傳、回憶錄。為什麼？道理不用我多說，在座有好幾位，已經做了模範生，都出版了回憶錄和自傳，如果沒有他們，我們研究外交史的就沒有題材可研究了。按照我們今天的安排，我們五位發言人，依年齡序齒請他們來發言，原則上每位十分鐘，多餘的時間，在座還有很多外交界的前輩，可以來敘述你們跟昌公之間的互動關係，一定有很多說不完的故事。今天說不完，我們五年後再說，若是來不及口頭發言，可以用書面寫下來，我想把今天各位精彩的發言，還有各位討論的幾個主題，將來會交

給出版社出版論文集。在此特別拜託，向各位敬禮。按照原來的構想，我們要先請，邱進益大使，最近他又出版了回憶錄，他之前寫過《我和新加坡的情緣》，最近又把他的一生以《肺腑之言》為書名，做了很多的回顧。他是我們外交界的模範生，我們就先請，邱大使來為我們講話。

邱進益：謝謝主持人陳教授，各位外交界的前輩，還有大川兄，能指名我來報告一下我跟昌公之間的點點滴滴，本來今天五位的引言人，輪不到我先講，不過按照規矩照年次，我年紀比各位稍為大一點，所以我先來報告。我是昌公的門生子弟，怎麼說呢？我們第三屆外交特考最後一關的口試，昌公是口試官之一，也就是說，通過這關我們才有資格進外交部，所以從前講天子門生，我們是昌公部長門生，可以說是絕無虛假。通過外交特考，當時我們非常年輕，我們想像中的外交官是什麼樣子？我們看到了昌公，我用幾個字形容昌公，他是玉樹臨風，雍容大度，鶴立雞群、言談風趣。我覺得可以做為我們外交官的一個典範，一個榜樣。甚至在我們考試的時候，昌公在前面擺了一包香菸，他抽的香菸叫KENT，美國煙，所以我們心理上，一直認為外交官都要抽這個香菸。進了部以後，我們也買了KENT。昌公對我們這屆外交特考的人非常關注，進部不久，就召集我們訓話，我們12位一起坐在那裏聽他訓話，他侃侃而談，講了很多大道理，結論是「我看了你們一下，不錯！將來有人會當大使。」最後我們12位同仁中，有6位中途離職，離開外交界，剩下6位通通當上大使，所以說昌公真有識人之明。我最記得，印象最深刻的1964年1月，法國總統戴高樂要承認中國，當時他心裡頭頗有愧疚，就派他的特使貝志高上將，代表戴高樂到臺灣來，向總統、政府，請求希望法國承認中共的時候，我們可以不要公開表示反對。這是一個非常艱鉅

的任務，那時候貝志高在外交部見到沈部長，當時我還是科員，負責記錄，在場看到沈部長為了堅定國策屹立不搖，那種神色、那個語態，告訴貝志高將軍，請你轉告戴高樂總統，我是他的朋友，但是為了國家的利益，寧為玉碎不為瓦全，這八個字，我到現在為止印象非常深刻，所以證明昌公在實行國策的時後，絕對沒有打折扣。我在昌公的任內，第一次外派到奧地利，往後三進三出，都派到歐洲。我想這也是昌公培育後進外交官的一種作風，到現在為止，影響非常深刻。我第一次外放到奧地利後，一年半就調到了義大利，沒想到山不轉路轉，昌公後來出任駐教廷大使，當時我在羅馬的義大利大使館服務。當時曾流傳有三個大使，一個大使是地上的，在義大利大使館的許紹昌，第二個駐教庭的是天上的大使沈昌煥沈昌公，還有一個地下大使，是誰呢？曾華泰，曾華泰大使本來是我們駐日內瓦的代表，後來他退休了，他在義大利有一位非常好的女性朋友，邀請他來義大利常住，他三不五時就來大使館串門子，我們檯面上不能解決的問題，就請他在檯面下解決，所以當時我們戲稱有三位大使，天上的、地上的、地下的。因為昌公在大使館裡頭，除了那個時候我們寧紀坤兄以外，其他都是洋和尚，換句話說，談話的機會不是很多，就經常到我們駐義大利大使館找我這二等秘書，經常就與他聊天，兩年多的時間，可以說親自受過昌公的教誨，跟他談談天下大事、國內政治、外交和作人處事之道，那段期間對我來說是獲益良多。其後，我回國出任外交部歐洲司第三科的科長，時當1972-1974年。1972年大家知道，歐洲發生一件大事，就是簽署了兩德基礎條約Grundlagenvertrag，這個Grundlagenvertrag簽署後，互相承認對方的主權，同時東西德的關係大幅改善，我主管德國事務，覺得這個經驗非常寶貴，就寫了簽呈給部長，希望政府可以借鑒兩德之間的模式，來促進兩岸關係。報告遞上

去之後很久沒有消息，有一天部長突然打電話下來，說：
「邱科長你下來」。我就說：「報告部長什麼事？請指示」
昌公說：「我看了你的報告了，報告寫得不錯，不過這不是
我們的國策，所以你的報告我放在抽屜裡頭，但是這不表示
你不能對就個問題加以研究。」我聽完之後鞠躬而退，大家
都一直認為，沈昌公非常保守，其實在他心裡頭，並不是這
樣保守的。這是我的認識，也是感想，滿多的一些事情。等
到我第二次外放的時候，有朋友告訴我，人事處簽我去做駐
美大使館的一等秘書，結果這個簽呈到沈部長那邊被擋了下
來，然後他就找我去，說：「你是德國科的科長，研究德國
問題，你為什不到德國去，到美國去做什麼？」我就說：
「報告部長，我們在德國沒有機構。」沈昌公說：「那你去
設啊！你努力去建啊！」那個時候的德國地區，只有新聞局
的機構，沒有外交的機構，他希望能夠開展跟德國的關係，
要派我去德國，當時我們跟西德沒有邦交，我到了德國的時
候，可以說是一無所有，因為沒有邦交的地區，從辦工作證
開始到健康檢查，一切從頭做起，所以開始找團辦，買汽
車，繳保險等等，一切事務完全是一個人包辦，但是也給我
不少的磨練，因為我有這個機會到沒有邦交的地區，怎麼樣
來開展工作，怎麼樣生產，我覺得得到了一個非常寶貴的經
驗，這也是沈昌公的一個交待，其實呢無心插柳，因為我們
跟德國沒有政務，因為沒有外交關係嘛，所以都做一些僑務
服務的工作，我做什麼事呢？專門認識德國的國情，專門研
究兩德之間的往來，1974~1976年兩德之間的往來，怎樣逐
漸的密切，因為基礎條約簽署之後，兩德之間簽署了6、70
個各種不同的協定，兩德關係可以說是突飛猛進，而且很妙
的西德駐在東德的不叫大使館叫代表處，東德在西德的是大
使館。從東德來看，是兩個不同的國家，自西德來看，是一
個民族兩個國家（One Country Two States），不是兩個獨立

的主權國家，所以他派出去的代表是總理府的次長，換句話說是內政；而東德是完全以外交關係來看待，雖說如此，但是兩德同時組織的代表團，參加奧林匹克，東西德也同一時間進了聯合國，最後還是歸於統一，這算是我在西德待的時候，所獲得的最大感想也好，心得也好，對我以後回來處理兩岸關係，有很大很大的幫助。1983年，我從瑞典代表調回來出任外交部禮賓司司長，昌公親自打電話，說：「你來，到國安會來。」我問：「去做什麼？」他說：「到國安會演講。」國安會有動員月會，每個月請人演講，他居然請我一個司長，微不足道的司長去演講，可見他提攜後進的精神是非常可佩。我們沈昌公也曾經主持過禮賓司，他耳提面命，再三的把他的經驗傳授給我，他說做禮賓司長，火燒屁股了，都不能動。其他人能動，你不能動，因為一出紕漏，就是國際笑話，所以我感觸很深。之後我從禮賓司轉任外交部新聞文化司司長，做外交部發言人，昌公也做過發言人，所以他又把傳家之寶交給我。幸好我在禮賓司長、文化司長任內沒犯什麼錯誤，沒讓老部長丟臉，有些地方還請多多指正。之後我有機會出任總統府副秘書長，這個時候雖然昌公退休在野，但是三不五時找我吃飯，找我聊天，告訴我處理政務要如何如何，傳授我很多錦囊妙計，使我以後介入一點政務的時候，也沒有什麼過錯。換句話說昌公對我的教導，對我影響非常深，所以我認為昌公是一個大格局、大視野而且願意提攜後進的好長官，非常值得我們懷念、值得我們尊敬，值得我們效仿，我的報告到此為止，謝謝大家。

陳三井：我們謝謝邱大使，他娓娓道來果然生動精彩。接下來我們要請臺大的張麟徵教授發言，張麟徵跟她的先生黃秀日大使都是我們留法的前輩，黃秀日大使在外交部服務，有一段大家耳熟能詳的故事，他從來不要求外放，但是一外放就是教廷

大使，因為這段故事，張麟徵教授也有條件去了教廷，這些
過程，跟曾經做過教廷大使的沈部長有一脈相承的關係，所
以我們就請張教授發言。

張麟徵： 謝謝主持人，謝謝大川兄，今天在座有許多前輩先進，我實
在是非常不敢當。站上這個講台，我剛跟錢院長說我腦袋一
片空白，空白就不會忘詞，反正沒準備。我剛剛跟三井兄商
量，我不知道我要講什麼，我沒有什麼想法，所以可不可以幫
我排在倒數第二，或是最後一個都沒關係，他說：「不論，
論資排輩，妳是第二大。」原來我年齡是第二大，我真的覺
得很訝異，所以沒辦法只好站上來跟大家報告一下。我覺得
沈部長很親切，事實上就像剛剛三井兄講的，我跟沈部長的
關係，是因為我先生，他在外交部，沈部長在當年非常提攜
後進，我剛剛看到石之瑜寫的有關沈部長的書，有一張照
片，外交特考，沈部長去考選部洽公，要拔擢外交人才，所
以要舉行外交特考，後來錢院長通知外子，說有外交特考，
你去試試看，所以沈部長也好，錢院長也好，都對我們非常
愛護，非常關注，後來僥倖考取了，但是好像沒什麼好處，
因為考取了外交特考，要停敘兩年，所以一點好處都沒沾
到。剛剛邱部長講，他到禮賓司工作，其實外子大概是1970
年代，民國60年代中，調到禮賓司去服務，頭幾年都很快
樂，劉司長，劉邦彥他管外，裡頭都不管，秀日是一個非常
細心的人，把裡頭管得很好，讓劉司長沒有後顧之憂。後來
換歐陽司長，歐陽司長在外館單位待很久，什麼都管的，連
歐陽夫人也要管的，所以最後我先生覺得待不下去了，請調
到非洲司去，也是當副司長，後來邱部長回禮賓司當司長的
時候，因為看他管家管得好，就叫他回來幫忙，所以秀日又
回去禮賓司，後來就交棒給他，所以我們都私下叫邱部長、
邱夫人老闆和老闆娘。交棒的時候有個故事挺有意思的，那

個時候部長是朱撫松，他就跟沈部長，那時他是祕書長，說：「有點不妥當吧？黃秀日連外放都沒放過，你讓他做司長，他做得來嗎？要接待外賓的。」沈昌公回答朱部長：「你不讓他試試，怎麼知道他做不來。」不知道是不是這個原因，部長就同意讓秀日接了司長，也因為這樣，我們開始跟沈部長比較有接觸。不久之後，1979年中美斷交，秀日接司長的時候，沈部長在總統府當祕書長，斷交之後，在1979年7月初，舉辦第九期國建會（國家建設會），邀請了很多海內外的學者參加，我也有幸被邀請參加，這個會議有個特別的主題，因為外交斷交，受到很大的挫折，因此設了一個政治外交組，我沾點秀日的關係，在學校也是教跟外交有關的，國際關係史或是國際公法，所以我也去參加了，後來研討會移師到外交部去，我不曉得什麼原因被推當主持人，當時女生比較少，目標比較大，當時我兩邊坐的，一個是朱部長，一個是沈部長。兩個人都對我很好，但是朱部長不斷的叮嚀我，什麼事情都要謹慎，尤其是發言。剛剛說到接棒也是接的很有意思的，兩者之間的關係和立場都是很相似的，以後我想是沈部長的厚愛還是大川兄的厚愛呢，我不知道，我們常常被請吃飯，或者是他們的生日，或者是他們的結婚紀念日，或是有什麼外交部的前輩回來，都會邀請我們參加餐敘。我們餐敘都是非常快樂的，因為沈部長人非常風趣，從來就沒有冷場過，而且他也願意跟大家同樂，像是有些餐廳裡面有卡拉OK，像早年的環亞，沈部長也會唱歌，我印象最深刻的歌是，沈部長唱楚留香，他用廣東話唱，唱得非常自在，尤其是最後那句「千山我獨行，不必相送」。但是他後來走的時候，我們還是希望不要讓他獨行，我們還是送他到墓園，所以沈部長給我們的感覺，就是一個很親切的長輩，對我們照顧有加提攜有加。站到這台上我不知道說什麼，我昨天才開始做功課，把之瑜寫得那本書，沈部長的

日記翻了一翻，我覺得他保守是有他的時代、成長背景在裡頭，在他那個年代裡頭，中華民國兩件大事：一件是統一，統一要看世界局勢，要看實力來確定。為什麼要統一？我們那時候，老總統的政策是反攻大陸，而對岸的政策是解放臺灣，用現在的話講，別那麼囉嗦，不管反攻大陸還是解放臺灣，就是通通一致，武力統一。到了1980年代，剛剛說的斷交，大陸也開始走出文革，政治也變了，我們變成三民主義統一中國，用政治的方法，在三民主義的基礎上，但是是和平的，那時的口號是三分軍事，七分政治，軍事已經較不重要的，事實上是和平。大陸是和平統一，一國兩制。他們已經把和平統一搬出來了，但是他們的統一，比我們謙虛，我們的統一是要建立在三民主義的基礎之上，他們是說形式統一就好，一國兩制，井水不犯河水，在那個年代。後來李登輝掌權後，跟沈秘書長的立場格格不入，所以他辭職了，在現代的用語叫被辭職，他很早就寫好辭呈了，但是被李登輝放在抽屜裡，李登輝沒埋他，等到需要的時候才拿出來批准，批准的理由是什麼，其實我們都知道。當年在80年代的時候，像我、像魏鏞、還有很多人，都覺得我們外交上要有彈性，雖然以統一為目標，但在過渡期間可不可以有一國兩府，相同代表的想法？事實上我事後想，當我發現李登輝的真面目的時候，沈部長早就知道了，事實上那只是幫臺獨的忙，我剛說當年我們退守臺灣的兩個目標，一個統一，一個是反臺獨，今天這兩個目標都不存在了，至少在這個政府執政的當下都沒有了，所以有時候我捫心自問，有些時候，我們一些親人長輩，早走未必不是福，假使沈部長活在今天，（沈部長走的時候是1998年，）是民進黨還沒執政的時候，如果他看到陳水扁執政，看到馬英九窩囊，再看到今天的蔡英文這麼胡作非為，我覺得……真的是……。我昨天去看醫生，我長蕁麻疹，醫生說是情緒問題，醫生問我：「你會恐

懼嗎？你會傷悲嗎？你會憤怒嗎？」我說：「我有時會憤
怒，但是一下就過了」醫生說：「一定還有深層的。」我想
了想，我回答：「我對這個政局一直都憤怒，從來沒有不憤
怒的時候。」醫生說：「對啊，就是這個深藏在心靈深處的
憤怒，讓你的情緒不得緩解，所以會得蕁麻疹，所以你的免
疫會出問題。」醫生給了我兩瓶藥劑，現在好了一點了。所
以我想活在今天我們會更憤怒，我才會認為早走不一定不是
福，沈部長如此，外子黃秀日也是如此，總而言之今天在
這，我非常懷念沈部長，在我們的生命當中對我們的照顧、
對我們的提攜、給我們的指引，讓我們知道做人做事要有原
則，謝謝各位。

陳三井：謝謝張麟徵教授，雖然她說沒有準備，但是她卻滔滔不絕講
了很多，尤其到後面兩岸關係又回到她的老本行，很可惜時
間上不能讓她繼續暢所欲言，我們可以另請文化大學安排專
題講座，請她去講「憤怒的人」。我要補充一下，我無意間
洩漏了張教授的年齡，非常不敬，在我們留法的幾位女同學
之間，有兩棵長青樹，一位是李鍾桂教授，真的像長青樹一
樣，永遠看來年輕，另一位就是張麟徵教授，這樣我可以稍
微贖贖罪。接下來，我們請吳東明局長，吳博士來為我們講
講話。

吳東明：主持人、各位貴賓，今天很高興應邀參加這個盛會，我是民
國73年，在錢院長駐美大使內任，奉命被調回國內，擔任總
統府侍衛長，能夠得到這個機緣，在煥公秘書長的門下工
作，是我人生最大的榮幸。我受到祕書長很多的教誨，我後
來奉派到調查局，對我以後的工作影響很大，給我很大的啟
示。講到總統府，在沈秘書長的負責之下，更有張祖詒副祕
書長的輔佐之下，那個時候的總統府跟現在完全不一樣，真

正才是總統府，現在像是廟會，像是在夜市賣蚵仔麵線。那時候總統府大家規規矩矩，秘書長主持大政，大家規規矩矩來，張副祕書長對所有細節要求非常嚴謹，我想各位應該記得要換一支鉛筆，要用到不能再削，要換一支原子筆，要用到墨水用完不能再寫，有墨水還不能換。我講一件我自己的經歷，總統辦公室，侍衛長椅子海綿都硬掉了還不能換，全國都換了，你才能換。現在呢？總統府第一個換，不一樣就是不一樣（臺語）。還有一次跟總統府老同事在講，經國先生依賴沈秘書長，國內外一有事情發生，第一個就是要找秘書長共同研究，所以那時候，幾乎我們在府裡面，每天都會找秘書長到他辦公室，不只白天，我這個侍衛長都很清楚，我都在左右，所有行程因為要記錄，包括晚上，包括每個周末，經國先生就會請沈秘書長來，能夠到七海官邸的人是很少的，我不知道各位有沒有進去過，進去的人不多。但是呢，經國先生過世後，蔣方良還住在那邊，七海不大，後來破破爛爛的，蔣方良還跟我講，現在你到了調查局，但是我認為一個中國人要回來探親，所以還是要回到七海看看蔣方良好不好？再跟各位講，她理髮怎麼理？是我們訓練一個小衛士幫她理的，蔣方良從來沒有在外面洗過頭，都是在家裡洗的。到了蔣方良過世，七海寓所就一直荒廢著，好在郝龍斌當市長，把他整理回來，要弄成七海文化園區，現在還不對外開放，等到七海園區好了一起開放。我希望七海園區能夠成功，但是現在他們修理蔣經國文教基金會，想把你這個單位弄掉，七海文化園區也就沒有了。園區完成後大家都可以申請進去看，如果各位有需要，我來做嚮導，我跟你們講經國先生住哪裡，他寢室在哪裡，要去過七海，進過經國先生寢室的人才知道，他的書房只有一坪，他的臥室只有兩坪多，所以我們在他身邊工作的人，一定感受的到他一切為國家，就跟沈秘書長一樣，所以我希望將來有機會開放，讓

我來做導覽。還有我跟各位說，經國先生治國有兩本書很重要，都放在書櫃上，一本《王陽明論格物致知》、一本《貞觀政要》，《貞觀政要》那本有時候放在他床頭。晚上到了十點半他要我進去，我那時是軍人，進去要整齊的軍服，經國先生說沒有關係，隨便穿一件衣服進來就好。大家可能不知道，經國先生晚年，臥室旁邊開了一個小門，他從小門進去比較方便，那時候經國先在書房裡擺了一個小搖椅，坐在那邊談事情決定事情，我離開到了調查局，當時為了因應解嚴，要把調查局的機制從動員戡亂中，恢復到我們憲法的自由民主的機制，我遇到困難就到光復南路那邊，我經常去，管理員都知道我，一個是我要去，一個是沈秘書長會找我去，在他指導之下，總算把這個使命達成，使調查局不要變調，所以現在他們還很討厭調查局，不敢用調查局的人出來做局長，就是這個原因。我非常感念沈秘書長。我個人對煥公體悟是什麼？他是我們政壇的大老，他一言九鼎，他崇高的智慧，他的人生閱歷。我認為他真是一個長者，慈祥博愛，處事周到，我個人覺得他志節高超、政事平和。我認為他從政之道是什麼？就是一個誠字，沒有隱匿，所以我認為他是可敬的大老，長者風範的君子政治家。他對國際的事情、黨政高層、國內的政黨政治，瞭落指掌。除了負責總統府的運作外，他可以算是經國先生最器重最信任的智囊，很多事都找他來商量，我個人的體會，經國先生對我們國家治國有成，照顧我們全民，現在我們還在享受，雖然有人一直在糟蹋。還有我要特別強調，經國先生給國家帶來長治久安，我個人認為我們煥公秘書長，他的貢獻無人能比，他的功勞最大，值得大家感念、懷念、敬佩。謝謝！

陳三井：謝謝吳局長，我特別想請教，您有沒有在寫回憶錄？

吳東明：國安情治可能不方便。

陳三井：我建議您可以寫一本，《我在某某人身邊的日子》。接下來我們邀請胡為真大使，胡大使的新書《國運與天涯》，最近剛出版，我在一個偶然的機會還看到，《臺灣顯報》、《中國時報》也在連載，所以應該非常精彩。

胡為真：謝謝主持人，謝謝各位長官，長輩，還有邱部長、錢部長，還有各位老朋友們。剛剛聽到幾位的講話，我非常感動，想起了我當年追隨煥公八年，他每天耳提面命，種種的回憶，一幕一幕的都回來了，真是很懷念他。我覺得煥公對我們國家最大的貢獻就是，他培育了許許多多的外交人才，我們今天在座有多少人，都是在他耐心的照顧下培養起來的，所以我們國家在外交如此的困境之下，仍然有各式各樣的進展。我覺得煥公培養人才的這點非常重要，我非常高興楊西崑大使的公子兆平來到現場，我就想到我在南非的時候，楊大使親口跟我講，他在聯合國做事，楊大使那時是聯合國託管理事會團員，有一天突然沈次長到紐約去找他，談了一兩個鐘頭，談完之後，他就決定回臺灣進外交部，原來沈煥公是這樣子的延攬人才、培養人才的。我自己是在1976年的1月1日做他的機要秘書，一直到1978年的年底，為什麼我會做他祕書呢？因為當時他的秘書去美國外派了，請蔡次長推薦，蔡維屏他是管人事和美洲事務，是他推薦我去，沈部長對我的教導真的是很多，常常他看到文上來就把我叫進去，「你知道為什麼我這樣改嗎？」我說：「我不知道。」他就一點一點的講，一次兩次三次，就看到他思維之細密，他教我「你知道嗎？公文六個字。」我回答：「哪六字？」部長就說了：「前後左右先後。」然後詳細的跟我解釋是什麼意思。剛剛謝謝主持人，提到我最近出的一本書，雖然我幹的國安

工作，但還是有一本回憶錄，講母親跟父親的故事，裡面也提到不少煥公對我耳提面命的故事。我要特別補充裡面沒有的，那是煥公已經離開外交部，到國安會做秘書長的時候，有一天我到他家裡去看他，他說：「為真啊，楊次長要外派了，要去南非做大使，你最好跟他。」我說：「報告部長，我過去在北美司，比較熟的是錢部長，他主管北美事務，我跟楊司長一點都不熟。」「沒關係，你去跟他學，他經驗非常豐富，在外館的各種事情，你只要向他學以後，將來一定能負更大的責任。」我那時是蔣彥士部長的機要秘書，但是這該怎麼處理呢？我也不知道楊司長要去做大使。沈部長說：「你自己去跟蔣部長做報告。」我就跟蔣部長報告說：「聽說楊司長要去做大使，能不能夠讓我跟隨他去學習？雖然我跟楊司長不熟。」沒想到蔣部長立刻同意，我就跟楊大使到南非3年，後來再到美國做了3年半後，我又回到南非去，做了3年的總領事。跟楊大使真是學了很多，外交各種經驗各種做法，我非常的感激沈部長。我在第一次外派，那是1979年差不多是8月份的時候，沈部長就請我吃飯幫我送行，我內人也一起去了，那個時候他跟我講，在外館要注意這個那個，他都沒講，他就講了一個故事，有一個當飯館吃飯，侍者對他服務非常差，沒想到吃完以後，給了大筆的小費。第二天他又去吃飯了，侍者一看他，服務周到至極，服務玩了以後走了，一毛小費都沒有，侍者追上來問他，昨天你這麼好，今天你為什麼沒給小費？他就說，昨天的小費是為了今天的服務。這就是讓我到國外去，到了飯館或是到任何地方，或是這一輩子，都給我非常大的提醒，這是很有意思。等到我快要走了，他拿了一個打火機，他真是細膩，說：「寶劍贈壯士」，要我帶回去。真是沒有想到，跟著楊西崑大使到南非，第一頓飯，他在家裡面請的是南非的外交部長、前任部長以及次長三對夫妻，我當然做陪，我是正式

參事，由於楊大使那時跟他夫人分居，所以我內人坐著當女主人。吃飯的時候，南非的外交部長把香菸拿出來，我就立刻把打火機拿出來，真想不到，沈部長精細啊，顯然是老早就知道他是老菸槍，這麼一來馬上就把關係拉近，我們那時跟南非的關係，可以說是水乳交融，這個楊大使費盡多少工夫，從總理一直到基層，我在旁邊學習，跟我後來在其他國家服務，有重大的參考，是我學習非常好的榜樣。我當機要秘書的時候，常常公文來了，是總統府的，不是外交部的，經過行政院，經國先生把公文拿來給沈部長改，部長改完後，再送回給經國先生，那時就可以看出經國先生的信任，我也在一旁看怎麼改，那真是對國家整個局面的事情，一條條的事情，沈部長把他精細的理解，用筆非常工整非常清楚的寫在上頭，我不知道大川兄有沒有看過，我親眼看到沈部長這種貢獻，怪不得經國先生做總統請他做秘書長，在他的安排和協助之下，做得這麼順利。我就想到當年煥公培養人才，對人的瞭解，看事情的精細，都是我們後輩及後輩的後輩，應該學習效法的，謝謝大家。

陳三井：胡大使留了一手，他今天講得比較短，希望大家去看他的書，為大家推銷一下，我們可以去看他的書，一定更精彩，最後我們請壓軸，總統府的機要室主任，王家驊王主任請。

王家驊：主持人、各位來賓，各位先進，各位長輩，擺在最後格外的緊張，前面這些前輩講的點點滴滴我幾乎都經歷過。尤其是講到七海的一張搖椅，小小的搖椅，在經國先生的床榻旁邊，可能去過的人都坐過那個搖椅，錢院長應該坐過那張搖椅，我是每天晚上坐在搖椅上，跟經國先生報告公文，請示公文，他應允了以後，在下面處理，公文處理了以後交給沈秘書長，所以前面幾位講到經國先生對沈秘書長的看

重，那絕對不在話下，尤其是剛剛為真兄講的，你現在看煥公的日記，你看那個筆跡工整得不得了，呈給經國先生的公文更是，尤其他要求，我們總統府的每位同仁，你寫出去的公文，百分百他不要，他要百分之一百二十。我講幾件事跟我有關的，我是在66年有幸跟隨我們蔣院長，在行政院做參謀，67年經國先生當選總統以後，我就到總統府去做陸軍的侍從武官，我是軍職，之後不到一年，他就派我到美國讀書，那時後就交代我一定要去拜訪錢次長，要跟次長請教，如何在美國做好一個稱職的留學生，錢次長給我很多指示、很多教誨，怎麼學英文、怎麼與美國人相處。美國讀完書後回來，繼續在總統府，到民國73年8月29日，發生一件事情，總統府機要室主任兼辦公室主任盧守中突然病逝，他在球場上突然過逝來不及搶救，當天晚上經國先生就把沈秘書長請到家裡來，煥公說：「盧主任突然走了，你看這個事怎麼辦？」經國先生說：「這個事情很重要，總統府的機要都在盧守中的手上。」沈秘書長，我不知他怎麼回答，我不在現場，他出來之後就來找我，我剛好在七海值班，做侍從武官，他說總統交代，你去接總統府機要室主任兼總統府秘書室的主任，那時我才33歲。他說：「這是一件很有榮譽感的工作，也是一件負擔很重的工作，你必須非常謹慎的去做」他跟我講了三句話，我記下來了，他跟我說，「你要謹守公務機密，要絕對言行謹慎，」追隨過煥公的人，大家都知道他是非常謹慎的人，你問他很多事情他不說就是不說，他該說一定會說。「最後一個萬萬不許犯錯。」天啊！怎麼可能一點不犯錯，回想在府裡要求我們寫的公文，錯一個字他就會來問為什麼這個字寫成這個樣子，就像為真兄講的，我寫「上下一心，團結一致」，他就說：「幹什麼上下一心，誰是上？誰是下？寫全國團結一致不就好了嘛。」明明是軍民合作，為什麼軍擺前頭民擺後頭呢？這麼細微末節的

地方，萬萬不許犯錯，講完之後，他就說：「你好好準備，總統交代你立刻去總統府，把這個事情接下來。」當天是晚上七點半，把機要室、秘書室的工作接下來，把一大串的鑰匙，所有辦公室的玻璃箱，當時的侍衛長室周宗南先生，他都貼了封條不能動，我把它撕下來，第二天是禮拜一，總統還沒到，秘書長先到了，秘書長把我找去，跟我說：「昨天告訴你的事，你記住了。」他講完了又說：「其實很簡單，只有幾句，你一定可以做得到，我相信你可以做得到。」這點給我好大的鼓勵，我當時只是個33歲的小伙子。他居然相信我可以做得到，其實也很簡單，就是守本分、不多話、用心學，謹小慎微、謙卑務實。結果後來坐在經國先生的車子上，他常常出去巡視，車上有時坐一些隨從的官員他說某某很不錯，我們不指誰，說他很有分寸。這句話有道理，很有分寸，這個分寸不容易拿捏。回想起來沈秘書長也是要求他的部屬要有分寸。這是我自己本身親身體會的一點。其次，在座的各位長官前輩，可能也經歷過，在民國75年，我非常有幸，我是73年8月份接這個主任，74年這一年下來應該沒有犯什麼錯，所以75年的時候，我有幸被評選為總統府當年度的保舉最優人員，這是無上光榮，後來被砍掉，81年被取消了。那天有同仁通知我準備去領獎，但秘書長把我叫過去，他說：「我看了公文了，我打算今年總統府從缺，不報。」我心想，評選為什麼從缺，已經到手了卻沒有了。我把秘書長這個指示跟大家說一下。他說：「絕非否定你的工作表現，而是另有用意，我們不報，報了以後人家心想一定是你王家驊，你在總統府辦公室上班，誰能比你做得好？人家做得再好也沒你好，人家做得再好，秘書長沒看到，總統沒看到，副總統沒看到，就一定是你，那何必要報？你做得好不好我們大家都知道，尤其是你個人都知道，我們不需要報，另外呢，如果我們報出去的話，人家怎麼看這些評審委

員，這些評審委員當然會選他啊，他在經國先生辦公室上
班，那不選他你選誰，想不想繼續做呢，評審委員人家都看
不上了，你怎會這樣呢。第三，這對總統也不好，你單位報
一個這樣的人，不就跟報你自己一樣嗎？誰敢說你不好。」
當年的時代，誰敢說你在經國先生身邊做得不好。所以秘書
長說：「這樣吧！我們從缺，相信我，從缺絕對沒有事。」
不相信大家可以去看，當年保舉總統府最優秀人員從缺。當
然有人會說這樣不對，你明明做得好，就應該要鼓勵。但是
呢，秘書長有秘書長的用心，他也是提攜後進。這裡我也學
到了，做得好自己知道就好。普通話說，人在做天在看，我
們用心做就好，不在於人家頒你一個獎，這也是我一個體
會。最後一個體會，這個體會可能大家也許聽過，也許沒
聽過。經國先生是在77年1月13號過世，13日當天突然過世
的，大家絕對想不到他12日還在接見客人，交代1月13日早
上要開中央常會，常會要討論什麼事情，1月12日中午，還
把國民黨秘書長李煥找來七海來談，明天早上要怎麼談，不
料1月13日就走了，非常突然，坊間不管人家怎麼說，我這
是一手出來的，我對天發誓絕無虛言，真的是當天早上還在
交代上班，就突然走了。沈秘書長每天在府裡頭，每個周末
則是在七海家裡面見他，每次見他都一個鐘頭左右。他有一
個綽號叫沈長談，他一來就要談一個鐘頭以上，通常是禮拜
六或是禮拜天的下午。經國先生走了以後，到了禮拜六，沈
秘書長一個人，車子開到七海，進了七海，蔣方良在樓上，
秘書長沒有去驚擾她，他一個人到了院子裡，做什麼？他追
思，他不是坐那追思，他是到七海裡走。沈秘書長走路的樣
子非常從容的，他在那走了一個小時他才回去，不是一次，
好多回，將近一個月的時間，又不要新聞、又不要記者、又
不要報導，他自己追思，也不跟別人說。他對長官的忠誠，
不在話下，這是我看在眼裡學在心理。這是值得我們後進學

習的，尤其是我個人。剛剛那本日記，民國35年的，我從頭翻到尾，我最喜歡看的是，沈昌煥先生親筆寫的日記，他的原跡，裡面常常就是，前面講的，每個字工工整整，都是毛筆寫的。裡面竟然有自我檢討，今天有翻譯不夠正確，實在有待檢討，今天對於某一件事，我必須了解，所以我必須多做學習。細看他的日記，他的學習、他的成長不是偶然，所以才受到經國先生和老總統的倚重。總合起來講，這麼多年來我所感受到的，可以這樣子說一下，大小的事情我都從他身上學得來。有一回我在秘書長辦公室，突然電話來說是總統有請，你就看到沈秘書長的秘書報告完後，他從從容容的非常清楚回想他上次問過什麼問題，這次需要做怎麼樣的回答，穿上他的西裝，進了總統辦公室。那種從容，不慌不忙的樣子是我們學不來的。你說大事情，經國先生問他，像是黨禁、報禁、兩岸這些大事情，經國先生問他，這是必然的，小事他也問。我在經國先生的晚年，還負責一件事，就是讀報，把國內幾家大報紙，讀給總統聽，有一次讀到一則社會新聞，這社會新聞一般人看了就罷了。經國先生就按鈴，備車上班，到了府裡。到了府裡把公事處理完，按鈴請武官進來，要他請秘書長來。秘書長一進辦公室，他就說：「昌煥兄，今天報紙上有一個新聞，你看過沒？」「報告總統還沒看！」經國先生就請武官把報紙拿進來，讀給他聽。然後他們就在討論，這個新聞對國際名聲有什麼影響，可以想見大事請教秘書長，小事連報紙上一篇新聞，他也要請教秘書長的意見。所以常常聽到一句話：「這件事秘書長看過沒有？」「這事情問過沈秘書長沒有？」「這篇公文沈秘書長看過沒有？」所以我在跟總統面報的時候，都會加一句：「這件事情秘書長的意思是如何如何。」否則經國先生似乎不太放心的樣子，可見對他的信任。沈秘書長的為人，我有三句話可以說。第一個他是待人非常謙和、第二個他臨事不

亂、第三個是從容以對。要我們處處留心一些學問，我學了
不少東西，在各位面前就這樣，謝謝。

陳三井：謝謝王主任，我要請教王主任，有沒有寫過七海搖椅的故
事，沒有寫的話是不是留意一下呢？感謝我們五位發言人把
他們知道的小故事，給我們做了敘述。我知道故事永遠說不
完，也許我們幾年之後再續，我們現在還剩下幾分鐘，我比
較在意今天我們來的許多外交界的重量級的朋友，我們不可
能邀請每一位來講，是不是這樣子，吃便當的時間可以稍為
延後一點，我盡量讓想發言的朋友，都能夠表達意見。我想
是不是先請我們陳錫蕃大使，先為我們講幾句話，接下來好
多發言的朋友，都提到錢部長，希望您也多少講一點好不
好？現在就請陳錫蕃大使發言。

陳錫蕃：各位前輩先進，我是在菲律賓大使館擔任雇員，回臺灣參加
特考改任專員，這段時間，沈秘書長到外交部擔任部長，他
做部長，我做次長的一個小秘書，後來沈部長的機要秘書，
下放到禮賓司作幫辦，那時候還有幫辦的名子，部長的秘書
出缺，就是小秘書，送送公文這樣，我就請示部長要哪位接
任，他說：「陳錫蕃有空嘛，去接嘛。」我就說：「我怎麼
可能一個人做兩個人的事？因為就算是個秘書，一人怎麼做
好幾個人的事？」但是呢，我還是接了，那個時候沈部長白
天不大來，他白天要開很多會，他是下班來，或者是就算不
過來，有一些重要的電報，一定要當天晚上發，因為晚上發
過去美國是白天啊，所以公文送到官邸，誰送呢？當然是我
這小秘書送。他有跟我解釋為什麼平常不太來呢？因為有很
多會，還有他不願意見一些無禮的人，你來了燈亮了，他們
就會來找你，做什麼事了呢？譬如某某人來了，說他自己怎
樣怎樣行，部長說：「這事情就交給你辦了，代部長去見

客，叫你見就去見，把握一個原則，就是外交部不用請託的
人，至於怎麼處理，你斟酌著辦。」當時我只有20幾歲，我
想一想，就想到一個應變方法，果然某次有每個人來，他就
自己吹噓，他精通六國語言，怎麼怎麼的。真是欽佩，我們
搞一種外國語言，還不太懂，他精通六國，精通六國語言，
真是非常欽佩。我就跟他說：「外交部只需要精通一種語言
就可以，你精通六種，你隨便選一種，外交特考一定及格，
一定重用。」他說：「我就是逢考試就身體不舒服，不是沒
有去考過，就是沒有錄取，我想請沈部長特別提拔我。」
我說：「不會的，你一次身體不舒服、第二次身體不舒服，
你年齡還沒過35歲，還可以考沒問題的。」我後來跟部長報
告：「我這個助理可以嗎？」「拿著公文進進出出有什麼了
不起，想表功？」有一次我做了一件事情，他很重視，就是
禮賓司公文上要替端納祝壽，端納是老總統國民政府時期的
美國顧問，西安事變時後陪蔣夫人到西安去的那位端納，他
94還96了，上了公文經過科員科長司長副部長都看過了，送
到上面給部長，公文用英文寫的，是祝福他長命百歲的意
思，我就拿起公文，向部長請示。他說：「他這樣寫可能有
點問題。」我問什麼問題，他回我：「人家已經90幾了，還
說長命百歲，不太好。」你可以看到他多細心，這是我直接
跟沈部長的接觸。後來他　直升，但在任何職位，對外交工
作都一直特別關照。今天聽了各位先進，還有各位學者的論
文，第一位發言的蕭教授這麼年輕，我非常敬佩，不過你剛
剛提到的葉公超先生和顧維鈞，在北洋時代這個稍微有點出
入，顧先生是北洋時代的，唐紹儀請他回來，他在哥倫比亞
論文還沒寫完第一章，他後來做外交總長，還代理過總埋，
他當然北洋的。但葉公超不是，他是中宣部的人，派到駐英
辦事處，中宣部是國民政府的，他擔任過外交部歐洲司司
長，南京撤退時他受命出任外交部長，後來出席聯合國第九

屆大會首席全權代表、駐美大使。另外我想講一點小事情，
這不是誰的錯誤，是大眾的誤解，以為壓軸是最後，壓軸是
什麼東西？壓軸是京劇界的用語，舊時戲園演戲，一天戲目
有六、七齣甚至八、九齣，主要的戲，大角的戲排到最後，
老闆深怕來的客人三三兩兩，對主角不敬，就在大角登場
前，安一個小戲，壓這著軸，到數最後一個戲叫壓軸，壓軸
好戲是對的，但是壓軸真正來講不是這個。對不起，我這個
咬文嚼字⋯⋯

陳三井：有請錢部長上來講講話

錢　復：我講兩個故事，昌公啊，做了兩任外交部長，一任都是六
年，總共做了12年，第一任是1960~1966。1966他外放到教
廷，就是剛剛邱部長講的，那時他的主任秘書，放到聯合
國，兩個秘書都外放，一個放到葡萄牙，一位跟著他到教
廷，有一天下班了，他把我叫去，我那時是北美司第一科的
科長，他說：「我這些秘書都外放，都沒空，你是不是今天
下了班跟我回去。」到了羅斯福路他的官舍，官舍進門左手
就是很大的書房，有很多公文。他說：「我要離開了，你幫
我看一看。」所以我禮拜六禮拜天，連兩天，再一個晚上，
把所有公文處理分做四類，第一類像是中央黨部常會、行政
院院會的記錄，那個沒有保存的必要通通燒掉了；第二類是
各單位呈給他的報告或是資料，分別退回去做為各單位的檔
案；第三類，是比較重要的問題案件，我建議昌公自己看一
看，決定是要退到司裡，還是留在身邊；最後第四類不多，
這是絕對機密的東西，我說：「昌公啊，這請你隨身帶到羅
馬，以後還會有用。」他非常滿意，就跟我說一句話：「君
復啊，你的才幹，不只是科長。」就是剛剛邱大使說的那句
話，「你們這批人將來都是做大使的。」第二個故事，他第

二次做部長1972~1978，72年他擔任部長，我在新聞局，沒辦法追隨他，到75年，我回到外交部，當時部長昌公，政務次長是楊西崑，常務次長原先是蔡維老，蔡維老被調到國關中心當主任，所以我是常務次長，我到任沒有幾天，昌公就把我叫到辦公室，「君復啊，楊次長一年有半年在國外，半年在國內，所以這部裡，就你我二人，所以你要負責所有公文，給我看的公文不要超過百分之五，百分之九十五你都批掉。」我就說：「部長這不太好吧？」「你要斟酌，哪些是要該我看的你不必動，其他的你就先發。」我說：「部長這樣，先發的一些是很普通的公事，我就先發了，不補呈，有些是比較重要，我會到周末，每個禮拜給你做一個表，我代你批了這些公事，要點是什麼，第三類，我批了先發補呈部長鈞閱，第四類當然就是呈給部長。」「就照這麼辦，然後人事你來決定。」我就說：「我怎麼能決定？」他說：「這樣，人事原則上你決定，你覺得重要，要給楊次長看，你再來跟我商量。」所以75年到78年，對我來講，特別是剛才錫蕃兄提到，他到辦公室比較晚一點，但是來了以後先看電報，電報是那時為真兄在做辦公室主任的時候，電報不多，他用紅筆看得非常仔細，然後一件件跟我談，這些電報該如何處理，昌公看公文是不看則已，要看就是徹底，紅線畫、藍線畫、單圈、雙圈，三圈是不得了的事，要馬上處哩，我在他身邊做次長三年，對我一生受益非常多，尤其是每一天他到辦公室，看完電報，打鈴要老周找我過去，這一談可以從11點3刻談到1點3刻，所以在這之前，我一定先去上洗手間。謝謝。

陳三井： 謝謝陳大使和錢部長的壓軸，真是好戲連台，因時間關係實在很抱歉，其他的好朋友，今天就沒辦法邀請。我要說一個我內心的話，我雖然不做外交官，但我研究歷史，特別是外

交官的歷史，因為外交官是創造歷史的，但是為什麼要研究人物呢？因為人物比較生動，永遠是啟動風雲的主角。我不做制度史、經濟史這些枯燥乏味的東西，所以我喜歡搞人物歷史，但是我要呼籲，如果說在座每一位外交官，都受制於外交檔案的極機密興，不輕易對外公布，然後你們退休後又不寫回憶錄，那我們研究歷史的人便失業了。所以我希望在可能的範圍內，把你們守的分寸能放寬一點，你們該說的話就說，不要什麼都不說，我希望讓我們研究歷史的人有點事可以做，包括昌公，我曾透過我們的老朋友，請他寫回憶錄，或接受口述訪問，但他始終覺得人生有如滄海一粟，不值一提。這種態度，我們覺得非常遺憾，大川兄他雖然不是念歷史的，是人類學專攻，但是他對他先父所做的這些，和我們歷史家的希望是一致的，所以我非常支持他贊成他，今天這會能辦成這樣，也要謝謝大家捧場，我不希望每一次都是大川兄來發動，我希望能由其他的學校單位，能不能有機會辦這個研討會，歷史就是這樣才有趣味，枯燥的歷史誰看啊，希望這個會能繼續辦下去。最後大川兄還有幾句話要說。

沈大川：我特別感謝今天五位的引言人、故舊的談話，還有加上後面陳錫蕃大使，錢復部長，你們很多對先父的懷舊的說法，讓我對我的父親也進一步了解和認識，非常感激。今天早上我對大部份的貴賓都沒有介紹，我現在補介紹兩位，因為他們是真正的長輩，一位是王紹堉先生，另外一位當時不在場後來也來了，丁懋時先生和他的夫人。今天天氣非常炎熱，大家能出席非常感激，提到我們家裡兩位恩人除了吳進安醫師外，另外一位陳啟明醫師，他對我母親當年的照顧，現在還記得照顧我，我非常感謝，謝謝。

附錄　解讀少年沈昌煥

從幾篇文章看少年沈昌煥

陳立文

去年（2018）7月1日協助沈大川先生為他的尊翁外交界大老沈昌煥先生逝世20周年舉辦了一場研討會，一年之後，《老成謀國──紀念沈昌煥先生逝世20周年研討會實錄》出版，其中附錄了幾篇沈昌煥先生少年時期在《光華校刊》、《華年週刊》撰寫的文章，大川先生囑我寫一篇導讀，我實在愧不敢當，但卻之不恭，唯有勉力一試。

首先要介紹一下這兩本刊物，《光華校刊》是指1928至1939年間，光華大學先後出版的，《光華周刊》、《光華

圖　《華年週刊》第一卷第一期，引自晚清民國期刊館。

季刊》、《光華年刊》、以及《社會月刊》等8種期刊的合稱。《華年週刊》，這本週刊很少為人所知，創刊於民國21年（1932）4月16日，由華年週刊社（地址上海博物院路廿號）出版，目前在晚清民國期刊館收藏的《華年週刊》共有69本，並不完整，最晚一期是三卷五十期。當時《華年週刊》的主編潘光旦先生是光華大學的教授，對沈昌煥先生十分欣賞，經常向他邀稿。這幾篇沈昌煥先生當年所寫的小文章，很多都是在現存的《華年週刊》中找到的，彌足珍貴。

用「少年沈昌煥」為題則是發想於石之瑜教授在《寧靜致遠　美麗人生──沈昌煥先生紀念文集》〈緬懷大時代的性格〉一文中曾對其中四篇文章有過深入的介紹，不過他是用「青年的怨懟」為小標，細膩的刻畫了作者沈昌煥對當時帝國主義的日本、政治的無能顢頇、國人的麻木不仁，所寄予的深刻痛恨與失望，尤其起首一語：「而

『現在』，是青年心暮中等待光明的黑暗哪！有時真逼得人喘不過氣。」彷彿道盡了「青年沈昌煥」當時的怨懟心情，不僅刻畫得入木三分，而且發人深省。但作為一個後學的歷史學者，個人在閱讀昌公這幾篇少年之作時，卻有些不同的感想，「青年」有時或流之於「怨懟」，失之於偏激；但「少年」卻更能表現出沈昌煥「有書有筆有肝膽，亦狂亦俠亦溫文」的年少胸襟與氣度。（大川先生作《沈昌煥先生相片集》引龔自珍語）

　　這幾篇文章分別是〈廣陵二日〉（《光華校刊》卷期及頁數闕如），他的時間最早，內容最輕鬆，純粹是一篇出遊的小記，描述與親友同遊廣陵，文中用對白和記述的方式，娓娓道來，細膩而生動，文末，「到現在想起那些——名勝，古蹟，皮包水，水包皮，黑餑餑，深及膝蓋的雪，琪騎在驢背上的女人，還是非常興奮，而有無窮回味！喜歡旅行，打獵，照相的朋友們！廣陵，確是個值得賞光的好地方！」不僅讓人回味無窮，也不禁有動情一遊的衝動。

　　第二篇〈從北平到歸綏〉——西北遊記之一（《華年週刊》四卷十八期，民國二十四年五月十一日，頁三五三）與第三篇〈歸綏一瞥—西北紀遊之二〉（《華年週刊》四卷十九期，民國二十四年五月十八日，頁三七三）是同一篇西北遊記的分載，但行文之中與前一篇〈廣陵二日〉截然不同，雖然也介紹風土人情、旅遊景點，但卻加入了更多的憂國之思，這就是石之瑜教授所說沈昌煥對當時帝國主義的日本、政治的無能顢頇、國人的麻木不仁，所寄予的深刻痛恨與失望。「明明是一個旅行的團體，卻偏要打著考察的旗號，我懷疑這些人到西北去，究竟是考些什麼，察些什麼。世人都喜歡以考察自居，真是既可憐又可笑。」「古人為了抗禦強敵保衛疆土，犧牲了不可估計的心血和金錢，建造起如此空前絕後的巨大工程來。但是後世的人怎麼了？我們非但不能愛惜保護這先人的遺業，如今連國社的存亡，都危在旦夕了！我不知道在萬里長城上聽話盒子、吃三明治的遊客中，有沒有想到這一點的。」「東北事變發生以後，從東三省被擠出來的人，在平津一帶大都市裏既找不到生活，逐漸移往察綏是他們

唯一的出路；他們到綏遠去並不是消費者，他們是為謀活而去的，在已經衰弱的局面下，再加上一層尖銳的競爭，情況自然更不堪設想了。」「各民族的生活習慣，相差仍是很遠，行政上就不免有許多困難；任何設施，都要避免刺戟民族的情感，是他們能融洽相安。這倒的確是當地的實在情形。」可以看到沈昌煥「風聲雨聲讀書聲聲聲入耳，家事國事天下事事事關心」的少年情懷躍然紙上。

第四篇是〈內蒙問題的今後〉（《華年週刊》四卷二十期，民國二十四年五月二十五日，頁闕如），談到中國對於邊疆問題的忽略因循，「外蒙古宣布獨立以後，內蒙古的地位因而格外重要，在北邊有外蒙古的後台想伸足南下，在東邊有野心的侵略者眈眈虎視；可是我們卻依舊是顢頇苟安。」到民國22年9月，內蒙發動自治運動後國人的一味批評他人，而又逃避真正問題，感慨政府「種種措施，不是隔靴抓癢，就是和蒙人的利益根本發生衝突。」聲嘶力竭的呼籲：「只要對於邊地的同胞，能推心置腹，能開誠合作，任用真正熟悉蒙事的人員，多多提倡對他們有實際利益的事業；同時如能積極培養蒙人善於騎擊的優點，使練成勁旅，則更可以收捍衛邊陲之效。」這中間既可以看到石之瑜所說的「青年的怨懟」，更可以看到當時雖不成熟卻誠懇的「少年的夢想」，讀來令人感動。

第五篇〈日本帝國主義真實的危機〉（《華年週刊》？卷？期，民國？年？月？日，頁闕如），是民國26年日本全面侵華之前沈昌煥對日本的觀察與看法，他感慨當時盲目的宣傳：「不是說日本經濟已現崩潰之象，財政立將破產；便是說日本外交上如何孤立，軍事上如何不利，美國和蘇聯立刻要聯絡起來把它戰敗。甚至於說得日本國內一切都已不可收拾，立刻要自斃、滅亡！」並不具有清楚的認知、認識和瞭解，只是一些捨本逐末之論，更是國人「不自振作、仰賴別國和幸災樂禍的心理」。他一方面分析當時的國際局面和日本的外交地位，一方面深入探討日本的吏治、風氣、乃至人民生活態度，指出「日本的根本危機，既不在軍事外交，也不在經濟財政，卻是在於日本民族優點的動搖！」一方面並以歷史的前例論證「一個國家一

個民族的所以能站得住，不在她的武力如何強盛，疆域如何廣大，多半還是靠這一民族或國家所保持的優點和文化來維繫。」呼籲「國家的興替，民族的安危，決不能用短淺的目光，作膚淺的皮相的批評，一個國家在軍事、外交、經濟、財政等等上上的困難，不過是一時的現象，即使遭受一些損失，也不難補救的；唯有民族優點與民族精神的消失，才是比較根本的問題，才是真正嚴重的危機！」非常標準的「少年沈昌煥」，看到問題，一方面深入分析，一方面嚴厲批判，最後提出自己的解決之道。

　　第六篇〈一個中國人對於美國文明之觀察〉（《華年週刊》四卷三十八期，民國二十四年九月二十八日，頁七五八），是一篇界於閱讀心得與書評間的小文，透過對1934年Hale Cush-man ε Flint出版，No-Yong Park（pao）所著，*An Oriental View of American Civilzation*一書的閱讀，指出：「他人對於自己客觀的批評，好像是一面鏡子，從他裏面可以照出自己平時所不知道的各種型態來，最大的功效還可以因此發現自己有什麼缺點犯什麼毛病，作為用藥診治時的一個根據。」因為他覺得：「與其說這是一本中國人批評美國的書，倒不如說是一本外國人批評中國的書來得恰當。」沈昌煥從一本當時中國人所寫批評美國的書中，讀到了當時中國一味模仿西方，卻沒有能夠真正了解西方的盲從與自我封閉，無疑是少年時期他對於中國現況深入觀察後的心得。

　　第七篇〈從歸綏到百靈廟（遊記）〉（《華年週刊》四卷三十五期，民國二十四年九月七日，頁闕如）是接續第三、四篇的西北遊記，雖然刊出的時間晚了近半年，但筆觸一看就是相連貫的。「漫漫的黃土原野，被往來的鐵輪馬車和驢車所壓，年深月久逐漸成了一條天然的雙軌的路線。」「歷來蒙漢兩族間的感情不能調和，邊疆上文化的不易進步，都是因為彼此閉關自守不相往來的緣故；現在邊疆的問題一天嚴重一天，如果要溝通邊疆和內地的文化，要融洽各種族間的感情，要澈底的解決邊疆問題，都非先有密切的往來不能成功。到邊疆去並不是很困難的事情，深望在內地的同胞們不要再裹足

不前！」抒情的文句中，含蘊了深厚的國家情懷，真正是「生年未滿百，常懷千歲憂」的少年沈昌煥。

走筆至此，覺得有必要介紹一下沈昌煥與光華大學的一些小故事，光華大學曾被戲稱為「光華是聖約翰的“孽子”，一個背叛了專斷的父親、出走家庭、獨立成人的少年英雄。」（許紀霖，光華大學：一段被遺忘的激情與輝煌）。「上海光華大學係當年一所抗日反帝之愛國學校，民國十四年（一九二五年）五月三十日上海市民因反日侵略及工廠罷工，導致全市罷工罷市，結果發生工人市民被公共租界之日、英警軍屠殺的五卅慘案，當時美國基督會所創辦的上海聖約翰大學校長卜舫濟，在升旗典禮時踐踏我國國旗，部分教授和學生乃憤而脫離聖約翰大學，另在上海郊外大西路於愛國人士王省三、張壽鏞等先生捐贈之校地、校舍，創立光華大學及一附屬中學，寓意『光大中華』。」（劉達人，〈懷念煥公〉，《寧靜致遠 美麗人生──沈昌煥先生紀念文集》，頁168）在這樣一所學校求學，少年沈昌煥怎會、怎能不受影響呢？「他回憶畢業那年他來覺園舍間向老校長辭別，老校長除讚賞鼓勵外，還贈他兩句話：一是「活動不要太多，事情要一件一件做」；二是「謙虛謹慎，戒驕戒躁」。這兩句話成為他的生活座右銘。正如昌煥兄在他給我信中所說；「煥兄受恩於故校長壽鏞公，發跡於大西路母校，記憶猶新，其能忘乎？」（張華聯、張芝聯，〈悼念光華老同學沈昌煥先生〉，《寧靜致遠 美麗人生──沈昌煥先生紀念文集》，頁110-112）當年老校長張壽鏞先生之子張華聯與張芝聯的回憶可以做最好的註解。

第二件想要說一下的是少年沈昌煥在光華曾獲得華東八大學校英語演講比賽冠軍，許聞淵曾說；「其時各大學中以英文教學著稱者比比，他在光華又不主修外文，一鳴驚人，確實值得大家驚喜。」（許聞淵，〈沈昌煥先生軼事數則〉，《寧靜致遠 美麗人生──沈昌煥先生紀念文集》，頁21）在這裡想用兩段同一書中的文章來比對一番，「他榮獲英語比賽第一名，中文演說比賽第二名。」（張華聯、張芝聯，〈悼念光華老同學沈昌煥先生〉，《寧靜致遠 美麗人

生——沈昌煥先生紀念文集》，頁110-112）；「我還記得，抗戰前抗日運動正風起雲湧，華東區八個大學舉行空前的中英文演講比賽，以抗日救國為主題，其結果煥公及中央大學學生周書楷分奪冠軍。」（劉達人，〈懷念煥公〉，《寧靜致遠　美麗人生——沈昌煥先生紀念文集》，頁168）。更有意思的是沈昌煥先生的表妹口述的一段回憶：「揆哥的英文啟蒙早，學習興趣濃烈，自我要求的水準極高。少年時代他同我們一起搭乘上海電車，常常指點馬路兩邊大小商店和廣告各招牌的英文字眼，逐一認讀。由今迴觀，我的畢生經歷之中，無論在中國、日本、南洋或美洲各處，從未見過一位少年，像揆哥這樣學習外語，用心專注到了藝術家那般浸沉於練琴或作畫的地步。他上了上海光華大學以後，我每次到三舅父家，彷彿總見到他在練習英語演講，勤奮不懈，一絲不苟。不但大聲背誦演講詞，朗朗上口，並且面對長鏡認真考究臉部之表情達意，眼神之操控及軀肢動作輔佐姿勢。當年全國矚目的華東八大學英語演講比賽，他奪得冠軍之榮譽，並非偶然或僥倖。」（俞佩珊口述，謝文孫筆錄並考釋：〈追憶揆哥〉，《寧靜致遠　美麗人生——沈昌煥先生紀念文集》，頁449-467）。

　　任何人的成功都不是偶然的，任何歷史的發生都有他的軌跡可循，謹以此篇導讀，為沈昌煥先生的這幾篇少年之作添加一些歷史的考證。

廣陵二日

沈昌煥

　　六朝金粉，名重一時的廣陵，現在已成了落伍的都市；雖然在大江以北，與閉塞的內地相比較，還是首屈一指，佔著很重要的地位。它過去的繁華勝跡，也留給人們不少深刻的印象。撫媚的瘦西湘，幽靜的小金山，又都是膾炙人口，而帶著誘性的名勝。所以每年總有成群的遊客，被他吸引了，去那邊遊覽。

　　啟東、熾濤和我，畢竟也動了遊興，記不清是舊曆歲底的那一晚，在濤家裡吃了年夜飯，便匆匆就道。

　　「年近歲邊了，玩了玩就回來，路上要小心！」臨行的時候他的爸爸再三的叮嚀著。他的母親和愛妻微笑著站在門口看我們登車，我們從車窗裡向他們招手。這時他們的頭部頭部已變成了白的顏色了！原來那是雪下得最大的一晚。

　　從上海到揚州，只消二十六小時的水程。在船上大家很愉快，並且學到了不少關於航行的常識。在大餐間中，遇著幾個著黑色道袍的師傅。船一到通州，這班上帝的兒子們都下去了，一個茶房對我們說：

　　「做個神父勿輕容易呢！」

　　另一個接上來說：

　　「他們要懂得六國鄉談，還要是童男子才可以呢！」「並且做了神父，乘船坐車都可以免費；一般教徒犯了罪，可以請神父求天主赦罪，還可以救他們的靈魂。」

　　我們忍不住笑了出來──笑他們的著迷！──我的小弟弟聽得出神，忽然似懂非懂的扮了個鬼臉。

　　船到了揚州，在晨光熹微中，乘舢舨上岸的時候，只聽得「碰」一響；回頭看時，兩只又大又肥的野鴨已經中了鎗，仰著身子在江心亂跳。

「熾濤，這是我第一次見你放鎗，你真是個好手！」我快活得拍著他的肩叫出來！

船梢上划船的白鬚舟子，合起了手掌，念一聲「阿彌陀佛」倒引得大家笑不可仰。大概，他是一位戒殺放生的佛門弟。

霍家橋是離江都縣城（就是揚州）十八里的一個小鎮。幾架古董式的福特車，是進程的唯一利器。路既不平，車又太舊；顛顛撲撲，又怕它拋錨，又怕它翻箱。正在這戰戰競競的時候，大家的鼻管理聞到一陣辛酸氣味，再一看，啟東的愛犬B.B.把船上吃的牛肉，完全吐了出來；請各人的大衣嚐了一客來路牛尾湯。車裡人又擠，大家沒法想，只能得把手帕掩住了鼻孔進城。

進了城，馬上去找熟人；一位朋友陪我們到一家點心館去，剛坐下來他就笑著對我們說：

「早上皮包水晚上水包皮。」

我們幾個人，不約而同的抬起莫名其妙的臉來望著他，不知他都說的是什麼意思。

「本地的風氣，清早起身，有的臉還沒有洗，就上茶館去，把茶先灌一個飽，起碼的也喝也得喝上十壺八壺才肯跑。這就是皮包水了。」

他指著那些正在皮包水的人，慢慢的解釋給我們聽。

「那麼，什麼是水泡皮呢？」啟東不等他說完就問了。

「包夠了水，進點，進丁點再包水，這樣直到了下午五六點鐘的時候。就到浴堂裡去討生活；浸在水裡，躺在池邊，要到深夜才回去。這不是拿水來包皮嗎？」他剛說完夥計已經送上兩把大茶壺來：這位朋友打著滑稽的口吻一面替我們倒茶一面笑著說：「大家快努力包水工作吧！」

出了敬樂園，（我們包水的地方）坐洋車去遊小金山，半山堂，洋車拉到山麓，大家步行上山。天氣既然奇冷，十多丈寬的河面也冰凍了。遠望天的縞素，一片白銀世界，純潔可愛，而啟東的愛友B.B.奔馳跳躍，真像一頭小熊，更增加了許多興趣。這種白天白地，

分不清天地山水的境地，在我們久住江南的朋友們，卻是不多見的景象景緻。

一度曲折得像卍字型的石橋，忽然出現在眼前，據迎路的人說，這條叫做五定橋，橋的一頭兀立這著一椽古剎。寺後一帶灰色圍牆裏，露出個淡黃色的粗大塔尖。看去倒很有些像羅馬中古時代的建築物。

從山坡到達山巔，望見一隊隊騎在驢背上的鄉村婦女，打兩座山中間的曲折小道上經過。兩山上的雪光，反照在他們身上，映成一幅最美麗的天然圖畫，那引人入勝的意味，至今還留下不可磨滅的印象！

平山堂，相傳在唐代就有了，後來燬於明末的大亂，這是清初重建起來的。寺後有乾隆的御碑，說是乾隆南巡的時候所寫的，字跡倒還清秀；是真是假，可就不得而知了，轉到後殿，還有蘇東坡的像，也是刻在一塊長方形石碑上的，不知道的還以為他是至聖先師呢！因為那尊容和人家掛的孔老夫子，一般無二。

下山的時候，已經暮色倉皇，很大的雪花又一片片飛來；進城吃了夜飯，由朋友陪著去領略了一下「水包皮」的滋味。

第二天清早，為了怕做破汽車，從城裡走到霍家橋；十里多以外才發現一個村落，這兒只有一家預備過路的打尖的小鋪子，蒸籠裏的餑餑，和店主犁黑的臉色一樣，大家在飢不擇食的當兒，吃了一個大飽。這天，整天在城外打獵，這兒因為獵戶少的緣故；雉，兔，野鴨竟又多又不怕人所以在傍晚的時候，我們很快活的滿載而歸。

歸途中，啟東渡江搭火車回常洲去了，只剩下燬濤、瑞和我。本想在通州上岸，去看看倭子墳，為怕船一停班，回不得家鄉，也就作罷了。

到現在想起那些──名勝，古蹟，皮包水，水包皮，黑餑餑，深及膝蓋的雪，琪騎在驢背上的女人，還是非常興奮，而有無窮回味！

喜歡旅行，打獵，照相的朋友們！廣陵，確是個值得賞光的好地方！

從北平到歸綏——西北遊記之一

沈昌煥

　　近年以來，開發西北的呼聲，叫得非常熱鬧；政府當局一方面提倡移殖內地的人民去開墾邊省的土地，一方面鼓勵私人和團體到西北去遊歷和考察；社會上研討西北問題的團體和出版物，更是風起雲湧；從今年春季起，平綏路局又有西北旅行團的組織，真可算得盛極一時了。在這種潮流激盪之下，掛了考察西北開發邊疆的招牌，到西北去逛的人，一天多似一天。「開發西北」漸漸成為最時髦的名詞，同時「到西北去」好像是頂可誇耀的　件事情。明明是一個旅行的團體，卻偏要打著考察的旗號，我懷疑這些人到西北去，究竟是考些什麼，察些什麼。世人都喜歡以考察自居，真是既可憐又可笑。記者在春假中參加了一個團體到百靈廟去，這次的行程是從北平出發，經過長城、大同、雲崗、歸綏，最遠到百靈廟，因為時間的匆促，各地都未久留，僅是走馬看花而已。在十天地醒時期中，觀察自然不會很深刻，所記的又不免掛一漏萬；現在不避膚淺和掛漏，略為記一些沿途所見和感想，貢獻與想到西北去一觀塞外風光而沒有機會去的國人。

※　　　※　　　※

　　三月二十八日清早8點，火車從北平西直門出發，九時三刻就到達南口，同行的人都下車散步或在站上買些零物。這兒山勢的雄偉，在南方已經很不容易見到。南口是長城主要關口之一，前年國民軍抵敵苦戰就在此地，遠遠望見鐵路右側，高樹著國民軍陣亡將士的紀念碑，衛國忠魂，使人肅然生敬。過了南口就是關溝，這一段是平綏鐵道全路中角度最高的一段，向北開的火車，到這兒必須改用特大號的火車頭，在客車貨車的後面，向上推行；火車慢慢的被頂上山頭，又

經過了三個山洞，才到青龍橋，三個山洞之中，要算居庸關山洞是最長，經過的時候達5分鐘之久。

青龍橋車站佈置得很潔淨，站台右邊立著工程師詹天佑公的銅像，像旁還有一所小亭，亭裏的石碑上刻著詹公的行狀；平綏路是中國自力經營鐵路中的最早的，當時為建築此路，詹天佑先生廢寢忘食，工作至危崖絕壁，深壑巨溪中間，經4年的時候才完成這巨大的工程，使今日旅行的人如此便利。平綏路的築成不能不歸功於詹天佑先生，可惜這一條鐵路不很發達，國人知道它的很少。

長城最險峻雄偉的一段－居庸關和八達嶺－就在青龍橋一帶，所以春假中各地來遊長城的人，成群結隊都在這兒下車；攀登長城，有的人喜歡騎一頭小驢，但多數是支著手杖步行的，有些上年紀的人坐著籐做的山轎上去，倒也很安全舒服。離鐵路不到1里，就有一個關口，上面隱約可以看見「居庸北鎮」四個大字，這是進出長城的要道，老遠就看見一對對的居民，趕著馬車驢車和駝群，絡繹不絕的來來往往。據領路的人說：在這關口的上面，相傳有一塊「望京石」，天氣晴朗的時候，站在上面，可以遠遠望見北京的城頭。可惜那日天氣不很好，不能證明這種傳說是否可靠。長城的奇偉，必須要攀登以後，才會感覺到；在山下遠望，不過像一根細長的帶子，一條蜿蜒的長蛇；人工的建築雖然偉大，畢竟和天然的山巒相陪襯起來，自然不小也小了。爬到上面一看，雄偉的城牆，高度大約有三十多尺，厚至二十尺以上，並且每隔三十六丈有一座高大墩台，真令人嘆為觀止！古人為了抗禦強敵保衛疆土，犧牲了不可估計的心血和金錢，建造起如此空前絕後的巨大工程來。但是後世的人怎麼了？我們非但不能愛惜保護這先人的遺業，如今連國社的存亡，都危在旦夕了！我不知道在萬里長城上聽話盒子、吃三明治的遊客中，有沒有想到這一點的。

火車從青龍橋再開行，穿過了一個一千一百四十五公尺長的八達嶺山洞；就到了一片廣漠的平原，四野都是青綠色，路旁有不少將開未開的紅白色小花，一條小河旁邊，密密的排著一些農家的小屋，真想不到塞外風光之中會有起江南的意味來，原來這就是所謂「康莊大

道」的康莊了。康莊以北，又過了兩三個大站，天漸漸的黑起來，再也看不到什麼沿路的景物，離綏遠還有十多個鐘點，車上是又黑暗又擁擠，只得在車聲軋軋中和同伴談天，來消磨這漫漫的旅途。在飯車上遇到蒙古地方自治委員會的趙那蘇圖先生，和他暢談關於內蒙自治和民族團結各種問題；當即告訴他想到百靈廟去參觀，承他允許與蒙政會接洽招待之事，所以很感謝他的盛意。

平綏鐵路車的簡陋，真是出人意料，就是頭等車裏也沒有電燈和臥舖，二等車差不多是武裝同志的包車，飯車則又小又不乾淨，三等車如何自然不問可知了。聽說現在鐵路當局加意整頓，只有特別快車還比較的整齊些，三等車也掛有臥車，這倒是他路所沒有的一個特點，不知道確不確實。

晚上氣候忽然大冷，車上又沒有生火，五六十個人蹲在車廂裏，凍得發抖；走道上都堆滿了個人的行李，簡直連動都不能動一動，只得閉著眼睛低頭小睡，半夜裏醒來，只見車窗的玻璃上已經蓋著一片片蒸汽凝成的冰花。

歸綏一瞥──西北遊記之二

沈昌煥

　　挨過了二十三小時的長途，在第二天早上七點鐘就到了離北平一千二百四十里的歸綏。所謂歸綏，是歸化和綏遠兩個城的總名，歸化城又稱舊城，是距今三百年前，明朝萬曆年間所造的，為歸綏商務的中心，比較大一些的買賣，都在此處；新城只有二百年的歷史，是清乾隆元年（一七三六）才建的，在舊城的東北五里；從舊城到新城，中間有一條很寬闊的馬路可通，路的兩旁種滿了整齊的大樹，綏遠省政府就設在新城，所以它是綏省政治的中心。現在省政府的計劃，想把歸綏二城打成一片，所以近年來凡有新的建設都建築在兩城的中間，這不能不說是一個良好的辦法。

　　到歸綏去的人很多，但多半是去遊覽名勝古跡的，關於這一類的記載外間發表得不少，所以記者此次所記比較偏重在新的建設方面。在歸綏，最使人感動而印象最深刻難忘的，要算是「烈士公園」了，公園的大門是一座三開的白石牌樓，正中橫列著「烈士公園」四個藍字，一進門就可以看見一座高約六七丈的白石墓碑高聳雲表，碑文是「華北第五十九軍抗日陣亡將士公墓」，這墓碑的基礎是立體式的，面對著一個周圍四五十丈的大圓池，氣象十分莊嚴。後進還有一個紀念堂，壁上都掛滿熱烈士的相片；全園佔地大約數百畝，四周種滿了各種花木，中間累累的烈士塚，為數何止數千。到這兒來遊覽的人，無不很嚴肅的脫了帽子行敬禮，一種淒涼悲痛的情景，至今還在心頭！

　　像綏遠這種地方，工商業的落後是不可諱言的事實。商業蕭條的情形，但須在歸化城最繁盛的大街上走一趟就可以看出來，向來生意最盛的大飯莊，如今倒閉歇業的十有六七，其他的買賣也到了很難維持的局面。東北事變發生以後，從東三省被擠出來的人，在平津一帶大都市裏既找不到生活，逐漸移往察綏是他們唯一的出路；他們到

綏遠去並不是消費者，他們是為謀活而去的，在已經衰弱的局面下，再加上一層尖銳的競爭，情況自然更不堪設想了。工業方面，倒還有些生氣，因為近年來省政府很努力於提倡培植的緣故。例如綏遠麵粉廠，現在附設在電燈廠內，開辦僅兩年多，成績已經斐然可觀。此外開辦最新而規模比較大的當推綏遠毛織廠，此廠由官商合資經營，資本三十萬元，是今年才開幕的。主要出產品如毛呢絨氈之類，都是價廉而物美。據管理人說：該廠因為限於資本，機器尚不夠應用，深望國人熱心提倡，向這方面投資。本來這種事業最能挽回權利，是很值得提倡鼓勵的，可惜有力量的人沒有遠大的眼光，都裹足不前。

從綏遠毛織廠出來，已是正午時候，大家走進一家館子去吃飯，這兒的饅頭是像土一樣的顏色，有腥味的牛羊肉以外，別的什麼也沒有，有幾位吃慣牛羊肉的同伴，竟嘔吐不能下嚥。真是平時多一種習慣，出門就增一分痛苦！

飯後繼續參觀了幾個文化機關：綏遠的文化水準很低，人民的教育更談不上普遍，所以文化和教育的設施，也是建設綏遠的主要問題。在歸綏除了幾所公私立的中小學以外，本年二月間又開辦了一個綏遠省立圖書館，館址是新蓋的，但規模並不大，現在每月的經常費僅有四百五十元。民眾教育館設在九一八紀念堂的後面，在建築之中，大約不久就可以開幕。對於人才的培植，有所謂鄉村工作人員訓練所的設立，初中畢業程度的人，就可以考入，訓練的時間暫訂為六個月，畢業以後都派到鄉村去服務。最後參觀的是賽馬場，場址有幾千畝大，高高的看台和白漆欄杆都造得很整齊；每年十月間（大約是雙十節）舉行大賽一次，參加比賽的馬有好幾百匹，都是綏省各地的名產，但這種比賽和上海的賽馬不同，絕對不含賭博的性質。賽期一到，就萬人空巷，各地來看的多至十餘萬人，是一年裏最盛的一個集會。賽馬場後面還有一個溜冰場和球場，是公共體育場的性質，為大眾運動而設的。可惜人民為生計所迫，沒有運動的餘暇；即使有一些時間，也因為缺少受相當的教育，沒有運動的習慣。所以那地方好像是很久沒有人跡到的荒地一樣！

　　第二天為了接洽到百靈廟去的汽車，又在歸綏住了一宵；好容易借到了騎車，卻沒有開車的人，這人聯駕駛汽車的人也是很缺乏的。

　　那天下午在省政府主席傅作義氏的茶會席上，傅氏談起綏省行政的兩種困難：第一是人才和錢財的缺乏。第二是各民族調和的問題。

　　綏遠一省的稅收，實際上還抵不上江南的一個一等縣；沒有充分的經濟力量，而空言建設，是絕對不能收效的。人才的缺乏，更是非常嚴重，因為綏省地處西北，氣候既寒冷，生活又艱苦，行政人員的待遇更十分菲薄，有才能的人都不願前往，以致許多事業都因為沒有人才而不易改進。關於這一點，我們認為並不是綏遠一省的問題，而是整個中國行政制度不健全的弊病。在地方政府方面則人才和錢財都感到缺乏，在中央則馬騈枝機關重床疊架，冗員充斥而行政效率不見增加；再看看中央和地方政費的的比數，就不難看出這種病原的所在了。

　　關於民族融洽的問題，綏遠省內滿漢蒙回藏各族的人民都有，在已經設立縣治的地方，居民與漢族為多，各民族間相處也比較長久，生活上的習慣已經沒有什麼可顯著的差別，所以還能夠相安無事。可是在尚未設立縣治的地方，各民族的生活習慣，相差仍是很遠，行政上就不免有許多困難；任何設施，都要避免刺戟民族的情感，是他們能融洽相安。這倒的確是當地的實在情形。

　　兩天來和當地各界的談話中，知道綏省的黑色恐怖，已經到了不容忽視的時期。人民因為賦稅的不勝負擔，全省頭二等的田地差不多完全改中了鴉片，出產一多，吸食自然非常便利，街頭巷尾，掛著「清水上煙」的招牌，供人吸食鴉片的地方，隨處都是。茶坊酒肆裡也都預備著煙具，供客吞雲吐霧；親友間的往來，也非敬煙不足以表示殷勤。據說現以綏省吸食鴉片的人，約佔全省人口的百分之四十以上，這是何等驚人的數目！我們在綏遠觀光了兩天，對於居民刻苦勤儉的習慣，當局努力建設的精神，真是萬分的欽佩；可是這致命的黑色恐怖，一天不把他鏟除，任便你如何努力建設，怎樣刻苦勤儉，都是白費勁兒，決不會發生效果的！

內蒙問題的今後

沈昌煥

　　我國對於邊疆問題的忽略因循，並不是近來才有的事，歷史上向來是如此；到了清代雖然略微注意一些，但是也不出懷柔遠人，以玉帛羈縻一類維持現狀的方法，至於徹底的改進邊疆的政策可說從來就沒有過。民國成立以後，最初是把清朝的理藩院改為蒙藏院，一切仍照清代的制度；國民政府成立之後，設立了蒙藏委員會，這些機關所做的事，不但沒有積極的改進，連以前不徹底的聯絡也忽略了。外蒙古宣布獨立以後，內蒙古的地位因而格外重要，在北邊有外蒙古的後台想伸足南下，在東邊有野心的侵略者眈眈虎視；可是我們卻依舊是顧頇苟安。我們常聽見許多批評邊疆文化落後的話；可是我們沒有反省一下，自己對於邊疆曾經有過什麼貢獻。民國成立廿多年了，而內蒙古各盟旗雜「札薩克」所蓋的官印，還是大清帝國時代所頒發的；這種事實，卻是荒謬得使人難於相信的。國家權威所寄的關防，中國的習慣向來把他看得比人還重要，何以竟會疏忽到如此地步。別的方面，自然不問可知了。政府當局是如此，人民又怎樣呢？

　　鼎革以後，五族共和原是我們最高的理想，但是廿年來事實所昭示我們的是：各民族間並沒有達到真正的共和，真正的平等，各種族間的隔膜和歧視，依然深深的存在。對待中華民族中因為歷史和環境的關係比較落後的種族，多數人只知道一味的輕視奚落，而忘記了自己和他們是一家的兄弟，更忘記了自己享受了比較優越的環境和權利，應該有提攜他們、體貼他們的責任。試問我們自己對於異族所表示的輕視和侮辱覺得怎樣？受過這種刺戟和教訓的人，不知道團結起來奮鬥圖強，卻反過頭來輕視不如自己的本國人。這種心理，簡直比輕視有色人種的白種人更要可恨可鄙！

　　到民國二十二年的九月，內蒙自製運動突然發動，朝野上下才

像大夢初醒，對於這個問題稍稍加以注意。然而大家不信又懷著深刻的成見，不能平心靜氣研究問題癥結之所在，任一把「叛亂」，「陰謀」一類的帽子像人頭上亂戴，一場大夢仍究沒有醒透。

曾幾何時，內政部長親自到內蒙去，化了很大的勁才把這問題解決，總算暫時有了一個表面上的結束。可是事過境遷，到如今大家又把這件事漸漸的忘記了。有些人以為內蒙的自治問題早經解決，又可以高枕無憂。有些人仍舊懷著猜忌的心，以為後面總有一些背景，總免不了受人利用，對於含辛茹苦奮發圖強的邊疆同胞沒有了解，不肯信任。他們對於問題始終沒有一個清楚的認識，他們的態度也始終沒有分毫的改變。

上面所所說的兩種見解，都是錯誤而且危險的。實際上今日內蒙的問題，決不能再等閒相視，或是懷著濃厚的成見去推測猜疑。它的前途不像一般人所想的那般樂觀，但也並不像另一般人所猜測的那樣悲觀。

要明瞭內蒙問題的真相，我們先得把此次自治運動的內幕分析一下。內蒙自治運動的發軔雖是在二年前，可是它實在已經醞釀了很久。內蒙古東西六盟之中，比較進步的哲理木盟、卓索圖盟、昭烏達盟、錫林格勒盟諸盟，都有許多青年在北平保定和南京求學，也有曾到國外去留學過的，這班青年學成之後，回到本土，看見內蒙各方面如此落後，就引起了一種種族自覺得心裡，同時看到中央政府的懦弱，對於邊事的沒有辦法；於是他們中間凡是「自救圖存」的志願的份子便進一步的團結起來，專作革命的工作。這就是內蒙革命青年集團形成的背景了。但是蒙古人過著遊牧的生活，平時散處在各地，而且多數人民崇信宗教，保守成性，革命的思想是無法得到民眾的同情的；所以這種運動雖然醞釀了很久，卻尚未達到成熟的時期。東三省的事變以後，日人積極西進，他們看到三省相繼淪陷，政府又無力收復失地，革命運動若再不及時發動，內蒙土地一旦被佔，就很難有掙扎圖存的希望。恰巧王公之中，有德王這樣一個人，思想很進步，並且有領袖的才幹；於是那些革命青年便順風轉舵，暫時放棄了打倒王

公的主張，與德王合作，奉他為領袖。這樣一來，因為人民素來都信仰王公的權威，對德王尤極愛戴，內部的意志容易統一，自治運動就在那時候發動起來。所以，與其說這次內蒙自治運動是陰謀叛離或是另有其他原因，無寧說，前年的熱河事件和政府的不抵抗是促成內蒙自知運動提早發作的機緣與推動力。

　　自治運動的真相既然明瞭，我們再要看近來政府所取的態度和處置的方法，究竟有幾分徹底的性質。我想誰都看得出來這種態度與方法仍然沒跳出懷柔羈縻的範圍。我們要問，內蒙地方自治委員會成立以後，中央除了每月發幾萬塊錢經費以外，有什麼具體的改進邊疆的計畫沒有？主持蒙藏邊疆事務的機關中有真正懂得蒙古事情的人沒有？宗教在蒙古和在西藏不同，在政治上已經沒有多大力量，近年以來，政教更有分道揚鑣的趨勢，但政府方面，卻一味攏絡宗教上的人物，想借他們的勢力來宣化中央的德意。蒙古人最反對內地的人去開墾他們的牧地，但是我們非但不設法提倡改良畜牧，而且不管土地是否適宜於耕種，竭力的高唱墾殖邊疆。凡此種種措施，不是隔靴抓癢，就是和蒙人的利益根本發生衝突。我們深信假若這種態度不徹底的改變，蒙古人對於中央政府的不滿意，永遠不會減少！種族間的隔膜和鬥爭，也永遠不會消除！

　　反過來看，如果對於本問題癥結之所在，能夠認清更能放棄成見和詐虞猜疑的態度，來切實的應付；前途也並不是完全沒有希望。從此以後，只要對於邊地的同胞，能推心置腹，能開誠合作，任用真正熟悉蒙事的人員，多多提倡對他們有實際利益的事業；同時如能積極培養蒙人善於騎擊的優點，使練成勁旅，則更可以收捍衛邊陲之效。如果真能做到這一步，不但民族間的隔閡可以漸漸的消除，邊疆上安全的問題，也就可以解決了。

日本帝國主義真實的危機

沈昌煥

　　自從空前國難918鉅變發生以來，報章上雜誌上，關於探討日本問題的文字，風起雲湧；日本帝國主義的危機日本帝國主義的沒落等等文字，更是隨處可見的時髦標題。不久以前，似乎還見過這類標題的單行本出版，它們的標題的字眼容有不同，篇幅或有長短，然而一究其內容，則如出一轍──不是說日本經濟已現崩潰之象，財政立將破產；便是說日本外交上如何孤立，軍事上如何不利，美國和蘇聯立刻要聯絡起來把它戰敗。甚至於說得日本國內一切都已不可收拾，立刻要自斃、滅亡！社會人士因為感覺到政府始終不抵抗，失地將永無收復的一日，精神上自不免有許多鬱積，無從宣洩；如今讀了這類鋪張揚厲的文字，倒也可以聊以自慰。著大概就是這類文字所以會充斥的理由了。平心而論，我們把這些問題，作為日本當前情狀的分析研究，使國人對她有一些比較明確的認識，以為知彼知己的準備，也未嘗沒有相當的價值不過若是一位誇大事實過剩其詞以為日本眼前所遇到的相當困難的問題真珠一死他自閉使他滅亡那就不但是未妥而且無形之中很容易養成國人不自證作業類別國和幸災樂禍的心裡對於這類文字我們從不認做危言聳聽或另有其他用一至少不能不認為他們對於世界大事和日本國情並不具有清楚的認知認識和瞭解只是一些捨本逐末之論而已！

　　至於遠東戰事的可能性、甚至必然性的討論，我以為一半也是出諸不自振作與幸災樂禍的心裡。當九一八事變初發生的時候，美國對日本的態度成一度強硬，參議員波拉既屢次發表聲明於前，國務卿斯汀生復提出維持華府會議議案的原則於後，那卻是日美關係比較嚴重的時期；但是到了現在，這時期早已成為歷史上的遺跡，自從去年日本的廣田外相一上臺，日美換文之後，美國對於遠東事件的讓步緩

和，已是無可諱言的事實了。至於蘇俄，她國內的建設計劃，猶未達到理想的標準，故對外力求和平，二年來廣傑多邊的互不侵犯條約，本年又毅然加入國際聯合會，都是她一改歷來的政策、和資本主義國家暫時合作的表示。她在滿邊和西伯利亞的軍事佈置，不過是日本不斷威脅挑釁所引起的必然的反應，事實上也不曾超出防衛的性質。歐洲的風雲，更是極度緊張，各國間劍拔弩張，爾虞我詐，在此自顧不暇之時，誰願來干預與自身無重大利害關係的遠東問題。

試問：在這種國際局面之下，遠東戰事會不會即時爆發？最近德日將締結密約、英日同盟又將復活等消息，以及英法等國的實業團體，接踵赴滿洲考察，與日本朝野聯歡的事實，又是否表示日本外交上的孤立？這些都是彰明較著的事實，故不待智者而後知！

假令說：日本的外交的確陷於孤立無援的地位了，全世界的國家都站在反對日本的戰線上，向日本宣戰，將日本打得落花流水，大敗特敗。這樣是不是足以制日本的死命，使她滅亡呢？這是不是日本最大的危機呢？據我的愚見，還是一個很值得討論的問題。

歷史上國家的興替，民族的消長，究竟都是以武力的強弱來決定的呢，還是另有其他更重要的原因呢？我們且舉兩個最顯著的例來看：羅馬帝國的武功法制，不要說在當時無可匹敵，至今還留下不可磨滅的價值，但是終不免於覆亡！歐戰後的德意志，被列國戰敗了，受凡爾賽合約的層層束縛，但是不到二十年功夫，又成為國際政治舞台上的要角了，她今日在歐洲的聲勢，不是又足以使列強畏懼不安而無可奈何了嗎？

事實上，一個國家一個民族的所以能站得住，不在她的武力如何強盛，疆域如何廣大，多半還是靠這一民族或國家所保持的優點和文化來維繫。羅馬帝國的武功，雖然極盛，無奈後來朝野都沾染了驕奢淫佚的風氣，沉緬於逸樂，把立國的民族優點，漸漸消失了，所以帝國命運，終不能維持久長！德意志雖然受了戰敗的創傷、國際條約的束縛，但她仍能保持德意志民族的優點，發揮德意志民族的精神，到底還能復興！日本能夠在明治維新以後的幾十年裏，做到今日的地

步，也未始不因為她能竭力效法德意志，努力培養勤儉、耐勞、奮鬥、勇敢、服從、愛國等各種民族優點的緣故。關於日本民族的優點他和德意志民族相肖的事實，俱有充分的科學的依據。此點潘光旦所著「日本德意志民族性之比較的研究」一書中論之綦詳，讀者可以參閱。

我們並不否認日本今日卻有根本的危機存在，也不否認這種危機的潛伏，雖然不容易看到，但其性質卻比任何問題都要嚴重萬倍。我們但須去看看日人統治東北的情形，再觀察一下日本一般社會的生活趨向，就不難知道日本的根本危機，既不在軍事外交，也不在經濟財政，卻是在於日本民族優點的動搖！當明治維新之初，日本朝野只覺得自己國力不強，疆土狹隘，又怕西洋勢力的侵入，不得不戰戰兢兢上下奮勉。一九八四年的中日之戰，東亞的大國給她打敗了，隔了十年，日俄之戰爆發，又戰勝了歐洲的大國俄羅斯。朝鮮、台灣、琉球等屬地，一天一天的增多；最近又搶得了比本國還大好幾倍的中國四大省，今日的情勢與明治初年的局面，自然不可同年而語了！於是日本朝野的傲慢自得，唯我獨尊的心裡，也就隨著他武力和土地的擴張，達乎極點！

別的且不論，它們這種自滿心理所反映的最明顯的現象，就是一般社會的習尚，已漸漸傾向於奢靡、逸樂，和日本原有的風氣大不相同了。除了窮鄉僻壤外，較大一些的城市，無不娼寮充斥，舞榭林立，營業最盛而為數最多的首推佈置得五光十色的咖啡座，這些咖啡店都招徠年輕的少女充招待，其中荒唐的內幕，不可言喻，教諸上海北四川路一帶的咖啡店，有過之而無不及。這類咖啡店在東京一地的就不只千數，規模最大的幾家，下女人數在二百以上；社會上既有如此多的供給，自然有大量的顧客所以才能夠維持，而這些地方的主顧不外是中年人和青年人，青年學生不用說當然也是此中主要的角色了。最初政府當局，取絕對放任的政策；因為日本政府不怕別的，就怕青年思想的左傾，以為這類聲色之娛，可讓國民對於不滿現狀的鬱積心裡有所宣洩，倒也未始不可利用之以羈縻他們的思想。豈知這種

風氣越鬧越厲害，政府也覺得不對了，所以先從學生下手，報紙上禁止學生冶遊的消息，時有所見；但這種禁令的效果，畢竟小而又小，政府的三令五申，就是禁而無效的明證了。試問：有關國家命脈的青年和社會幹部的中年人，都從勤儉刻苦走向萎靡、淫佚的路上，這是不是民族優點開始動搖的表徵？是不是國家根本的危機？

日本的吏治，素稱嚴肅，再看今日的情形又如何？官紀敗壞，納賄舞弊，層出不窮；去年齋藤內閣的下臺，即因財次黑田受賄案的牽連。後來岡田內閣就任時所發表的政綱，亦首以「政治之嚴肅公正，實為確保國民對於國政信賴之要道，淨化政界，嚴肅官紀，並糾正中央地方行政之各種情弊，……」為標榜，近來日本官紀的敗壞，政治的混亂，由此可見一般。

至於在我東北的日本官吏，不論文官武將，很多學會了嫖、賭、抽菸及賄絡營私的本領，舉凡一切官場的惡習，他們無所不通。一般商販移民，傚效他們的統治者為榜樣，也漸漸地改變了他們生活的方式。東京方面，對此極為注意，無奈鞭長莫及，也無法防止，而且日本在滿州的一般武人，根本不是中央政府所能駕馭，因此這種腐化的風氣，也就可以自由繼續地向前邁進。因為根本上這班大批移往東北的官員商民，多半是在國內找不到出路站不住腳的，份子方面自然參差複雜得多，日本國內的情形自然沒有那樣利害，但這種不良的風氣傳播很快，影響所及，結果不能說沒有相當的嚴重性。這是日本國內和統治東北的官吏生活的實情。這樣舉國上下群趨於淫靡、逸樂、腐化、苟且，又是不是民族優點開始動搖的表示？是不是日本國家最嚴重的危機呢？

總而言之，國家的興替，民族的安危，決不能用短淺的目光，作膚淺的皮相的批評，一個國家在軍事、外交、經濟、財政等等上上的困難，不過是一時的現象，即使遭受一些損失，也不難補救的；唯有民族優點與民族精神的消失，才是比較根本的問題，才是真正嚴重的危機！所以，日本今日安危興衰的問題。不在她能否衝破外交的陣線，能否解決財政上的困難，能否應付第二次世界大戰的局面。最嚴

重最根本的還在他能不能消滅這民族優點的動搖，能不能繼續保持其
已往的刻苦、勤儉、奮鬥、服從、愛國等等的民族精神。

一個中國人對於美國文明之觀察

沈昌煥

An Oriental View of American Civilzation—No-Yong Park(pao)
Hale Cush-man ε Fliint.—1934年出版

外人觀察國人特性的文章，近來發表得很多；反之，國人觀察或批評外人的文字，卻很少看到。他人對於自己客觀的批評，好像是一面鏡子，從他裏面可以照出自己平時所不知道的各種型態來，最大的功效還可以因此發現自己有什麼缺點犯什麼毛病，作為用藥診治時的一個根據。要醫治一個民族和國家的毛病的方法自然很多，觀察他國的文明，擇其善者而從之，也不失為主要方法中的一種。可是，這種方法用之不當，一味的盲從，迷信外國的東西都是好的，也不管究竟好不好合式不合式，那末不啻是藥石亂投，非但不能把病治好，往往會加上些新病愈弄愈糟的。這種不加選擇一味盲從的毛病，我們已經犯得很深了。其實人家對於我們的批評和觀察是我們斷症的借鏡，我們觀察外國是選擇藥品的功夫，兩者是一樣的重要而不可有所偏廢的。

《一個中國人對於美國文明的觀察》是一本中國人寫的英文書，全書分成十二章，分論（一）中庸之道，（二）美國人之德性與惡性，（三）美國婦女及其缺點，（四）美國之家庭，（五）對於美國教會之批評，（六）對於美國教育之批評，（七）美國民主政治之動搖，（八）美國資本主義之崩潰，（九）羅斯福與孔子，（十）對於美國新聞事業之批評，（十一）美國人對於優伶之崇拜，（十二）美國文明之前途。作者以「中庸之道」為全書理論的中心，我們不否認「中庸之道」確有他存在的理由，可是作者視此為任何國家任何時代的萬應良藥，這種意見，不但使人不敢苟同，而且顯出作者對於社會

科學的基礎似乎還不夠。其他各章中也常以「中庸之道」為論據的歸宿，都是非常牽強附會的。第九章中強將羅斯福和孔子拖在一起，說得好似羅斯福就是孔子的化身似的，殊不解作者的用意何在。第五章批評美國教會的徒重形式不切實際，第六章批評美國教育的商業化機械化，第七及第八兩章批評美國政治上之腐敗與社會上財閥之跋扈等，算是比較充實的幾章，認識也還深刻。

統觀全書並不見有什麼獨到的見解，學術上的貢獻更談不上了，只是很膚淺的指出美國社會上的弱點而已。拿研究學術的態度，想從這本書裡得到一些思想的食料，那是一定會使你失望的；然而那些崇拜美國，以美國為理想中的天國的人，和想到美國去求深造的學生如果看到了這本書，只怕他們的失望還要大得多，自然他們失望的緣故是不同的。

我看完了這本書有兩種感想：第一，我覺得與其說這是一本中國人批評美國的書，倒不如說是一本外國人批評中國的書來得恰當。因為書中所描寫的種種，從拜金主義流氓統治的社會，商業化的教育，掛羊頭賣狗肉的教會，專以性感及杜撰的社會新聞為題材的新聞紙，到政治上的混亂貪污，婦女的拋棄家庭崇尚虛榮等等，在中國社會上非但是應有盡有，而且雙方竟相似到使人難於辨認，自然這絕不是偶然的巧合，這完全是多少年來事事摭拾西洋文明的渣滓的結果。

可是這樣的教訓並未使我們覺悟，多數的人仍依舊依著這條老路前進！第二，我覺得何以中國的學術界竟如此的貧乏：人家研究中國的問題，不論在質或量那一方面，都是勝過我們自己萬倍；而我們對於外國問題的著作真是渺不可得，偶然發現一二，又不免認識不足與議論膚淺之譏。退一步想這種現像也是不足為怪，我國的所謂學者們，當他們到國外去求學的時候，就販一些中國的古董去哄洋人，到回國時則帶幾冊洋書來嚇同胞，用這種方法研究學問，自然不能和人家相比了。試問這種不良的現象，到現在又有沒有改變呢？

最後我覺得不論這本書本身的價值如何，著者這種嘗試研究外國問題的精神總是很值得欽佩和提倡的。

從歸綏到百靈廟（遊記）

沈昌煥

　　四月二日在晨光熹微中，從歸綏匆匆出發往百靈廟去。汽車剛開出歸綏二三里，就是一片荒涼，幾十里望不見一點人煙，慢慢的黃土原野，被往來的鐵輪馬車和驢車所壓，年深月久逐漸成了一條天然的雙軌的路線。一路上遇見不少載著著煤塊的大車，由瘦骨如柴的馬負著那深陷的故轍裏前進，大半個車輪沒在沙土裏面。偶然經過一兩個小村落，居民都帶著驚奇的神情站在門口張望，這些地方六、七歲的小女孩，已經都把腳纏成三寸金蓮，看她們那種寸步難行的模樣，真實人覺得可憐。車慢慢地爬上了大青山的山道，就開始前後左右的顛撲起來，要不是後部有雙輪的軍用汽車，怕它絕對跨不過這崎嶇的山路。徊繞著山峯，經過頂險峻的一段時，仰望可以看見危崖之上有「化險為夷」四個紅字，這是九年前吉鴻昌部駐扎此地時所修的大路，打這兒經過的人至今還感念他們的好處。

　　連一接二的越過了好幾個山頂，我們就在四面都是削壁的深溪之中，車輪同大石子和冰塊相撞，進行非常遲緩。有些地方山凹裏的冰塊已經融澌化，和山頂上衝下來的雪水，匯合成急湍，寬的地方有二三丈，我們又不知他的深淺，也只得冒著險衝過去，兩旁的水花飛濺起來，倒也覺得別有一種趣味。

　　山麓旁，很零落的有幾所矮小的土屋，牆上東倒西歪的寫著「留人小店，茶水方便」，這些都是為往來山路旅客所設的客棧了。

　　正是大家覺得顛撲不能再忍受的時候，就進了蒙綏交界的武川縣境。按綏省的情形，凡是已經設立縣治的地方，都歸綏遠省政府管轄；至於沒有設立縣治的地方，則完全由各蒙旗負責。從武川縣再往北去，就都是未設縣治的地方，因為地勢的衝要，武川就變成了很重要的所在，綏省派了許多精銳的軍隊鎮守於此。

　　過了武川縣,是一片高平原,全無阻礙,但是人煙稀少,荒涼的情形,更勝過歸綏一帶十倍,每隔一二百里才看見一兩個土堡。直到逼近百靈廟的時候,才見一小隊蒙古駐軍,在遠遠的招呼我們停車,上前來檢查旅客。我們同行的人見他們服裝奇異,又是彼此言語不通,恐怕有什麼意外的麻煩發生,不免有些擔心;豈知他們卻十分和氣,祇向各車上略略張望,就揮手放行。

　　遠遠望去,百齡廟的全景,已在目前;快下山的太陽照耀著廟頂上金屬的裝飾,反射出五光十色萬丈光芒。真是金碧輝煌,美麗無比!

沈昌煥百歲紀念回顧

（轉載《華僑雜誌》143期路華平報導文）

起望故國神州路
夜半狂歌悲風起

《沈昌煥日記》新書發表會
暨百年誕辰紀念會

■路華平

編按：沈昌煥先生（1913－1998），江蘇吳縣人，曾任新聞局長、駐西班牙、教廷與泰國大使、外交部長（1960-1966；1972-1978）、國家安全會議秘書長。總統府秘書長任內，襄贊總統蔣經國先生，並主導中華民國外交政策近30年，素有「外交教父」美譽。

國史館濟濟一堂

102年10月12日，國史館四樓會議室，數十高架花籃並列，花簇錦攢，人聲鼎沸，座無虛席。

曾經叱吒政界及外交界的前輩先進、歷史學者、沈昌煥親屬故舊及其哲嗣沈大川至親好友等近二百人，出席由國史館主辦之《沈昌煥日記－戰後第一

年1946》新書發表會暨沈昌煥先生百年誕辰紀念會。首由學者闡述日記的史料價值以及當年美國調處國共內戰的新觀點，這本日記的出版彌補了中國近代國共鬥爭歷史的部份空白。再由，曾經與沈昌煥共事過的同仁及其部屬現身說法，感性道出沈昌煥的行誼，讓我們深刻瞭解到「外交教父」之譽，名不虛

▲國史館長呂芳上上致詞。

▲沈昌煥哲嗣沈大川介紹與會嘉賓。

傳。

呂芳上開場致詞

司儀由國史館主任秘書陳立文教授擔綱，一句「中華民國102年10月12日《沈昌煥日記─戰後第一年1946》新書發表會暨沈昌煥先生百年誕辰紀念會」揭開今日活動的序幕。

國史館館長呂芳上以主人身分歡迎大家的蒞臨，接著說，國史館向以史料保存、出版、研究為己任。沈大川尊翁沈昌煥生前留下的惟一的一本日記，交由該館出版，至感榮焉。沈昌煥從事公職數十年，參贊國家機要，為什麼只留下1946年這一本日記呢？這可能要由沈大川來為我們釋疑。不管如何，這本日記對中國近代史的研究非常重要，因為它提供了很多史料，待會兒將由政治大學劉維開教授及台灣大學石之瑜教授高足蕭明禮博士，發表他們研究日記的論文報告。而為了出版這本日記，該館投注不少心力，蒐整相關註記及照片，搭配沈大川提供珍貴照片，內容十分豐

富。在這裡，也要順便提到沈大川的外祖父黎民偉先生，他曾經追隨國父拍攝影片，在那個時代，拍攝電影可是極為先進藝術，也由於有黎民偉，我們今天還能看到九十多年前國父的身影。

呂芳上又說，沈昌煥在抗戰時期自美返國，擔任蔣中正秘書，進而主理中華民國外交事務，表現可圈可點。在其人生中，經歷了1949年及1980年前後國家重大變故，有為有守，在政治及外交上是中華民國的正統論者，也是一位保守政治家。保守不是貶抑，而是在一個變動時代裡，有其堅持，這個堅持，毫無疑問的就是對中華民國的堅持。論文報告之後，請陳三井教授主持行誼座談會，我們可以更進一步認識沈昌煥先生。

沈大川當下的美麗人生

沈大川是沈昌煥惟一哲嗣，他說今年是他父親百歲冥誕，經過將近一年的籌備，蒙國史館舉辦隆重的新書發表會及紀念會，由國內兩位傑出學者劉維開

及石之瑜教授的高足提出論文報告，接著由華僑協會總會理事長陳三井先生主持紀念會，表示由衷感謝。母親小父親一歲，兩人自從上海光華大學認識後，手牽手，心連心，在人生旅途上共度七十個寒暑。9月16日是母親99歲冥誕，因此今天紀念會不僅僅是紀念父親百歲冥誕，同時也紀念母親99歲冥誕。在座嘉賓有不少和其雙親及沈家交往超過半個世紀，這證明了人生是美麗的。此時此刻，大家共聚一堂，感覺到當下是多麼的美好。

接著他一一介紹他的親人，有他在台灣的另一半陳巴月女士、長子沈一真、義弟王震南、堂弟沈偉、義妹賴玉里，還有專從香港趕來的舅舅黎錫、舅媽唐燕華，以及從新加坡趕來的表弟胡海，對出席嘉賓的恩典表示永生不忘。

而主辦單位國史館交由他介紹在座嘉賓，他認為是一項艱鉅的任務mission impossible，因為嘉賓太多，時間有限，

不可能一一介紹，僅能作選擇性介紹，既有選擇，疏漏在所難免，他請嘉賓包涵見諒。他介紹的嘉賓有周聯華牧師、東吳大學董事長王紹堉、總統府前副秘書長張祖詒、行政院前院長郝柏村、前大使芮正皋、國安會前秘書長丁懋時、學者張玉法教授、陳鵬仁教授、陳三井教授。此外，還有周宏濤夫人、夏功權夫人、熊丸夫人及前立法委員華愛遺孀林庭安女士等。

就如同陳立文所言的「可謂冠蓋雲集，老中青三代集結」。

國史館編纂經過

國史館修纂處周琇環女士談本書編纂經過。她說，海報是以1946年11月9日蔣中正、沈昌煥及美國柯克將軍同遊南京紫金山天文台的照片為主體，氣氛溫馨愉快，像是年度聚會，就如同今天大家齊聚在這裡一樣。101年，呂芳上、沈大川準備出版煥公留下來惟一的一本日記──民國35年完整日記，希在102年

▲國史館周琇環女士談編纂經過。

▲劉維開教授闡述史料價值。

煥公100歲誕辰時發表。書的封面是1946
年9月19日煥公接獲國府秘書派令時拍攝
的,的確是英姿煥發。

在編輯設計上,以沈大川口述作前
言,闡明這本日記的重要性及特色,並
完整陳述煥公生平及其與家屬關係,的
確為本書增色不少。煥公日記原稿,書
寫工整,但為利閱讀,重新打字排版,
並有註釋項目,簡要說明相關人物字
號、稱謂、學經歷及日記所提到的重要
事件原委,方便史學專家解讀及一般讀
者閱讀。另為增加活潑度,特從國史館
典藏的蔣中正文物照片中篩選當年相關
呈文及照片,再配合沈大川提供照片,
活化了日記中的人物,豐富了本書的內
容。

日記的重要性

周琇環認為本書的重要性有四:
一是這本日記是沈昌煥當年隨侍軍事委
員會蔣中正委員長,1946年戰後第一年
的關鍵年代,完整紀錄了以工作歷程為
主軸,兼述及與同仁親友的互動。二是
當時煥公擔任蔣中正英文秘書,見證了
蔣中正為國為民的辛勞,尤其是國共內
戰和平談判期間,馬歇爾將軍來華調處
及司徒雷登擔任駐華人使等重大事件,
也紀錄了煥公翻譯當時重大文件,如盟
軍中國戰區參謀長魏德邁的備忘錄及中
宣部顧問團皮爾的建議書。三是紀錄了
侍從室的點點滴滴,如與周宏濤、夏功
權、曹聖芬、吳文芝等同事之間的情
誼,他們後來都成為終身摯友及革命伙
伴。四是對至親好友的關懷及對夫人的
恩愛情感,也談及對獨子教育重視,顯
現出家庭生活的美滿。

劉維開闡述日記的史料價值

誠如陳立文的介紹「劉維開是位近
代史學者,國史館碰到一些疑難雜症,
不管政治上、軍事上、外交上任何的學
術問題,第一個會想到的就是劉維開教
授。」

劉維開說,一年多前沈大川整理

煥公遺物時，發現了1946年這本日記，先行影印幾頁讓他看看，他看完之後問沈大川有何打算？沈大川說想出版，他說若要出版，以國史館最為妥適，因為國史館在人力、物力各方面都有能力出版這本日記。他在某個場合碰到呂館長談及此事，呂一口答應。爾後在某個場合呂館長與沈大川碰面，因而促成這本日記的出版。這本書國史館的確做了很好的整理，放進了很多寶貴的資料與照片，提供了許多很好的素材。

日記的史料價值

劉維開以歷史學家的角度，直接就史料價值解題，為什麼要放副標題「戰後第一年1946」？因為1946年不僅是戰後第一年，也是沈昌煥進入政壇的最關鍵一年。1945年10月，沈昌煥從駐印專員公署二等秘書調任國民政府文官處秘書，實際上，就是進入軍事委員會侍從室第二處工作。當時為什麼叫國民政府

文官處呢？抗戰勝利後，國民政府軍事機構改組，軍事委員會侍從室在1945年9月3日結束，這個單位原來的業務就由國民政府文官處及參軍處接辦，其中第二處工作就由文官處下設政務局，由政務局接辦侍二處業務。

當時政府組織條例到1945年11月底通過，政務局才正式開張，而為了業務銜接，1945年10月先行辦公，沈昌煥就是在這個時間點進入侍從室。當時政務局長還未發佈，仍由原侍二處主任陳布雷負責。沈昌煥到侍從室的正確時間點，根據陳布雷日記，10月26日有一則記載「沈昌煥來見，請示工作內容」，他認為沈昌煥應是在1945年10月26日到侍從室報到。

雖然沈昌煥是擔任蔣中正英文秘書，但開始的一個半月只是在熟悉業務，直到1946年1月，隨侍蔣中正接見外賓，即時翻譯，所以1946年日記也就

▲右起：國史館主任秘書陳立文、劉維開教授、沈大川先生、國史館館長呂芳上、石之瑜教授、蕭明禮博士。

▲《沈昌煥日記 戰後第一年1946》。

是沈昌煥擔任蔣中正英文秘書第一年紀錄。這些紀錄雖然不是每日都有，但無損於它的史料價值。

日記的三個面向

看這本日記有三個面向，一是就沈昌煥個人來看，二是就整個國家事務來看，三是對蔣中正的觀察來看。

就沈昌煥個人來看，沈昌煥後來事業的發展，無疑的，就是奠基在這一年。擔任蔣中正英文秘書並不是一件容易的事情，根據曾任蔣中正秘書的沈錡在其回憶錄《我的一生》裡曾談到，沈昌煥曾對沈錡說，擔任蔣中正英文秘書要注意兩件事情，一是儘量說國語，二是說話要慢，一定要清楚，如有問題，一定要轉譯，不可以擅自作答。

英文秘書工作固是不易，卻是有助於仕途發展。沈錡不諱言說，擔任蔣中正英文秘書是其一生事業中最重要的一環，因為接近全國權力的核心，才幹容易迅速受到最高當局的賞識。

沈昌煥雖未如沈錡一樣明確提出這樣的觀點，但我們從其日記中記載寫信給光華大學同學時，有這麼一段「盼到中央任職，以觀政令政策之全貌，並可結識時彥，為他日事業奠定基礎。」

沈昌煥知道這份工作對他未來事業發展的重要性，因此十分用心蒐整蔣中正重要文告及演講，並加以精讀。此外，熟讀英文名著，進而熟練寫作。他

的日記記載為了翻譯蔣夫人宋美齡在三八婦女節的英文演說，花了大半天時間，感嘆書到用時方恨少，覺得文思遲鈍，惕厲自己日後應多多磨練。隔天中央社刊出英文稿，與他的翻譯僅有幾個字之差，心中頗得鼓勵自己日後應多讀佳作，精益求精。

蔣中正 馬歇爾 司徒雷登

英文秘書工作原僅是陪同蔣中正接見外賓，翻譯雙方談話。但1945年底，美國杜魯門總統派馬歇爾將軍到中國調停國共衝突。

從馬歇爾抵華開始調停國共雙方代表停戰問題以及馬歇爾軍事建議的中英翻譯，都成為沈昌煥的工作。因此，在這段期間，沈昌煥是能確實知道蔣中正對停戰真正想法的少數人士之一。

不過，最特殊點在於1946年7月，燕京大學校長司徒雷登被任命為美國駐華大使，在呈遞到任國書時，司徒雷登特

別將沈昌煥介紹給馬歇爾，表明兩人有師生之誼，蔣中正也對司徒雷登說中國到處都是閣下的學生。由於有這層關係的建立，使得沈昌煥在他們三人之間不僅是翻譯者更成為值得信賴的傳話者。

尤其是在1946年年底，召開制憲國民大會，各黨派都派人參加，其間所衍生問題都賴馬歇爾及司徒雷登穿梭其間協調，協調結果交由沈昌煥轉知蔣中正，而蔣中正的想法也透過沈昌煥轉知馬歇爾及司徒雷登。

由於沈昌煥的表現，獲得了蔣中正的肯定與賞識，這對他後來事業的發展有絕對的幫助。

立定從事外交志向

有關他後來有志於從事外交工作，在日記裡有這麼一段，有外交官晉見蔣中正，他有感而發寫下：「令人深感吾國駐外使節，非徹底刷新，恐無以保吾血戰八年所掙得之國際地位。吾國

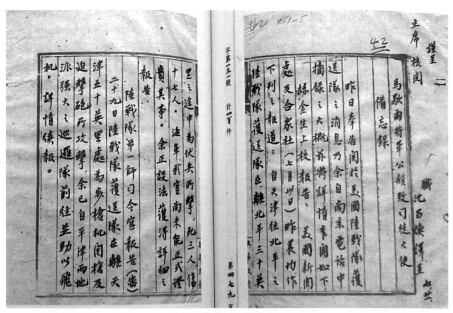

▲沈昌煥日記原稿。

▲蔣中正（左四）、馬歇爾（右四）、司徒雷登（左三）、沈昌煥（右三），攝於1946年。

外交界現已青黃不接，我應埋頭努力，繼起負責，否則無以維持吾國之國際地位。」

　　從此處即可看出沈昌煥有明確致力於外交的目標。自清末總理衙門成立以來，沈昌煥是主持外交工作最長的一位，「外交教父」之名，其來有自。

重視國際宣傳工作

　　在宣傳方面，沈昌煥有他的看法。1946年11月，馬歇爾託司徒轉交紐約《前鋒論壇報》社論給蔣中正參閱，沈昌煥翻譯後並簽呈給蔣中正，寫道：「召開國民大會制憲會議，還政於民，乃劃時代創舉，應策擬完整宣傳計畫，挽救國際間指責本黨之逆流，一新天下耳目。這篇社論係馬將軍囑司徒轉交，未見駐外機關呈報，蓋吾國駐外機構習於呈報讚譽之詞，而忽視批評吾國之言論，以為籌謀對策之依據，故其重要性遠勝於前者。」

　　日記裡頭記載著蔣中正接見外賓談話要點，也有沈昌煥與外賓談話要點，其中最重要是調停期間，馬將軍及司徒轉告蔣中正或蔣中正轉告馬及司徒要點，這些都未見於蔣中正檔案，所以這本日記對於當時情況提供了清楚的輪廓。

　　日記裡有收錄三封信，一是顧維鈞電報，報告當時美國國會選舉情形。另兩封是寫給國內其他黨派負責人，由此看出，當年蔣中正為召開制憲國民大會，與各黨派協調情形。

追隨蔣中正永矢弗諼

　　最後要談的是，沈昌煥對蔣中正的觀察。1949年1月，蔣中正下野，未幾沈昌煥即辭新聞局長。他報告蔣中正說：

▲石之瑜教授、蕭明禮博士分析蔣中正、馬歇爾、司徒雷登及沈昌煥關係。

「不能做出違背鈞座主張情事，貫徹一生效忠鈞座之赤誠，保持昌煥之政治立場。」沈昌煥辭職之舉，我們從這本日記也可看出端倪，他在7月13日記載：「總結工作半年來體察，深感主席之成功得之於有恆及有規律，主席亦說，日理萬機，能保康健亦在於此。此外，主席真做到了慎思、明辨、敏於事、寡於言這四點。余得侍百世不一見偉人，而尚不知自勵並有所成，誠為不可雕琢之朽木也。」

此外，日記裡頭有記載蔣中正私人生活，大都是在廬山，譬如打牌、下棋、喝酒及如何登上廬山的路線、時間、里程等等，也藉由私下場合，與馬歇爾及司徒雷登溝通，這對於歷史研究提供了材料。同時也記載了1946年10月蔣中正來台灣巡視日月潭水力發電廠，垂詢甚詳，細到日本人撤離後如何修復發電機等問題，可見蔣中正行事做風。

劉維開的總結

劉維開在總結指出，1946年提供了沈昌煥展現自我的舞台，憑藉著自己的能力、適切的人際關係及勇於任事的忠誠，獲得了蔣中正的賞識及信任。沈昌煥沒有留下任何回憶錄或口述歷史，僅留下1946年這本日記，應有其用意。

石之瑜引言

石之瑜畢業於台大政治系，哈佛大學碩士、史丹佛大學博士，現為台大政治系教授。他說，今天這個場合歷史學術氛圍濃厚，自沈大川交付煥公日記以來，閱讀到大歷史大時代裡，大人物起到的作用。他說，茲事體大，特請東京大學社科部研究員蕭明禮博士，就沈昌煥如何周旋於蔣中正、馬歇爾、司徒雷登三人之間過程，展現出煥公在大史家所不曾陳述的紀錄。他說，蕭明禮夙夜

匱懈，不負眾望，完成四萬多字論文，再濃縮成今天一萬字報告。

蕭明禮解析馬歇爾調停失敗關鍵

蕭明禮開門見山道出他論文主題，就是有關1946年馬歇爾調停國共爭紛，以瞭解當時外交史、政治史及經濟史。除了以日記為主體外，也參考了馬歇爾使華報告、馬歇爾使華大事紀要、司徒雷登報告、蔣介石日記及國史館事略稿本等等。除了煥公日記外，其他著作都是根據現有史料彙編而成，而對於關鍵的決策過程以及決策如何形成，卻缺乏文字紀錄，所幸有沈昌煥1946年日記。

馬歇爾在1945年11月抵華後，順利召開軍事整編、停火令及政治協商，但在沈昌煥翻譯完馬歇爾的軍事整合方案後，於1月24日寫下「美國對中國實況實屬隔膜」，再對照國史館事略稿本可以看出，蔣中正與沈昌煥對馬歇爾的決斷是很不滿意的。對照1月22日國府稿本，蔣中正寫下「馬歇爾對我國國內情形及共黨陰謀並不瞭解，可見馬歇爾對吾國政治之隔閡。」即便是如此，馬歇爾在1946年3月前的調停還算順利，直到停戰是否包括東北問題後，國共雙方僵持不下，衝突持續擴大。

馬歇爾認為蔣中正剛愎自用

3月8日，馬歇爾接獲杜魯門指示於3月11日回美國述職。3月10日，即離華前一日，馬歇爾拜會蔣中正，馬歇爾見蔣中正之前，對沈昌煥說杜魯門總統身邊盡是些逢迎諂媚之人。這其實是話中有話，另有所指。馬歇爾見到蔣中正之後，雙方爭執激烈，氣氛非常僵，蔣中正似乎很緊張想挽留馬歇爾不要離開。

結束會面後，馬歇爾對沈昌煥表示對蔣的不滿，包括：蔣中正剛愎自用、對外宣傳不足、對外關係處理不當等等，馬歇爾也希望藉出他的返回美國，給國府施加壓力，讓國府同意美國調停方案，一開始也發生一些效果。

但到1946年4月18日馬歇爾自美國述職後再回到中國，那時國共軍事衝突已經擴大，包括四平街、長春戰役等，在5月底6月初，馬歇爾與蔣中正會面，沈當翻譯，爾後國共軍事衝突有增無減。1946年7月10日杜魯門任命燕京大學校長司徒雷登為駐華大使，7月18日起馬歇爾與司徒雷登八上廬山，與蔣中正協調停火事宜。從這時開始，沈昌煥日記記載調停內容增加了許多，其中最重要不同之處在於5月14日記載著司徒與蔣中正會面，基本上蔣中正與沈昌煥都比較喜歡司徒雷登，因為他的看法與國府一致，那就是中共叛亂有蘇聯在背後支持。

1946年7月19日，司徒到廬山呈遞到任國書，與蔣中正會談時的氣氛並不融洽。沈昌煥送司徒回寓所時，司徒注意到沈是他的學生，特與沈深談一個小時。7月20日，司徒與蔣再一次會談，在司徒傳回國務院報告提到沈的忠貞，以及「一日為師，終身為父」的中國思想。1946年7、8月司徒與國府關係融洽，馬歇爾亦樂於透過司徒，將他的想法觀點傳給國府。

沈昌煥除了與司徒接觸外，也與加拿大駐華大使歐德倫會談，歐德倫願意以中國之友身分提建言。實際上，歐德倫的立場是對國府持保留態度而有所批判的，沈的日記就寫下「歐德倫其實與

▲陳三井博士主持行誼座談會，餘左起：東吳大學董事長王紹堉、總統府前副秘書長張祖詒、
行政院前院長郝柏村、周聯華牧師、前駐象牙海岸大使芮正皋、國安會前秘書長丁懋時。

美國立場相近，迫使國府就範。」由於沈縱橫於各國駐華使節，1946年9月記載張家口戰役及召開國民大會，中共懼於國府不願停戰。

從這段記載可以看出，國共之間蔣中正並不是一味求戰，只希望以戰止戰，以戰求和，透過國府優勢軍力，迫使中共坐上談判桌，接受國府的戰後和平方案安排。但馬歇爾卻認為國府軍事行動違反了對和平的承諾，所以馬歇爾施壓蔣中正，迫使蔣中正提出八點建議。

沈昌煥參與調停決策

但在沈昌煥的日記中，卻是蔣中正希望中共透過馬歇爾來向國府求和，國府在10月16日時局聲明當天，馬歇爾、司徒與蔣中正磋商有結果後，再由陳布雷與沈昌煥草擬並翻譯文稿，直到半夜才完成。可見沈昌煥涉入馬歇爾調停國共的程度，遠比我們想像的既深且廣。

我們也可推斷，在沈昌煥翻譯修改馬歇爾文稿中，可能也將自己的意見告訴陳布雷，所以沈昌煥可能也參與決策，而不只是傳達命令及執行者而已。

1946年11月8日，發佈第號三停戰令前，雙方也有爭執，沈昌煥也如10月16日一樣，參與決策過程。國府與美國在調處重要立場上，採取模糊作法，沈昌煥在翻譯停戰令時，將美國認為很重要的事項刪除，馬歇爾其實很不願意，但為了促成停戰令成功的執行，馬歇爾採取默認態度。這就顯現當時美國與國府意見相左時，彈性採取模糊地帶，以便讓和平談判繼續下去。

召開制憲國民大會

原訂11月12日召開國民大會制憲會議，在司徒雷登要求下延到11月14日才召開。司徒對蔣中正說，使世人瞭解到

國府的仁至義盡，則延遲多日又何妨？由於國民大會開會在即，11月13日沈昌煥寫下蔣中正興奮之情，因為外界質疑國民黨一黨獨大，在民盟及社會團體加入，即可化解。但是在共產黨全面抵制之下，國民大會的召開並未把中國推向安定，反而更趨惡化，馬歇爾的調停終告失敗。

馬歇爾與蔣中正的最後一次會談

在馬歇爾與蔣中正最後一次會面中，蔣告訴馬國府並無攻打延安計畫，這表示在美國施壓下，逼迫蔣介石承諾不進攻延安的保證。但在12月5日，周恩來明拒國共雙方進一步談判要求。

蕭明禮認為，12月6日的記載最為重要，因未見於其他檔案。沈昌煥記下當天司徒見蔣中正，蔣明確告訴司徒，明年乃中國最重要一年，明年無法統一，後年即無統一的可能，無論用軍事或政治，中國必須在明年統一，中共若要和平，可在二、三個月解決，蔣有實力於六個月內解決問題，這是蔣對國家責任。由這段話可以說明，蔣在國共談判重大關頭過程中，採取堅定不退讓立場，所以馬歇爾的調停沒有絲毫成功的可能。

12月28日，馬歇爾要求杜魯門令他返回美國。

蕭明禮認為就是12月6日的記載，應該就是沈昌煥會留下這本日記的主因。

蕭明禮最後結論是，沈昌煥親睹了國共和談最後的決策經過，他的日記為後世見證了海峽兩岸分裂分治的始末。「起望故國神州路，夜半狂歌悲風起」也許就是沈昌煥留下了封存半個世紀的日記，來表述自己內心的無奈與掙扎。

陳三井主持行誼座談會

沈昌煥先生行誼座談會，由華僑協

▲周聯華牧師憶煥公行誼。

▲前駐象牙海岸大使芮正皋憶煥公行誼。

會總會理事長陳三井主持。他說，今天出席踴躍，不敢說是絕後，但幾乎是空前的。接著說，蒙沈大川厚愛並承呂芳上謙讓，由他來主持煥公行誼座談，感到特別惶恐與榮幸。

惶恐的是，因為他與煥公只有數面之緣，而在座諸多前輩與煥公曾經共事過，也曾經受過煥公的教誨指導，對煥公行誼的體會絕對比他來得深很多，這是他覺得惶恐之處。

而榮幸的是，他只是一個學歷史、研究歷史的晚生後輩，卻能為曾經活躍於外交殿堂，折衝撙俎，創造歷史的前輩，略盡棉薄之力，自是與有榮焉。

他引用石之瑜的「沈昌煥──台灣最後一位保守政治家」，說明煥公是位有為有守的政治家；也引用張玉法的「諤諤一士沈昌煥，顯然與那些諾諾之徒，不可同日而語」說明煥公「板蕩識忠臣，時窮節乃見」的風範與氣度，愈是瞭解煥公，愈是對煥公肅然起敬。今天我們邀請曾在煥公生活中出現的人物，以他們實際的接觸體驗，講講他們所知道的沈昌煥。

周聯華見證煥公伉儷鶼鰈情深

周聯華牧師說，在座那麼多人當中，大概是他認識沈昌煥夫婦最久的，也是當年惟一見證他們兩位手牽手漫步在光華大學校園裡。石之瑜說，沈昌煥是台灣最後一位保守的政治家，但這位保守政治家當年卻是最活躍的激進人士，經常在光華大學校園舉辦演講救國，隔鄰的交通大學、復旦大學學生都來聽講，然後帶領大家走過一家日本人開的重文書店，高呼口號，再到美國領事館請願。所以，說他是位保守政治家，所強調的應是他堅持自己政治理念，從年輕到垂暮，始終如一。

外交老兵芮正皋大使，高齡九五，特從雪梨飛回來。陳三井說，民國53年芮老率文化表演藝術團到非洲巡迴表演，回程時到巴黎宣慰僑胞，芮老以法語高唱法國國歌馬賽曲，留下深刻印象，所以他認識芮老也有半個世紀了。

芮正皋說煥公是他的救命恩人

芮正皋一開頭便說，沈昌煥是他的大恩人，沈大川剛剛說人生是美麗的，他要修改一下為「人生有了沈昌煥才美麗」。他說，1947年他拿了國民政府公費獎學金到巴黎大學讀書，1949年大陸變色，假如沒碰到煥公就要回大陸，若回大陸一定會被鬥死，幸好那時沈昌煥以新聞局長身分到巴黎出席聯合國會議，煥公問他：「完成論文後，有何打算？」他說：「要追隨煥公到新聞局服務。」煥公說：「你到外交部好了。」

學成回台灣後，煥公接掌外交部，也就這樣追隨煥公到非洲訪問，而後在非洲一待就是23年，其中有15年擔任象牙海岸大使。1968年返國述職，碰到時任經濟部長的孫運璿，向孫部長反映希望能調離象牙海岸，換個環境，孫運璿說「你不能走，你與象牙海岸高層關係深厚，你一走，象牙海岸便會與我斷交。」1971年，我退出聯合國後，非洲大多數國家背我而去，惟獨象牙海岸與我維持邦交，就這樣做到了1983年，待了15年。

他說在一個國家當大使15年，要有三個條件：一是駐在國願意要你；二是國家願意派你；三是你自己要有心肯留在那裡。

芮正皋打趣說，他現年95，從雪梨搭飛機來台北，保險公司不給投保，所

▲行政院前院長郝柏村憶煥公行誼。

▲國安會前秘書長丁懋時憶煥公行誼。

以此行是「置個人死生於度外」，帶著感激感恩之心，為了就是要報答煥公這位恩人。最後，他說他皮膚會這麼黑，就是待在非洲23年的結果。

外交老兵，言談間就是如此風趣生動，現場笑聲不斷。

郝柏村憶煥公大夫無私交

前行政院長郝柏村說，煥公是文人，他是槍桿子，年輕時互不相識，直到民國54年到77年這22年當中才有交往。當時他擔任總統侍衛長，煥公是外交部長，爾後他任參謀總長，煥公是總統府秘書長。民國35年日記，他曾讀過蔣公的，也讀過煥公的，蔣公日記因家屬關係不能發表，同樣的民國35年日記，蔣公未曾記載的，煥公的日記都有所著墨，像是馬歇爾談話內容，兩相對照，更能發現民國35年國家大事記。民國35年之所以重要因有兩件大事：一是馬歇爾調停國共失敗，一是召開制憲國民大會。與馬歇爾決裂，國共內戰，國民政府退守台灣，同時也將憲法帶到台灣，他認為當時蔣公帶來的憲法尤勝於六十噸黃金，因為有了這部憲法，為台灣的生存發展打下基礎，同時也是目前與大陸交往的依據。

他說，在與煥公交往的22年當中，從無私交，從未請對方吃過飯。他笑說，煥公長於外交，卻不擅於內交。

若有吃飯，不外是中午在國防部小餐廳共餐，他說當時他是參謀總長，煥公是總統府秘書長，國防部一些高級將領就在國防部小餐廳用餐，總統府秘書長則必須自備，有次邀請他到國防部小餐廳用午餐後，便開始這一段午餐會，他說煥公也不是白吃，也是要付錢的。

這件事，當然會向蔣經國總統報告。

他說煥公相當健談幽默風趣，但對於黨政、府院及公事分際，非常明確。嚴守分際，是他對煥公最深的印象。江南案的發生是外交重大危機，每週在七海官邸要見好幾次面，就在煥公指導下，終於妥適解決。

他對於有人說煥公是位保守政治家這個觀點有他的看法，他認為保守不是落伍、不是頑固，而是堅持中華民國憲法，走蔣經國總統的路線，這是處理兩岸關係的基礎。

丁懋時憶煥公無懼安危固邦誼

丁懋時曾任外交部長及國安會秘書長，他也是位外交老兵。他說，剛剛芮正皋人使說他在非洲待了23年，其中在象牙海岸待了15年，這是因為象牙海岸對西非洲國家的影響力非常大，所以芮大使走不開，一走便會產生骨牌效應。

丁懋時於1962年至1973年，前後12年待在非洲，當過盧安達及剛果兩國大使。他回憶起1963年，時任外交部長沈昌煥在駐上伏塔大使芮正皋陪同下，訪問盧安達，盧安達是位在非洲中部一個小國家，首都人口只有二千餘人，道路皆是黃土路，從上伏塔走公路要一天時間，因此選擇搭飛機，但是盧安達機場設備落後，跑道也是泥路，所以只有單引擎螺旋槳小飛機可以起降。

但他擔心沈昌煥搭這種小飛機的安全性，因為就在幾個月前，他曾搭這種小飛機到衣索匹亞出席非洲團結組織會議。當日天朗氣清，飛到肯亞東非大平原上空時，引擎突然停了，螺旋槳也慢了下來，直到停止，大家嚇出一身冷汗，飛機也往下降，在駕駛緊張努力下，引擎又轉了起來，死裡逃生，順利抵達衣索匹亞首都。由於有這個經驗，

▲總統府前副秘書長張祖詒憶煥公行誼。

他告訴沈昌煥考慮是否要來盧安達,沈昌煥說為了邦誼當然要來。

當沈昌煥抵達盧安達時受到熱烈歡迎,因為沈昌煥是第一位到訪的中華民國外交部長。1963年沈昌煥訪問完盧安達回國後,便啟動「先鋒計畫」推展農經合作來鞏固非洲國家友邦,因此特派楊西崑次長每年都要訪問非洲國家,確保我在聯合國席位。而也就在那段時間非洲獨立運動方興未艾,數十個國家冒出來,行蹤難以掌握,雖然盡力了,仍無力回天,1971年還是退出聯合國。

1960年到1970年台灣經濟發展蓬勃,縱使在1965年美援停止後,台灣經濟依然強勁。他回憶1965年《聯合報》王惕吾先生組團到非洲訪問,他安排會見剛果高層,他向王惕吾說國內新聞業發達自由度高,王回說因為有高度的經濟發展,才能支撐新聞事業。

在這裡,他說要安慰芮大使,因為芮大使在象牙海岸做得太好了,國家需要才讓芮大使待在象牙海岸15年。

張祖詒憶煥公送他鞋示同進退

張祖詒在蔣經國任行政院長時,擔任行政院副秘書長。他說,他經常要為蔣經國寫稿子,碰到有關國際外交事務時,經國先生交待一定要請外交部長沈昌煥過目,縱有一個字的斟酌,都令他佩服。他們兩人交情從此開始,也就是民國61年起,民國73年蔣經國連任總統,請沈昌煥擔任總統府秘書長,經國先生找他說:「我要找沈昌煥當總統府秘書長,我知道你們兩人很要好,所以要請你擔任副秘書長,你們兩人一定會有很好的配合。」

張祖詒說,他與沈昌煥在總統府共事4年5個月,欽佩煥公的才華與風采至深,「外交教父」的頭銜當之無愧。他說,他與煥公兩人之間無所不談,而且有個默契,那就是當經國先生單獨找一個人去談事情時,回來時一定要將經國先生交待事情告訴對方,所以兩人之間毫無隔閡,極為愉快,而且從煥公的才華與風采中學習不少,獲益良多

經國先生晚年,健康情形每下愈況,在經國先生逝世前幾個月,煥公送他一雙名牌皮鞋,他問煥公為何要送他鞋子?煥公說,我們兩人要同進退。經

▲煥公行誼座談會

國先生逝世後的第一天，煥公請辭秘書長，第二天他也辭了副秘書長，他說他其實也沒有默契要同進退，只是工作環境不再，難如從前了，也就辭了。

卸下公職後，兩人更為愉快，煥公不打牌、不打球，但幽默風趣，經常在一起聽煥公說笑話。煥公喜歡唱歌，最愛唱的歌曲是「楚留香」，尤其是最後一句「千山我獨行，不必相送」。

胡為真憶煥公三項人格特質

胡為真也是位外交老兵，曾任好幾個國家代表，出任國安會秘書長前任新加坡代表，現也是無官一身輕。

他說，他曾擔任煥公三年機要秘書，朝夕相處，至今仍非常懷念煥公。他認為煥公有三點特質：一是內心剛強果毅，為維持中華民國國格與利益，絕不妥協，而且是全力以赴；二是照料同仁，在三年機要秘書內，煥公改過不少公文及稿子，告訴同仁為什麼要這樣改，同仁們受益良多，可見煥公積極培養外交後進之心；三是不疾言厲色，縱使在碰到斷交時，內心承受極大壓力，尤其與美國斷交時，亦是詳和交待，安排周全，從容不迫，從無焦慮。

王家驊憶煥公的重感情

王家驊曾任蔣經國總統辦公室主任，開頭便說「各位可能不記得我是誰，但也沒有必要記得。」他說，他是蔣經國總統生前最後一位辦公室主任，他要談的是，經國先生晚年，幾乎在每個週六或週日，大概是在下午4時到6時之間，請煥公到七海官邸，長談國家大事。

經國總統逝世後，煥公依舊在每個

▲前國安會秘書長胡為真憶煥公行誼。
▼前蔣經國總統辦公室主任王家驊憶煥公行誼。

週六或週日下午4時到七海官邸，那時蔣夫人方良女士還在，煥公不驚動任何人，只有開門警衛知道，進門後煥公一個人獨自在七海官邸院子繞著走，想想昔日與經國總統長談國家大事的情景，持續將近三個半月也就是一百天。從這裡可以看出，煥公個重感情的人，王家驊說他要與大家分享這個不為狗仔隊探悉的事情。

陳三井結語時說，鑑於此次座談會辦得非常成功，他建議國史館可以仿效傳記文學劉紹唐的做法，每隔一段時間就在這裡舉辦名人傳記座談會，最後他推銷《僑協雜誌》說，今天座談會實況將在《僑協雜誌》刊出，敬請大家期待。（作者為本會會員）

沈昌煥先生照片集

（會場當日播放並致送光碟）

少年沈昌煥

沈昌煥1933年畢業於光華大學，
就讀光華大學期間，認識黎佩蘭小姐，
兩人儷影雙雙，留下許多照片。
畢業後，沈先生前往燕京大學就讀、
接著前往美國密西根大學深造，畢業
後到重慶謀事。

當時沈家有一女三男，左排起沈昌煥、
謝銘怡（沈湘波的丈夫）、沈湘波、
沈母、沈父、沈昌齡，前排沈昌瑞，
孩子可能為謝文孫，與家中長輩合影。

沈昌煥的父親沈竹賢先生
與母親周鳳翼女士的照片

1933年前
光華大學就學時期,
沈昌煥與黎佩蘭小姐合影。

光華大學就學時期,
與黎佩蘭小姐及其家人出遊。

出雙入對的兩人，照片中却總是少不了
慈祥的『岳母大人』和家人。

光華大學就讀時期，與黎佩蘭小姐家人一同出遊。
最右為黎民偉先生。

甜甜蜜蜜的冰品，卿卿我我的儷影。

帥哥與美女

1932年，
光華大學徐家角
實驗鄉村學校雙月會攝影。

1930年代
光華大學畢業後拍攝。

怎麼也搞不清楚，前後期的學長學妹，
怎麼變成同一年畢業。

1933年

自光華大學畢業以後，
至燕京大學讀書時期。

光華畢業後，
留下儷影雙雙。

生生花園

1930年代
沈昌煥先生就讀燕京大學
時所拍攝。

1930年代
隻身赴北京燕京大學的
沈昌煥

1930年代
燕京大學就學時期。

1930年代初期
拍攝於燕京

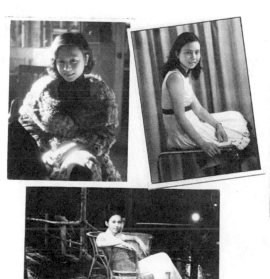

女大十八變

蘭：
攝在北平
香山上香山
飯店吃飯．
十月二十八．

一張照片寄上濃濃的深情

多麼希望你能和我同遊內蒙古

攝在長城上

廿四．三．十．

登高長城上，
望不到遙遠的你

Helen, my Sweetheart:-
yours most lovingly
John-
Oct. 1, 1934. Yenching

To my dearest
little doggie:

From Punch
nov. 11, 1934

To my beloved lady
your John
at Hangchow
Feb. 1936

1936年夏
沈昌煥赴美留學前
與母親周鳳翼合影於上海。

1935年
沈昌煥赴美留學,
與黎佩蘭小姐攝於輪船上。

1936年
沈昌煥赴美留學
與未婚妻準岳父母合影。

送別時的相聚與揮別時的身影

1936年
沈昌煥赴美留學輪船上所拍攝。
郁鳳岐(右1)與沈昌煥(中間)爲世交,
兩人一起赴密西根就學。1949到台灣後
兩人同在政府發言人辦公室工作。

1936年
沈昌煥赴美留學,輪船上與船長合影。

參觀哥倫比亞大學
圖書館前留影。

1936年
留美同學合影於密西根大學。

1936年
沈昌煥與赴美留學同學
合影於密西根大學校園。

沈昌煥與梁紹文先生合影留誌。

一本正經

拍照

一九三八年秋

協合里九号邸宅

此照片爲沈昌煥留學
回國後，於鄒魯先生
宅前拍攝。

1939年前後
沈昌煥(右1)偕同鄒海濱先生(中間身著馬褂者)
進行田野調查。

結婚生子

1939年3月15日
沈昌煥與黎佩蘭小姐在重慶結婚。
1941年沈母懷孕,正逢戰亂,送往
香港娘家待產,10月30日,沈大川
出生。同年底,香港淪陷。

1939年3月15日
鄒魯先生(上圖中間)主持
沈昌煥與黎佩蘭小姐婚禮。

1939年
沈昌煥夫婦結婚照。

FOTOPLASTICA INDUSTRIALE
De Pretore

快樂的新娘。

1939年前後
攝於照相館

幸福的新婚少婦。

有孕的女人最美

有子萬事足──
沈母與沈子大川。

1941年
黎民偉與沈大川—外公的心肝寶貝

1942年廣西桂林
香港淪陷，黎家全家逃難
至廣西桂林。

照片中由上而下為沈黎蘭、
黎鏗、黎萱、黎錫、黎藻、
黎棟、黎元、黎錦、黎萍、
沈大川。

1942年
由於戰亂，沈昌煥隨政府播遷重慶。
直到1942年，才在重慶夫妻父子重聚。

三千寵愛集於一身。

沈大川與外祖母合影

1943年
沈大川獨照。

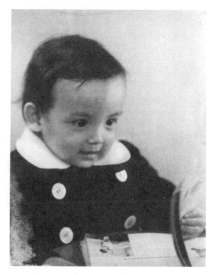

這本書真好看呀！

1943年
我是外公黎民偉的模特兒

1943年
沈昌煥夫婦與沈大川
攝於新德里。

1943年
母子攝於新德里
家門前

1943年
沈大川獨照

1943年
母子合影於印度家門前

1945年初夏
父子同樂

三十四年攝於
印度

一家三口

1945年
沈大川與外國大使女兒
攝於廬山

中央軍教電影製片廠攝製

1945年 沈大川獨照

初試啼聲

1939年沈昌煥由鄒魯介紹加入
國民黨，從公報國，初試啼聲。
1942年借調至遠征軍，以少將
參議身份擔任昆明辦事處副主任。
隨後調往印度公署擔任專員。
抗戰結束前夕返回重慶。

1942年
顧維鈞(左一)時任駐英國大使，
帶英國議員訪華團來華，
沈昌煥任外交部禮賓司專員，
負責接待事宜。

陪同英國議員訪華團，
深入各地訪問。

1942年
沈昌煥以少將參議身份,
擔任昆明辦事處副處長戎裝照

抗戰期間
沈昌煥(左二)陪同美軍高級將領訪問戰區,
前排中間為軍政司令長官陳誠將軍。

1945年以後
抗戰勝利後回到南京，
沈昌煥穿著中山裝。

1946年
隨侍蔣中正伉儷，
於廬山接待馬歇爾伉儷。

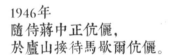

1946年7月19日於廬山
美國新任駐華大使司徒雷登(前左2)向蔣先生呈遞
到任國書，偕同馬歇爾將軍(前右2)以及沈昌煥秘書
等合影留念。

1946年秋，東北
左起曹聖芬、沈昌煥、
周宏濤、胡崇賢四人合影。

1947年
沈昌煥擔任禮賓司司長，接待外賓合影

1947年11月8日南京
沈昌煥(中間)陪同國民政府主席蔣中正先生
接見美國第七艦隊司令柯克。

Nanking
14 mai 1948
Ambassade de Belgique

1948南京,
接待比利時大使

渡海來臺

1949年1月,蔣中正先生下野,沈昌煥
以侍從室簡任秘書身分隨侍來臺。
7月參與碧瑤會議,8月又飛往韓國參與
鎮海會議,1950年國民黨中央改造委員
會成立,沈昌煥為16位改造委員之一,
並任第四組主任。

1949年
隨侍蔣中正先生前往菲律賓碧瑤會議。

1949年7月11日
蔣中正先生訪菲參加碧瑤會議，會見季里諾總統。
蔣先生左手邊為沈昌煥。

1949年8月6日
蔣中正先生赴韓與韓國總統李承晚舉行
鎮海會議，沈昌煥隨侍參加。

1949
擔任政府發言人
攝於政府發言人辦公室。

1949年9月3日
沈昌煥在陽明山國防研究院
講習國際態勢。

1950年7月31日
韓戰爆發後，7月31日，麥克阿瑟將軍（蔣中正伉儷間）
抵台，進行爲時22小時的旋風式訪問，舉行軍事座談，
沈昌煥擔任翻譯。

1950年7月31日麥克阿瑟將軍與中華民國軍政官員會談
門邊左起沈昌煥、董顯光、顧維鈞、王世杰、張群、
何應欽、吳國楨。

1950年代
中國國民黨中央改造委員會人員合影。

沈昌煥先生惠存

賴叶溪敬贈

四一年十二月于巴黎

1952年12月巴黎
沈昌煥與賴葉溪先生合影。

Helen dear.

Look, how fat I have
become.

with love.

Punch

January 1952

1952年
沈昌煥先生訪問歐洲

On road to Loussane from
Geneva.   January 1952
Chang-huan

1952年
沈昌煥第一次前往
歐洲參加聯合國大會。

1953年12月31日政府發言人辦公室同仁合影。

汪經昌(前排左1)、朱新民(前排左2)、張彝鼎(前排左4)、郁鳳岐(前排右2)、
朱撫松(前排右4)；虞　為(二排右1)、周王君(二排右3)；
陶續賢(三排左2)、虞　超(三排左4)、劉思一(三排左7)、朱正明(三排左8)、
吳幻真(三排左9)、趙修齊(三排右3)、孫葆(三排右4)。

1953年12月31日
外交部政務次長代理部務沈昌煥與
美國主管遠東事務助理國務卿勞勃森握手。

郭琴舫攝贈

美主管遠東事務助理
國務卿勞勃森抵台訪問
與我外交部政次代理部務
沈昌煥握手

1958
巴西神童黎嘉德訪臺,
與在機場歡迎之中國外交部次長沈昌煥夫婦合影。

1958年2月13日
蔣經國先生接見巴西神童母子。
前排左起黎蘭、蔣孝章、巴西神童母親、蔣孝武、蔣孝勇
後排左起沈大川、沈昌煥、黎嘉德、蔣方良、蔣經國。

1959年
沈昌瑞先生回台渡假，沈昌煥兄弟姊妹與兒輩合影。
後排左起沈大川、謝文孫、沈昌齡、沈昌煥、沈昌瑞、謝銘怡、謝三川
前排左起沈慧、謝華孫、施德華、沈黎蘭、沈琳、楊小燕、沈湘波、沈立。

1959年
沈家二代合影，後排左起沈大川、謝文孫、謝三川
前排左起沈慧、沈琳、謝華孫、沈立。

折衝樽俎

1960至1966年，沈昌煥第一次出任
外交部長，折衝樽俎，執行鞏固
反共國策下的外交，任內多次出訪，
許多友邦元首亦訪華，直至1966年
轉任駐教廷大使。

1964年5月台北松山國際機場
外交部部長沈昌煥(左1)陪同行政院院長嚴家淦(右2)
迎接美國國務卿魯斯克(左2)訪華。

1960-1966
沈昌煥第一任外交部長任內，外國使節贈勛。
前排四人左起為于右任先生、外國使節、陳誠先生、沈昌煥。

PHOTO BY WU CHUNG YEE

贈勛後與陳誠先生合影。

1960年代
擔任外交部長時期，與張群先生(右一)合影

民國49年沈部長在紐約
出席聯合國大會放那一
年的耶穌聖誕節與
沈夫人合照。那一年沈部
長是47歲

1960年
沈昌煥部長在紐約出席
聯合國大會，會後正逢
耶誕節，與沈夫人合影。

1961年夏
外交部長沈昌煥(左2)陪同陳誠副總統(右2)訪問美國,
會晤美國總統甘迺迪(右1)、副總統詹森(中間)及
國務卿魯斯克(左1)於白宮。

1960-1969年間
沈昌煥伉儷與中央銀行總裁徐柏園先生合影。

駐外使節

為了開拓對外關係，沈昌煥於1959年派駐西班牙，1966年至1971年間先後派駐教廷及泰國擔任特任全權大使，任職期間與諸國關係良好，建立穩定的邦交。

1959年7月
駐西班牙大使沈昌煥
向西班牙首相佛朗哥呈遞到任國書

1959-1960
駐西班牙大使，
拍攝於西班牙大使館任所。

1960年2月西班牙
沈昌煥夫婦於駐西班牙特命
全權大使官邸，設宴款待貴賓。

1961年
沈昌煥任慶賀教宗若望二十三世
加冕三週年及八十壽辰典禮特使。
與教宗若望二十三世合影。

1963年7月1日
沈昌煥任慶賀教宗保祿
六世加冕典禮特使,
與保祿六世合影。

1966年10月10日
以駐教廷特命全權大使身份
向教宗保祿六世呈遞國書
後，在教宗書房合影。

1970年春夏，
任駐泰國大使時期，
沈昌煥夫婦與兒子沈大川合影。

老成謀國

1972年行政院內閣改組，蔣經國
先生出任行政院長，沈昌煥接任
外交部長。當時國際環境並不利於
中華民國的外交地位，1972年斷交了
29個國家，美國與北京的關係步向
正常化，1978年鄧小平訪問美國，
同年年底卡特宣布與臺北斷交，
沈昌煥先生引咎辭職。

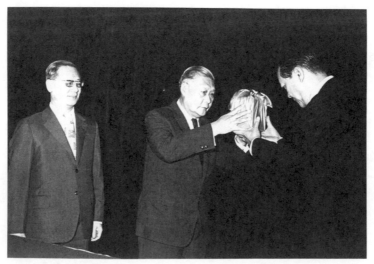

1972年6月1日
沈昌煥部長接任視事，第二度出任外交部長。
左起周書楷、葉公超、沈昌煥。

1972年
辦理移交後，與外交部同仁合影。
左起蔡維屏、陳雄飛、沈昌煥、周書楷、葉公超。

外交部長任內，與外交部同仁餐敘。

1975年4月17日
沈昌煥陪同蔣經國先生接見
來華參加蔣中正先生奉厝
大典之美國特使洛克菲勒
副總統。

後排沈昌煥(左1)宋楚瑜(左2)錢復(左3)
前排洛克菲勒(左1)蔣經國(中)安克志(右1)。

外交部長任內，與朱撫松、楊西崑先生晤餐。

1978年12月21日
中美斷交，沈昌煥部長引咎辭職，離開外交部時攝影。
左起蔣彥士(前排藍西裝者)、沈昌煥、楊西崑、
錢復、黃長風。

1978年12月21日
中美斷交，沈昌煥部長引咎辭職，離開外交部時攝影。

老驥伏櫪

沈昌煥辭外交部長後，隔年出任國家
安全會議秘書長，1984年經國先生
當選第七任總統，調任總統府秘書長，
對許多議題採較保守態度。1989年
李登輝總統繼任，10月間以理念不合
致仕，轉任總統府資政，偶爾出席
一些活動，與政壇人士維持良好互動。

1979年9月22日
國家安全會議秘書長沈昌煥陪同蔣經國總統巡視東引

1980年7月19日
圓山飯店陪同蔣經國總統出席黃少谷先生八秩華誕

1980年10月12日
陪同蔣經國總統巡視小琉球，公車前留影

1981年4月4日
中華民國歷任新聞局局長合影於陽明山中山樓

1983年2月29日
總統府國家安全會議

1983年3月2日
總統府國家安全會議

1984年5月31日
蔣經國總統召見

1984年6月5日
沈昌煥於總統府宣誓就職，擔任總統府秘書長

1984年11月22日
總統府秘書長沈昌煥陪同蔣經國總統接見美國眾議員佛里等

1985年7月29日
陪同蔣經國總統接見非洲史瓦濟蘭總理貝金璧侻儷

1985年8月26日
陪同蔣經國總統接見美國眾議員坎普

七十六年國慶大會

1987年
民國七十六年國慶大會，蔣經國先生揮手致意。

3月15日
與經國先生夫婦一齊慶祝結婚紀念。

左起蔣緯國、沈昌煥、沈黎蘭、蔣方良、蔣經國、
孫義宣夫婦，在七海官邸共同慶祝結婚紀念日。

1993年
參加孫運璿先生80歲生日宴會

1996
沈昌煥三代同堂合影

1996年10月15日生日餐敘
左起董玉京、丁懋時、丁史美暢、沈湘波、沈昌煥、沈黎蘭

蔣夫人百壽誕辰，俞國華先生擔任團長、
沈昌煥擔任副團長，率團赴美慶賀。

1997
蔣夫人百壽誕辰，全體合影。

美滿家庭

對沈昌煥來說，晚年最大的幸福是夫唱婦隨，含飴弄孫，加上親朋好友的時相往還，「有書有筆有肝膽，亦狂亦俠亦溫文」，龔自珍的名言，正是沈先生最好的寫照。

1980年代初期
沈昌煥夫婦與兒孫輩合影。

1980年代
沈昌煥夫婦與孫女沈一美孫子沈一眞合影。

1980年代初期
沈昌煥與家人合影。

1980年代
富都飯店樓下餐廳，沈昌煥三代同堂合影。

與家人過壽

1991年10月16日
沈昌煥生日，三代同堂於中泰賓館慶祝。

1993
聖誕夜攝於凱歌堂

1994
偕同姊姊與外甥女去電影院。

1995
沈昌煥夫婦結婚紀念慶祝。

1995
與妻子、孫輩慶祝聖誕節

家祭

1991年

沈昌煥與家人舉行家祭

1995年

1995
沈昌瑞夫婦來臺,
沈昌煥夫婦陪同出遊。

1995元旦
沈昌煥伉儷合影於
台北圓山飯店。

1997年
沈昌煥夫婦前往美國參與蔣夫人百年華誕後，
橋牌皇后楊小燕女士特別自美中飛赴紐約，
在沈昌瑞家中用餐。

1997年12月24日
耶誕夜於凱歌堂，三代同堂合影。

1997年
沈昌煥夫婦在紐約洛克斐勒中心合影。

甜蜜依然

回首當年

1997年10月12日
沈先生生日前夕，在遠東百貨樓下
與妻子吃冰淇淋。

1998年鑽石婚

鑽石恒久遠
歷久更彌新

史地傳記類　PC0859　讀歷史107

老成謀國
——紀念沈昌煥先生逝世20周年研討會實錄

編　　著/中國近代史學會
責任編輯/杜國維
圖文排版/楊家齊
封面設計/蔡瑋筠

發 行 人/宋政坤
法律顧問/毛國樑　律師
出版發行/秀威資訊科技股份有限公司
　　　　114台北市內湖區瑞光路76巷65號1樓
　　　　電話：+886-2-2796-3638　傳真：+886-2-2796-1377
　　　　http://www.showwe.com.tw
劃撥帳號/19563868　戶名：秀威資訊科技股份有限公司
　　　　讀者服務信箱：service@showwe.com.tw
展售門市/國家書店（松江門市）
　　　　104台北市中山區松江路209號1樓
　　　　電話：+886-2-2518-0207　傳真：+886-2-2518-0778
網路訂購/秀威網路書店：https://store.showwe.tw
　　　　國家網路書店：https://www.govbooks.com.tw

2019年7月　BOD一版
定價：600元
版權所有　翻印必究
本書如有缺頁、破損或裝訂錯誤，請寄回更換

國家圖書館出版品預行編目

老成謀國：紀念沈昌煥先生逝世20周年研討會實
錄 / 中國近代史學會編. -- 一版. -- 臺北市：
　秀威資訊科技, 2019.07
　　　面；　公分. -- (史地傳記類；PC0859)(讀歷
史；107)
　BOD版
　ISBN 978-986-326-701-0(平裝)

1. 沈昌煥　2. 臺灣傳記　3. 中華民國外交

578.2　　　　　　　　　　　　　　108009782

讀 者 回 函 卡

感謝您購買本書，為提升服務品質，請填妥以下資料，將讀者回函卡直接寄
回或傳真本公司，收到您的寶貴意見後，我們會收藏記錄及檢討，謝謝！
如您需要了解本公司最新出版書目、購書優惠或企劃活動，歡迎您上網查詢
或下載相關資料：http:// www.showwe.com.tw

您購買的書名：＿＿＿＿＿＿＿＿＿＿＿＿＿＿＿＿＿＿＿＿＿＿

出生日期：＿＿＿＿＿＿年＿＿＿＿＿＿月＿＿＿＿＿日

學歷：□高中 (含) 以下　　□大專　　□研究所 (含) 以上

職業：□製造業　□金融業　□資訊業　□軍警　□傳播業　□自由業
　　　□服務業　□公務員　□教職　　□學生　□家管　　□其它＿＿＿

購書地點：□網路書店　□實體書店　□書展　□郵購　□贈閱　□其他

您從何得知本書的消息？

　□網路書店　□實體書店　□網路搜尋　□電子報　□書訊　□雜誌
　□傳播媒體　□親友推薦　□網站推薦　□部落格　□其他＿＿＿＿＿＿

您對本書的評價：(請填代號　1.非常滿意　2.滿意　3.尚可　4.再改進)

　封面設計＿＿　版面編排＿＿　內容＿＿　文／譯筆＿＿　價格＿＿

讀完書後您覺得：

　□很有收穫　□有收穫　□收穫不多　□沒收穫

對我們的建議：＿＿＿＿＿＿＿＿＿＿＿＿＿＿＿＿＿＿＿＿＿＿＿

＿＿＿＿＿＿＿＿＿＿＿＿＿＿＿＿＿＿＿＿＿＿＿＿＿＿＿＿＿＿

＿＿＿＿＿＿＿＿＿＿＿＿＿＿＿＿＿＿＿＿＿＿＿＿＿＿＿＿＿＿

＿＿＿＿＿＿＿＿＿＿＿＿＿＿＿＿＿＿＿＿＿＿＿＿＿＿＿＿＿＿

11466
台北市內湖區瑞光路 76 巷 65 號 1 樓

秀威資訊科技股份有限公司　　　收

BOD 數位出版事業部

....

（請沿線對折寄回，謝謝！）

姓　　名：＿＿＿＿＿＿＿＿＿　年齡：＿＿＿＿　性別：□女　□男

郵遞區號：□□□□□

地　　址：＿＿＿＿＿＿＿＿＿＿＿＿＿＿＿＿＿＿＿＿＿＿＿

聯絡電話：(日)＿＿＿＿＿＿＿＿＿＿　(夜)＿＿＿＿＿＿＿＿＿＿＿

E-mail：＿＿＿＿＿＿＿＿＿＿＿＿＿＿＿＿＿＿＿＿＿